中国社会科学院创新工程学术出版资助项目

国际战略研究丛书

石油卡特尔的行为逻辑

欧佩克石油政策及其对国际油价的影响

THE BEHAVIOR LOGIC OF
THE OIL CARTEL
OPEC OIL POLICIES AND ITS IMPACT ON
INTERNATIONAL OIL PRICES

刘 冬 / 著

社会科学文献出版社
SOCIAL SCIENCES ACADEMIC PRESS (CHINA)

目录 CONTENTS

序 …………………………………………………………… / 001

前　言 ……………………………………………………… / 001

第一章　导言 ……………………………………………… / 001

第二章　国际油价的构成及其波动 ……………………… / 020
　　第一节　国际石油价格的构成 ………………………… / 020
　　第二节　石油价格波动与石油供求关系 ……………… / 035
　　第三节　国际油价波动的影响因素 …………………… / 049

第三章　欧佩克的目标与政策 …………………………… / 066
　　第一节　欧佩克的成立和目标 ………………………… / 066
　　第二节　欧佩克石油政策的决定因素 ………………… / 074
　　第三节　欧佩克石油政策的演变 ……………………… / 081
　　第四节　欧佩克影响国际油价的手段与效果 ………… / 109

第四章　欧佩克油价影响力的因素分析 ………………… / 116
　　第一节　政治因素分析 ………………………………… / 117
　　第二节　石油市场因素分析 …………………………… / 134
　　第三节　欧佩克自身因素分析 ………………………… / 149

第五章　欧佩克油价影响力及其市场属性 ……………………… / 166
第一节　欧佩克的油价影响力 ……………………………… / 166
第二节　欧佩克市场属性及其市场地位的脆弱性 ………… / 182

第六章　结束语 ………………………………………………… / 193

附录　欧佩克配额和产量（1991～2011年）………………… / 201

参考文献 ………………………………………………………… / 207

后　记 …………………………………………………………… / 222

图表目录

表 2-1	2007~2011 年主要石油公司占用资本平均回报率	032
图 2-1	1997~2011 年英国石油公司油气价格构成及其变动	034
图 2-2	1971~2011 年国际石油价格走势	039
图 2-3	1980~2011 年世界初级能源产量	041
表 2-2	1980~2010 年人均能源消费量的变化	041
图 2-4	石油需求曲线	042
图 2-5	石油供给曲线	044
图 2-6	短期需求曲线的变动	045
图 2-7	长期需求曲线的变动	046
图 2-8	短期供给曲线的变动	047
图 2-9	长期供给曲线的变动	048
图 2-10	1966~2011 年真实 GDP 增长率与石油消费的关系	051
图 2-11	1973~2011 年真实油价与世界 GDP 真实增长率的变化	051
图 2-12	经济危机中的油价走势	052
图 2-13	1973~2011 年 OECD 石油库存和国际油价波动	053
图 2-14	石油价格波动与石油产量变化	055
图 2-15	1973~2011 年欧佩克和世界石油储量	057
图 2-16	1973~2011 年石油价格波动与储采比变化	058
图 2-17	石油价格波动与钻井数变化	059
图 2-18	1970~2004 年石油价格与欧佩克剩余产能	060
图 2-19	1986~2011 年油价波动与美元汇率	063

表 2-3	2001年1月至2008年6月油价波动与WTI石油期货合约日持仓变化	064
表 3-1	1975、2000年欧佩克成员国人均GDP和储采比	073
表 3-2	1975~1977年欧佩克成员国油价政策冲突	083
图 3-1	1974~1981年欧佩克产量调整	087
表 3-3	1982~1985年欧佩克配额与实际产量	092
表 3-4	欧佩克配额和产量	103
图 3-2	1974~2011年名义油价与欧佩克目标油价	114
图 4-1	第二次石油危机期间OECD库存变化	118
图 4-2	第四次石油危机期间OECD库存变化	120
图 4-3	1970~2009年世界电力生产的初级能源构成	123
图 4-4	1980~2010年非化石能源发电量的增长率	125
图 4-5	1970~2010年美国汽车耗油量	126
表 4-1	1980~2009年每千美元GDP能源消耗量变化	126
表 4-2	世界石油供应中断的重大事件	128
图 4-6	1971~2011年世界石油需求的增长速度	138
图 4-7	2000~2012年全球油气上游投资成本指数	144
表 4-3	2000~2008年美国主要能源公司油气发现成本对比	144
图 4-8	美国主要能源公司全球石油勘探、开发、采油成本支出	146
图 4-9	美国主要能源公司全球油气勘探、开发、采油成本在上游投资中占比	146
图 4-10	非欧佩克国家石油产量	160
图 4-11	1995~2009年美国主要能源公司石油储量的变化	161
图 5-1	1861~2011年原油价格走势	167
表 5-1	2003~2012年国际大石油公司净利润	171
表 5-2	2001~2009年美国主要能源公司油气生产自然成本的变化	174
图 5-2	2001~2009年美国主要能源高成本油气资源发现成本与WTI油价对比图	176
图 5-3	2011年主要石油消费国能源消费强度	187

序

  石油输出国组织自从 1960 年成立，至今已经历了 55 个春秋。该组织在成立之初就公开宣示，要通过限制产量推动石油价格的上涨，此后又为此建立了成员国之间的产量配额机制。因此，它从一开始就被人们看作是一个通过集体行动谋求高油价的石油生产国卡特尔。然而，从 20 世纪 70 年代该组织成员国收回石油权益以来，国际油价历经了几次大起大落，而该组织在国际油价的沉浮周期之中，究竟发挥了怎样的作用，却成为饱受人们争议的问题。人们实际观察到的现象是，当国际油价下跌，甚至暴跌的时候，石油输出国组织并不一定会做出缩减产量的选择，以推动油价回升，有时甚至不顾油价的下跌，增加石油产量；而当国际油价出现上涨，甚至出现暴涨的时候，也并不是所有的成员国都感到欢欣鼓舞，有的成员国甚至会动用剩余产能，试图通过增加石油供应，使油价暴涨的势头有所缓和。石油输出国组织究竟有没有能力左右国际油价，抑或是否在追求某种最优价格目标，成为人们争议的焦点。

  其实，决定石油输出国组织的市场战略和价格偏好的因素是十分复杂的。首先，20 世纪 70 年代以来国际石油市场发生的结构性变化使更多的石油生产国进入市场，该组织成员国的市场份额明显缩小，对国际石油市场的影响力已是今不如昔，市场的力量的确占据了上风。其次，该组织成员国之间的市场战略和价格偏好并非人们所想象的那样完全和谐一致。各国由于石油资源禀赋、石油收入需求等方面的明显差异，在面对国际石油市场的变化时，会做出不同的反应。再次，该组织成员国，特别是沙特阿拉伯等主要成员国的市场战略和价格偏好，日益受到抑制替代能源发展、保护市场份额和其他国际经济利益的牵制。除此之外，中东地区的地缘政治状况和国际石油市场的金融化发展等因素，也远远超越了石油输出国组织力所能及的控制范围。正是这些错综复杂的因素之间的相互牵制和促动，决定了石油输出国组织，特别是其主要成员国在国际石油市场上的行为特征，决定了该组织不能成为一个完全意义上的卡特尔。不论该组织或其各个成员国的市场战略和价格偏好如何，它们其实并不具备主宰国际石油价格的充分和必要条件。

对于石油输出国组织的性质及其市场行为的研究，也曾随着国际油价的起伏而经历了高峰和低谷。在20世纪70~80年代的高油价时期，对该组织的研究曾经在国内外都形成了高潮，有些研究成果直到90年代才得以发表。然而，随着80年代中期国际油价进入长期低迷时期，有关石油输出国组织的研究也逐渐沉寂下来。21世纪以来国际石油价格的急剧上涨，再次引起了国内外对石油输出国组织在国际石油市场上地位和作用的研究兴趣。

《石油卡特尔的行为逻辑——欧佩克石油政策及其对国际油价的影响》的作者刘冬，从2007年进入中国社会科学院研究生院攻读博士学位时，就开始从事国际石油市场和石油输出国组织的研究，毕业后在中国社会科学院西亚非洲研究所继续从事相关的研究工作。展现在读者面前的这部著作，就是他多年潜心研究的成果，也是国内新一轮石油输出国组织研究的第一部系统成果。作者在充分吸收前人研究成果的基础上，通过对石油输出国组织进行长时间的观察，对于石油输出国组织成员国的油价构成、石油输出国组织的性质及其市场影响力等进行了比较全面、深入的分析，提出了不少更加深刻的观点。在这项研究成果即将付梓之际，我作为他曾经的博士研究生导师，谨向他表示祝贺，并相信这项研究成果的发表，将通过深化对石油输出国组织的认识，把对国际石油市场的研究进一步引向深入。

杨 光

中国社会科学院西亚非洲研究所

2015年3月22日

前　言

　　石油是最为重要的基础能源品种，其价格波动牵动着经济领域的方方面面。进入 21 世纪以后，国际油价的不断攀升以及频繁波动使得油价问题再次成为全球关注的焦点。作为地租商品，在竞争市场上，石油的价格应该由边际油田的生产成本决定，石油供求则是通过影响边际油田进出市场来影响油价变化。短期来看，由于石油供求缺乏弹性，石油供求的任何波动都会带来国际油价的大幅波动。而长期来看，由于石油需求弹性小于供给弹性，石油供给波动往往会带来高油价均衡与低油价均衡的交替出现。因此，对于国际油价研究而言，理解国际石油供给的变化特点尤为重要。不过，在供给方面，欧佩克的存在使得石油供给成为油价研究的难点。这是因为，对于地租商品而言，"当垄断者控制最为优越的生产条件后，便可以通过对土地量的控制来实现垄断价格"，"商品的价格将不再以生产价格或产品价值为基础"。

　　以往关于欧佩克的研究主要侧重于产量方面，研究方法以实证分析研究为主，主要通过分析欧佩克产量调整与国际油价短期波动之间的关系来确定欧佩克的市场属性与欧佩克的油价影响力。不过，由于欧佩克政策中的油价目标不断调整，这些研究利用不同时期数据所得之结论也大不相同。因此，国际石油市场是否是一个寡头垄断市场，欧佩克是否具备控制油价的能力始终是学术界争议不断的问题。但是，如同其他卡特尔组织一样，欧佩克建立的目的并非是左右油价的短期波动，而是要获得垄断高价。产业组织理论认为，市场结构的特点会影响市场行为，进而影响市场绩效。然而，石油又是一种带有政治属性的特殊商品，政治因素改变了石油供给、石油需求的很多特点，这些变化亦是石油市场研究不可忽视的重要内容。因此，本书搭建了一个卡特尔理论分析框架，并将政治因素纳入其中，来对欧佩克油价影响力与市场属性进行系统分析。

　　本书在对石油价格构成与波动的特点、欧佩克目标与政策进行梳理和分析的基础上，利用卡特尔理论和地缘政治研究成果，解释了政治因素对石油供求影响的基础作用，并从石油市场和卡特尔机制两个方面分析了制约欧佩克油价影响力的各种因素。并以此为基础，对欧佩克影响国际油价长周期波动与短期波动的能力、欧佩克的市场属性，以及欧佩克需要面对的市场威胁做出科学的界定。

　　本书将地缘政治因素纳入产业卡特尔理论的分析框架中，对欧佩克的油价影响力，特别是对欧佩克与国际油价长周期之间的关系做出分析，丰富了产业组织理论对成员为主权国家的卡特尔组织的研究以及国际油价长周期波动的研究，具有一定的理论意义。同时，本书提出的很多观点对于在不同市场环境下，欧佩克不同成员国将会采取的石油政策具有重要的借鉴意义，对于石油厂商制定投资决策、石油消费国防范石油价格风险具有重要的实践指导意义。

第一章 导　言

一　背景及意义

进入 21 世纪以来，油价的暴涨暴跌再一次吸引了世人的目光，也让世人再一次体会到对石油市场认识的不足。石油价格研究的难点来自供给方面，而供给方面的难点源自欧佩克。虽然经济学家提出的石油供给模型众多，但至今仍没有哪个模型在解释欧佩克油价影响力上获得广泛一致的认可。对于欧佩克在 21 世纪高油价均衡中供给曲线导致的低油价均衡与高油价均衡的周期性波动，一些卡特尔模型的支持者认为油价的上涨是因为欧佩克垄断势力的加强，欧佩克市场份额的增加重新赋予欧佩克抬高油价、敛取高额利润的能力。主导公司模型的支持者认为油价波动的原因是欧佩克或欧佩克核心国家剩余产能的紧张弱化了该组织对石油市场的控制能力。面对同样的油价波动，学术界给出的解释却大相径庭。学术界对欧佩克认识上的分歧并不新鲜，这是一个长期存在的问题。翻看石油研究的历史，我们就会发现理论研究往往是将某一理论应用于特定的历史时期，并取得理论模型存在的证据。因此，欧佩克研究的现状就是每个理论都有其合理性，但分歧依然巨大。

本书的理论意义在于利用历史资料、卡特尔理论、石油地租理论对欧佩克影响油价的能力，以及欧佩克影响油价需要具备的条件做出全面的分析，并从中对欧佩克的市场属性及其影响国际油价的能力做出科学的判断。

本书的实践意义来自于中国对石油进口依赖的现实。这一现实要求我们必须要对欧佩克影响油价的能力有一个明确的认识。只有明确欧佩克的油价影响力，政府才能正确应对影响国家能源安全的重大问题，正确发展与产油国的经济外交关系；政府和企业才能正确应对国际石油价格的波动和变化。

二 研究现状

学术界对石油市场的研究经历了两次高潮。第一次高潮出现在石油危机爆发的1973年，"这股热潮直到15年后才几乎完全退去，一切又恢复了原有的平静"[1]。第二次高潮出现于2000年，其浪头随着石油价格的上升越涨越高，至今仍未消退。石油虽然是一种带有政治属性的特殊商品，但其价格波动依然要遵循基本的供求规律。当前，学术界对于石油需求的研究已相对成熟，因而国际油价研究的难点主要来自供给方面，而石油供给研究的难点又主要体现为对欧佩克市场属性认知的不同。由于不能确定欧佩克的市场属性，学术界对于国际石油供给的市场结构一直存在争议。因此，石油供给研究也就成为制约国际油价研究的主要因素。

（一）石油需求研究

与供给相比，认清石油需求的难度要小很多。对于影响石油需求的各种因素，经济学界没有太多争议。学术界对于石油需求的研究主要集中于两个弹性，即石油的收入弹性和石油需求的价格弹性。

首先，石油是世界经济增长的派生需求。世界石油需求主要受世界经济增长变动的影响。彭罗思（Penrose）认为石油需求的上涨是促使油价上升的一个重要因素[2]。罗森伯格（Rosenberg）认为经济的发展、工业的进步使得世界经济对石油等能源的依赖越发严重，而收入水平的提高无疑会增加对石油的消费[3]。斯莱德（Slade）等认为石油的收入弹性接近1，是收入水平决定了石油的消费[4]。而盖特等则认为，因为产业结构和节能技术的差异，发达国家的石油收入弹性要小于发展中国家。1971～1997年，经合组织

---

[1] 〔美〕杰奎斯·克莱默、德贾瓦德·沙雷西－伊斯法哈里：《石油市场模型》，王芳译，北京大学出版社，2004，第1页。

[2] Edith Penrose, "The Development of the Crisis," in Raymond Vernon eds., *The Oil Crisis*, New York: Norton, 1976, pp. 47 – 54.

[3] Nathan Rosenberg, "Historical Relationship Between Energy and Economic Growth," in Paul Steven eds., *The Economics of Energy*, Vol. 1, Cheltenham: Edword Elgar, 1980, pp. 135 – 150.

[4] Margaret E. Slade and Charles Kolstad and Robert J. Weiner, "Buying Energy and Nonfuel Minerals: Final, Derived, and Speculative Demand," in A. V. Kneese and J. L. Sweeney eds., *Handbook of Natural Resource and Energy Economics*, Vol. 3, Amsterdam: North-Holland, 1993, pp. 935 – 1009.

25 国的石油收入弹性为 0.55，同期 11 个产油国的收入弹性为 1.11，而经济高速发展的 11 个国家的石油收入弹性则高达 1.17[1]。虽然石油收入弹性的具体数值存在差异，但石油需求具有较大的收入弹性已得到广泛的认可。

其次，与其他商品不同，石油需求的价格弹性不但在短期是缺乏弹性的，在长期也是缺乏弹性的[2]。国际货币基金组织的一份报告表明，石油需求的价格弹性在短期为 0.02，在长期（10 年之后）也仅为 0.08。由于石油需求在短期和长期都是缺乏弹性的，石油供应短期中断必然会带来国际油价的上涨或经济衰退[3]。此外，库珀利用纳罗夫局部调整模型（Nerlove's partial adjustment model）所做的研究也表明，石油需求的短期价格弹性和长期价格弹性都是极为缺乏弹性的[4]。

（二）石油供给研究

与石油需求研究不同，石油供给研究可以划分为意见完全相左的两大类：一类是从可耗竭资源模型发展而来的竞争型市场结构模型；另一类则是以产业组织理论为基础的垄断型市场结构模型。

1. 竞争型市场结构模型

竞争型市场结构模型认为国际石油供给是竞争型的，欧佩克并非石油市场的垄断者，欧佩克成员国的行为与其他产油国并无差异。竞争型市场结构模型是以可耗竭资源模型为基础的，当前最具代表性的竞争型市场结构模型是财产权模型和目标收益模型。

（1）可耗竭资源模型

自然资源的不可再生性决定了生产者需要面对现在生产与未来生产之间的权衡。最早对这种权衡进行研究的是霍特林（Hotelling）。霍特林认为，如果资本市场是完整的并且市场是竞争性的，可耗竭资源的价格和可耗竭资源的开采成本之间会始终保持正值，两者之间的差额就是可耗竭资源的

---

[1] D. Gately and Hillard G. Huntington, "The Asymmetric Effects of Changes in Price and Income on Energy and Oil Demand," *Energy Journal*, Vol. 3, No. 1, 2002, pp. 19 – 55.

[2] Paul Stevens, "Introduction," in Paul Steven eds., *The Economics of Energy*, Vol. 1. Cheltenham: Edword Elgar, p. xix.

[3] Jaromir Benes, Marcelle Chauvet, Ondra Kamenik, Michael Kumhof, et al., "The Future of Oil: Geology Versus Technology," *IMF Working Paper*, WP/12/109, May 2012, p. 10.

[4] Johun C. B. Cooper, "Price Elasiticity of Demand for Crude Oil: Estimates for 23 Countries," *OPEC Review*, Vol. 27, 2003, No. 1, pp. 1 – 8.

"租金率",可耗竭资源的"租金率"会按照市场利率连续上升[①]。也就是说,在完全竞争市场上,厂商相同数量的资源产量在不同时期所带来的贴现值应该是相等的。如果当期价格较高,价格的上涨幅度超过市场利率,厂商就会选择提高产量,资源的价格就会下降。反之,如果资源价格较低,价格的上涨幅度小于利率,厂商就会选择不生产或者是少生产,资源的价格就会被抬高。因此,从长期来看,资源的收益将会按照市场利率决定的增长率连续上升。因为可耗竭资源的价格由市场利率决定,厂商也就不能影响可耗竭资源的价格。

但是,如果市场存在垄断势力,垄断厂商就能控制资源的价格,他们会根据价格和产量的函数关系,选择一个能够实现收益最大化的生产路径进行资源开采。霍特林认为,资源的最优开采量应该能够使不同期资源开采量的边际收益按照市场利率连续上涨。因为垄断厂商得到的价格大于边际收益,垄断厂商将比竞争厂商多获得一份垄断利润。不过,在垄断市场上,面对价格的变动时,垄断厂商的产量调整幅度要比竞争厂商更大。

可耗竭资源的产出量决定了可耗竭资源的需求量。在市场需求曲线保持不变的情况下,因为资源的价格按照市场利率不断上升,资源的需求量将会持续减少。可耗竭资源模型的这一发现又引出了另一个结论,那就是资源产量持续增加和资源价格持续下降的情况在任何情境下都不可能同时存在。这是因为,在产量不变的情况下,价格的上升是由需求曲线右移带来的,如果价格上升的幅度超过了利率上涨的幅度,厂商就会提高产量,从而带来价格和产量的同时上升;在产量不变的情况下,价格的下降是由需求曲线左移带来的,厂商认为价格上涨幅度小于利率的上涨幅度,就会减少产量,从而带来价格和产量的同时下降。所以,根据霍特林的理论,石油作为一种可耗竭资源,石油价格的下降和石油产量的上升是不可能同时出现的。

不过,霍特林模型后来在解释国际石油市场的现实时却遇到了困难。石油的需求曲线实际上一直在向右移动,并且西方国家的市场利率也一直保持正值,但国际油价却没有像霍特林模型预测的那样:按照市场利率持续上涨。"阿罗(Arrow)和张(Chang)从资源存量的不确定性方面入手,通过

[①] Harold Hotelling, "The Economics of Exhaustible Resources," *Bulletin of Mathematical Biology*, Vol. 53, No. 1/2, 1991, pp. 281 – 312.

运用不确定性最优控制数学工具，导出能解释上述现象的数学结果。他们认为，霍特林法则成立的先决条件之一是资源初始存量是已知的。但实际上，石油储量总是随着世界范围内的勘探活动不断变动。对于特定时期的定价者来说，未来储量的变动是不确定的。"[1]

实际上，我们通常用可探明石油储量来描述石油的资源量。可探明石油储量是指按照现在的市场价格和技术可以开采出来并且有利可图的那部分石油数量[2]。因此，可探明石油储量往往受到石油价格和技术的变化的影响。事实上，石油的可探明储量从来都不是一个固定的数值，正如阿德尔曼（Adelman）所说："1950 年，人们估计波斯湾有 420 亿桶的石油储量，但到 1971 年，当波斯湾开采出 470 亿桶石油后，该地区的探明石油储量还有 3670 亿桶。"[3] 因而，丹尼尔森（Danielsen）提出应该使用更为全面的评估量，如石油地质储量、最终可获得石油储量和石油资源量等。不过，更为全面的评估量是难以估算的，即使能够计算，也不会保持固定不变[4]。

沿着霍特林的研究思路，许多经济学家通过加入不同的参数、设定不同的市场条件，建立了许多石油研究理论和模型。霍特林法则对石油研究最为重要的贡献在于指出了可耗竭自然资源的价格要大于生产的边际成本。这就是说，即使生产自然资源不需耗费任何成本，自然资源的价格也不等于零。自然资源的价格与生产成本不相等的现象增加了油价分析的难度。因此，我们在分析欧佩克的油价影响力时，必须要明确到底是欧佩克的垄断力量还是自然资源的可耗竭性导致了石油价格偏离其边际成本。也就是说，我们在分析市场时，必须要把可耗竭性对油价的影响剔除出去，才能得出欧佩克作为垄断组织对石油价格施加的影响。此外，霍特林模型还特别指出了石油价格对石油厂商生产决策的影响。根据霍特林模型，如果厂商对石油资源拥有完全所有权，当油价过低时（低于"租金率"），厂商就会为避免损失减少产量，反之，则会增加产量。霍特林模型的这一结论对研究拥有完全资源主权的产油国行为具有非常重要的指导意义。

---

[1] 管清友：《石油价格波动：市场、权力与安全》，博士学位论文，中国社会科学院研究生院，2004，第 7 页。

[2] 〔美〕杰奎斯·克莱默、德贾瓦德·沙雷西-伊斯法哈里：《石油市场模型》，王芳译，北京大学出版社，2004，第 30 页。

[3] M. A. Adelman, "Is the Oil Shortage Real: Oil Companies as OPEC Taxcollector," *Foreign Policy*, No. 9 (Winter 1972 - 1973), 1972, pp. 74 - 75.

[4] Albert L. Danielsen, *The Evolution of OPEC*, New York: Harcourt Brace Jovanovich, 1982, p. 274.

(2) 财产权模型

财产权模型以可耗竭资源模型为基础，用进入资本市场的难度来解释产油国与石油公司生产行为的不同。财产权模型认为石油权利对国家来说是安全的，并且国家进入资本市场存在限制，因而产油国比石油公司贴现率要低，因而，国家更愿意把石油资源储存起来，以期在未来获益。因此，欧佩克应为20世纪70年代的石油减产和油价暴涨负责。第一个发现财产权模型的经济学家是马布罗（Mabro）。他指出："产油国减产是因为他们认为现有的生产率是不经济的，会危害国家的长期利益。"[①] 米德（Mead）认为，产油国投资机会较少，因而不需要大的产量，石油资源的控制权由石油公司转移到产油国手中，也就带来了世界石油产量的下降[②]。约翰尼则强调，产油国的石油生产不受时间限制，与石油公司相比，产油国由于面对的市场利率更高，因而倾向于少生产[③]。

财产权模型将霍特林模型应用于一个特殊的历史时期无疑是成功的。财产权模型对1973年的油价暴涨给出了一个合理的解释，却很难解释1979年之后的油价波动。这是因为财产权模型与霍特林模型一样，都是以一种静态的眼光看待石油市场。除此之外，财产权模型也忽视了国家和政府之间的差别，石油开采权对国家来说是安全的，但对政府来说并非如此。对一些产油国政府来讲，他们的任期并非固定，因此他们的石油生产决策未必基于长远考虑。正如杨（Yang）所言，"石油公司对资本市场做出反应，而产油国政府对自己的政治地位做出反应"[④]。财产权模型虽然不认为欧佩克可以影响石油价格，却从另一方面指出了石油资源的安全性和国际资本市场的可获得性对石油生产者生产行为的影响。

(3) 目标收益模型

目标收益模型认为石油市场存在一个向后弯曲的供给曲线，因而存在稳定的高油价均衡和低油价均衡。克莱默（Crémer）和伊斯法哈里（Isfahani）证明了竞争性均衡来自向后弯曲的供应曲线。因为供给曲线向后弯曲，也就

[①] Robert Mabro, "Can Opec Hold the Line?", in Robert Mabro eds., *OPEC and the World Oil Market: the Genesis of the 1986 Price Crise*, Oxford: Oxford University Press, 1986, p. 14.

[②] Walter J. Mead, "The Performance of Government in Energy Regulations," *The American Economic Review*, Vol. 69, No. 2, 1979, pp. 352–356.

[③] 转引自〔美〕杰奎斯·克莱默、德贾瓦德·沙雷西 - 伊斯法哈里《石油市场模型》，王芳译，北京大学出版社，2004，第70页。

[④] Yang Bo, *OPEC Behavior*, Thesis (Ph. D.), The Pennsylvania State University, 2004, p. 11.

带来了石油市场的多重均衡①。同财产权模型一样，目标收益模型也是以可耗竭资源模型为基础的。不过，该模型将预期的作用和资本市场的不完全性考虑在内。

首先，目标收益模型认为产油国在不同的预期下会采取不同的生产政策，如果预期油价上涨是长期的，石油生产国就会减少产量，留待以后生产；如果认为油价上涨是暂时的，生产国就会开足马力尽可能多地生产石油。克莱默和伊斯法哈里用预期的不同解释了1979~1980年价格上涨中沙特阿拉伯及其他欧佩克成员国在石油产出政策上不同的原因。克莱默和伊斯法哈里认为沙特阿拉伯可能意识到了油价的上涨是暂时现象，所以提高了产量，而其他国家认为油价会一直保持在高位，所以选择了减产②。

目标收益模型在分析石油市场时同样考虑到资本市场不完全性的影响。目标收益模型认为产油国国内吸收容量有限，并且国外投资安全性低，因此在油价上涨时不能将所有收入转换为投资，因而也就会减少产量。而油价下跌时，产油国因为不能从外部获得资金，也就不会削减产量。提斯（Teece）指出，因为资本市场的不完全性，欧佩克成员国会根据其预算情况制定产出政策。如果出口收入和海外投资收益能够满足财政支出需求，欧佩克成员国就要削减产量，反之则会增加产量。因而，油价上涨时，产油国将会选择较小的产量，油价下跌时，产油国为实现预算平衡就会增加产量③。

在竞争性市场模型中，目标收益模型是最具影响力的。该模型成功预测了1973~1974年及1978~1979年的价格变化，并用于解释20世纪80年代初到80年代中期欧佩克减产保价政策的执行以及1986年的"价格战"。不过，目标收益模型也因为否认了欧佩克垄断力量的存在而饱受争议。

目标收益模型发展的"黄金期"是20世纪70年代中期到80年代初，而欧佩克产油国在1973年"石油危机"之后收回本国石油资源主权，才成为真正遵循"目标收益"规则的市场参与者。因为选取的时间样本有限，

---

① 笔者未能找到原文，根据杰奎斯·克莱默、德贾瓦德·沙雷西-伊斯法哈里（2004）、Yang Bo（2004）、Krugman（2001）中的引用综述了克莱默和伊斯法哈里的观点。

② Jacques Crémer and Djavad Salehi-Isfahani, "The Rise and Fall of Oil Prices: A Competitive View," in *Annales d'économie et de Statistique*, No. 15/16, Dynamiques des marchés et structures industrielles / Market Dynamics and Industrial Structure, 1989, pp. 427-454.

③ David D. Teece, "OPEC Behaviour: An Alternative View," in James M. Griffin and David D. Teece eds., *OPEC Behaviour and World Oil Prices*, London: Allen & Unwin. Verleger, 1982, pp. 64-93.

目标收益模型在研究上很难避免局限性。而2000年以后，很多支持目标收益规则的研究成果也都肯定了欧佩克的市场势力。例如，艾哈吉（Alhajji）和胡特纳（Huettner）通过对1973～1994年欧佩克成员国生产行为与国际油价波动之间的关系分析，证明了目标收益模型的存在。不过艾哈吉和胡特纳指出："只有孤立的、经济上严重依赖石油的、实行计划经济的产油国的石油产量才更容易受其财政状况的影响。"此外，艾哈吉和胡特纳也指出，石油市场并不是竞争性的，"沙特实际上是石油市场的领导厂商"[①]。

在竞争型模型中，目标收益模型是至今为止影响最大的模型。该模型以产油国政府控制石油资源为前提、以霍特林模型为出发点，但加入了丰富的动态变量，从而得出了能够导致高油价均衡和低油价均衡的、向后弯曲的供给曲线。目标收益模型对石油研究的最大贡献就是指出产油国政府的财政需求和对未来油价的预期是影响其生产行为的重要因素。但是，该模型的缺陷也是明显的，那就是完全忽视了欧佩克产油国的主观能动性。

2. 垄断型市场结构模型

垄断型市场结构模型认为欧佩克是一个垄断组织，能够影响石油价格。但支持垄断型市场模型的经济学家对于欧佩克发挥作用的方式却存有争议。按照欧佩克市场控制力和控制方式的不同，垄断型市场结构模型可以分为卡特尔模型和主导公司模型。

（1）卡特尔模型

卡特尔是指某种商品的生产者联合起来，通过控制产量来提高产品价格，从而获得超过边际成本的垄断利润，实现收益的最大化的形式。石油市场的卡特尔模型则认为欧佩克是由石油生产国组成的垄断者，欧佩克成员国联合起来制定价格、分配产量，以此实现欧佩克收益最大化。根据欧佩克成员国合作关系的不同，卡特尔模型又可以分为单一卡特尔模型和多头卡特尔模型。但不管是哪一种卡特尔模型，都面临着同样的问题：一是欧佩克作为一个整体或者是由不同利益团体组成的联盟，如何制定最优价格。二是欧佩克作为卡特尔如何在成员国之间分配生产配额，而这种安排又不会因为欺骗行为的泛滥威胁到卡特尔的稳定和生存。很多经济学家在这两个方面做了深入的研究，并提出很多建设性意见。

---

① A. F. Alhajji and David Huettner, "OPEC and World Crude Oil Markets from 1973 to 1994: Cartel, Oligopoly, or Competitive," *The Energy Journal*, Vol. 21, No. 3, 2000, pp. 31–59.

①卡特尔模型的分类

卡特尔模型根据欧佩克成员国之间关系的不同，可以分为单一卡特尔模型和多头卡特尔模型。单一卡特尔模型在研究上忽略了欧佩克成员国之间复杂的合作关系，把欧佩克当作一个统一体进行研究。平狄克（Pindyck）的研究为单一卡特尔模型奠定了很好的基础。平狄克认为欧佩克是石油市场剩余需求的提供者，剩余需求也就是世界石油需求与非欧佩克石油供给之间的差额。欧佩克通过产量调整影响剩余需求，并以此获得能够实现集团利益最大化的价格组合[1]。单一卡特尔模型的其他研究与平狄克的研究思路比较类似。吉尔伯特（Gilbert）认为，欧佩克是石油市场中的领导厂商，欧佩克实际上是根据非欧佩克产油国对其石油政策的反应，选择能够实现收益最大化的生产路径来生产石油[2]。不过，萨伦特（Salant）并不认为欧佩克的石油生产会受到"竞争边缘"的影响，而认为欧佩克只是根据石油需求决定石油生产[3]。与平狄克不同，阿德尔曼（Adelman）从石油的稀缺性和石油市场力量入手进行研究。阿德尔曼得出的结论是：并不是石油资源的稀缺性导致1970年之后的国际油价上涨，油价上涨是由市场力量决定的。这是因为，1970年之后，欧佩克成员国之间形成了一个松散的寡头组织——卡特尔[4]。

单一卡特尔模型得到很多计量模型的支持，格里芬（Griffin）用计量模型对1971~1983年的市场数据进行了分析。经过模型检验，格里芬认为"部分市场份额卡特尔"比其他任何模型（包括财产权模型、目标收益模型等）都更符合欧佩克的行为方式，因此，欧佩克是一个卡特尔组织[5]。沿着格里芬的思路，琼斯（Jones）在1990年对1983~1988年的市场数据进行分析，也得出了相似的结论[6]。不过，格里芬模型的假设是，如果欧佩克成

---

[1] Robert S. Pindyck, "Gains to Producers from Cartelization of Exhaustible Resource," *Review of Economics and Statistics*, Vol. 60, No. 2, 1976, pp. 238 – 251.

[2] Richard Gilbert, "Dominant Firm Pricing Policy in a Market for an Exhaustible Resource," *Bell Journal of Economics*, Vol. 9, No. 2, 1978, pp. 385 – 395.

[3] S. W. Salant, "Exhaustible Resources and Industrial Structure: A Nash-Cournot Approach to the World Oil Market," *The Journal of Political Economy*, Vol. 84, No. 5, 1976, pp. 1079 – 1094.

[4] Morris A. Adelman, "OPEC as a Cartel," in James M. Griffin and David D. Teece eds., *OPEC Behaviour and World Oil Prices*, London: Allen & Unwin. Verleger, 1982, pp. 37 – 63.

[5] James M. Griffin, "OPEC Behavior: A Test of Alternative Hypotheses," *The American Economic Review*, Vol. 75, No. 5, 1985, pp. 954 – 963.

[6] C. T. Jones, "OPEC Behavior under Falling Prices: Implications for Cartel Stability," *The Energy Journal*, Vol. 11, No. 3, 1990, pp. 116 – 130.

员国的石油产量与欧佩克的总产量存在相关关系的话，那么欧佩克就是一个实行市场份额制的卡特尔组织。这里需要指明的是，即使是在竞争市场上，面对相同的需求冲击或者供给波动，产油国也会在不存在勾结协议的情况下做出相似的产量调整。格里芬模型因为不能区分石油市场的平行行为而受到一些经济学家的质疑。

与单一卡特尔模型不同，多头卡特尔模型认为欧佩克内部存在两个或多个利益集团，不同集团之间存在着竞争关系。但是，多头卡特尔模型又不同于主导公司模型，因为多头卡特尔模型认为欧佩克内部具有不同利益的国家集团依然能够通过"讨价还价"，最终达成勾结协议，进而通过产量的分配来控制价格，以此实现集团利益的最优化。

海因丽萨（Hnyilicza）和平狄克以平狄克之前的研究为基础，提出了双头卡特尔模型。海因丽萨和平狄克认为欧佩克成员国可以划分为两组利益不同的国家集团，分别是需要大笔资金的挥霍者（Spender）和不需要大笔资金的节俭者（Saver）[1]。由挥霍者和节俭者组成的欧佩克的最优生产路径应该是挥霍者先生产，节俭者后生产，而这在现实中却不可行。因此，在欧佩克成员国配额比例不能固定的情况下，石油价格将取决于挥霍者和节俭者之间的讨价还价能力。海因丽萨和平狄克进而认为，将欧佩克看作是由挥霍者和节俭者组成的卡特尔有助于理解欧佩克在非欧佩克石油产量增长压力下做出的减产行为。在非欧佩克国家的增产压力下，最初节俭者将会比挥霍者削减更多产量，但在 10~12 年后，要么因为挥霍者同意削减产量，要么因为石油价格的下降，节俭者将会增加产量。

与双头卡特尔模型不同，罗斯基（Geroski）等认为，欧佩克作为卡特尔可以划分为利益不同的四类国家集团：竞争边缘、高吸收者、低吸收者和沙特阿拉伯[2]。欧佩克成员国的生产行为取决于历史产量、其他成员国的合

---

[1] E. Hnyilicza and Robert S. Pindyck, "Pricing Policies for a Two-part Exhaustible Resource Cartel, the Case of OPEC," *European Economic Review*, Vol. 8, No. 2, 1976, pp. 139 – 154. 海因丽萨和平狄克认为，节俭者包括沙特阿拉伯、利比亚、伊拉克、阿布哈比、巴林、科威特和卡塔尔，挥霍者包括伊朗、委内瑞拉、印度尼西亚、阿尔及利亚、尼日利亚和厄瓜多尔。

[2] P. A. Geroski, A. M. Uplh and D. T. Ulph, "A Model of the Crude Oil Market in Which Market Conduct Varies," *The Economic Journal*, Vol. 97, Supplement: Conference Papers, 1987, pp. 77 – 86. 罗斯基等认为，欧佩克成员可以分为四类国家，采取竞争性策略的边缘生产者（印度尼西亚、委内瑞拉、伊朗、尼日利亚），有巨大投资需求的高吸收者（阿尔及利亚、利比亚、伊拉克），投资需求有限的低吸收者（科威特、阿联酋），以及沙特阿拉伯。

作状况、自身对欺骗行为的容忍程度、对长期收益和短期收益的权衡，以及自身的财政需求等。因此，欧佩克成员国的生产行为会随着外部环境的变化在不同时期有所不同。

②卡特尔的最优价格

很多卡特尔模型致力于欧佩克最优价格的研究。克莱默、韦茨曼（Weitzman）、平狄克、伊扎第（Ezzati）、戴利（Daly）、格里芬等按照可耗竭资源模型中关于垄断行为的描述进行分析。虽然这类模型对于欧佩克是一个统一的整体还是内部存在竞争的垄断组织存有不同的看法，但其共性还是明显的。这类模型均认为石油市场的参与者拥有完全信息，欧佩克或包括沙特阿拉伯在内的欧佩克核心国家是石油市场中的产量调节者，欧佩克或欧佩克核心国家在不同时期选择不同的产量来影响国际油价，从而实现集团利益最大化[①]。例如，平狄克在1978年进行的一项研究中，就把世界石油供应划分为竞争型供应和垄断型供应，并假定卡特尔的石油储量是确定的。平狄克认为竞争型供应者是价格的接受者，按照边际成本等于价格来生产石油，世界石油需求的剩余部分则由卡特尔提供。卡特尔在不同时期会根据受其自身产量影响的剩余供给曲线选择合适的产量，以实现收益的最大化。

财富最大化模型是非常华美的，并且不断得到修正和完善，且从最初的静态模型一直发展到考虑了世界石油需求和竞争性供应者对卡特尔价格策略滞后反应的动态模型。但是，该模型却存在先天不足，那就是假定石油市场的参与者拥有完全信息。而实际情况是，石油市场充斥着太多不确定因素，即便是看似固定的石油储量也在不断变化。因此，以完全信息为前提假设的收益最大化模型想要发现卡特尔最优价格无疑要面对极大的挑战。

因为石油市场的不确定性给最优价格模型带来难以克服的困难，一些经济学家转而以产能利用目标区模型来分析欧佩克定价问题。盖特莱

[①] J. Cremer and M.L. Weitzman, "OPEC and the Monopoly Price of World Oil," *European Economic Review*, Vol. 8, No. 2, 1976, pp. 155 – 164; E. Hnyilicza and R. S. Pindyck, "Pricing Policies for a Two-Part Exhaustible Resource Cartel: the Case of OPEC," *European Economic Review*, Vol. 8, No. 2, 1976, pp. 139 – 154; A. Ezzati, "Future OPEC Price and Production Strategies as Affected its Capacity to Absorb Oil Revenues," *European Economic Review*, Vol. 8, No. 2, 1976, pp. 107 – 138; R.S. Pindyck, "Gains to Producer from the Cartelization of Exhaustible Resource," *Review of Economics and Statistics*, Vol. 60, No. 2, 1978, pp. 238 – 251; G. Daly, J. M. Griffin and H. B. Steele, "Recent Oil Price Escalations: Implications for OPEC Stability," in James M. Griffin and David D. Teece eds., *OPEC Behaviour and World Oil Prices*, London: Allen & Unwin. Verleger, 1982, pp. 145 – 174.

（Gately）、凯尔（Kyle）等改变了石油市场参与者拥有完全信息的假设，并认为欧佩克无法知道最优价格路径，因而只能根据产能利用率的高低来判断应该提高还是降低欧佩克油价，并以此获得次优价格组合[1]。产能利用目标区模型认为：如果实际的产能利用率高就说明市场供求紧张，欧佩克就会抬高价格，反之则会降低价格。不过，作为确定欧佩克如何制定最优价格的模型，产能利用目标区模型并没有解决其所需解答的问题。它只是说明欧佩克是国际油价的追随者，而非国际油价的制定者。产能利用目标区模型实际上把欧佩克定价问题过于简单化了。

实际上，国际石油市场的影响因素众多，欧佩克内部又存在鹰派国家与鸽派国家在油价政策上的分歧，因此，欧佩克想要制定一个能够实现集团利润最大化的价格实际上是十分困难的。而且，在20世纪70年代中后期和80年代初，因为成员国利益的差异，欧佩克内部还曾出现过两次双重定价的现象。因此，丹尼尔森（Danielsen）和色白（Selby）认为欧佩克并不能制定石油价格，欧佩克只是简单地根据石油现货价格来决定石油的销售价格[2]。

③卡特尔的产量分配

平狄克认为，卡特尔是否成功取决于卡特尔成员"是否能够在石油产量和利润分配上达成一致，是否能够建立起发现和阻止欺骗行为的卡特尔机制"[3]。欺骗行为严重影响了欧佩克的生存。因此，很多支持卡特尔模型的经济学家建立了很多理论和模型来解释欧佩克如何保持成员国合作的稳定性。

摩冉（Moran）认为，政治上的相互作用是欧佩克保持稳定的一个重要因素。在国际油价下跌时，来自于鹰派国家的压力迫使沙特阿拉伯减少产量[4]。格里芬和斯蒂尔（Steele）以及阿德尔曼则认为是政治目标、共同的

---

[1] Dermont Gately, John F. Kyle and Fietrich Fisher, "Strategies for Opes's Pricing Dicisions," *European Economic Review*, Vol. 10, No. 2, 1977, pp. 209 – 230; D. Gately, "OPEC: Retrospective and Prospects 1972 – 1990," *European Economic Review*, Vol. 21, No. 3, 1983, pp. 313 – 331.

[2] Albert L. Danielsen and E. B. Selby, "World Oil Price Increases: Sources and Solutions," *The Energy Journal*, Vol. 1, No. 4, 1980, pp. 59 – 74.

[3] Robert S. Pindyck, "The Cartelization of World Commodity Markets," *The American Economic Review*, Vol. 69, No. 2, Papers and Proceedings of the Ninety-First Annual Meeting of the American Economic Association, 1979, pp. 154 – 158.

[4] Thodore Moran, "Modelling OPEC Behavior: Economic and Political Alternatie," in James M. Griffin and David D. Teece eds., *OPEC Behaviour and World Oil Prices*, London: Allen & Unwin. Verleger, 1982, pp. 122 – 123.

文化，以及其他方面的众多需求促成了欧佩克成员国之间的合作[1]。不过梅森（Mason）和波拉斯基（Polasky）认为文化因素并不是促成欧佩克成员国合作的原因，促成欧佩克成员国合作的原因是欧佩克拥有较大的石油储量，但欧佩克的石油消费量却很有限[2]。

另外一些经济学家则利用过度供应的小规模性来解释欧佩克合作的稳定。过度供应的小规模性是指面对油价的上涨，欧佩克的产能扩张有限，而正是产能扩张上的有限性保证了欧佩克的稳定。对于过度供应的小规模性，经济学家给出了不同的解释。马布罗提出："人口多，资金需要大的国家拥有较少的石油储量（如阿尔及利亚、尼日利亚、印度尼西亚）或较弱的生产能力（如伊拉克），而唯一开支较大的国家伊朗，又不太可能为扩大市场份额而采取竞争性的策略。"[3] 摩冉认为："有大幅产能扩张能力的成员国不需要通过增加产量带来收入；而那些确实需要额外收入的成员国却已经在按接近最高生产能力的产量的程度上进行生产了。"[4] 阿德尔曼则认为："在一些国家，价格的升高将会带来更多的产量，但是对于欧佩克中的富裕国家来说，价格越高，它们的产出却越少。"[5] 虽然过度供应的小规模性成功解释了欧佩克在油价上升时期的合作，却不能为油价下跌时欧佩克成员国之间的竞争关系给出一个合理的解释。

卡特尔模型用来解释高油价时期的欧佩克行为非常合适，却难以解释低油价时期的欧佩克行为。在低油价时期，超产是经常现象。20世纪80年代上半段，欧佩克作为卡特尔实际上是以沙特阿拉伯份额的丧失来换取配额制度的稳定的。例如，1981年沙特阿拉伯的产量为1000万桶/日，到1985年

---

[1] James M. Griffin and H. B. Steele, *Energy Economics and Policy*, New York: Academic Press, 1980, pp. 155 - 160; M. A. Adelman, "OPEC as a Cartel," in James M. Griffin and David D. Teece eds., *OPEC Behaviour and World Oil Prices*, London: Allen & Unwin. Verleger, 1982, pp. 37 - 63.

[2] Charles F. Mason and Stephen Polasky, "What Motivates Membership in Non-Renewable Resource Cartels? The Case of OPEC," *Resource and Energy Economics*, Vol. 27, No. 4, 2005, pp. 321 - 342.

[3] Robert Mabro, "OPEC After the Oil Revolution," *Millennium: Journal of International Studies*, Vol. 4, No. 3, 1975 - 1976, pp. 191 - 199.

[4] Thodore Moran, *Oil Prices and the Future of OPEC: the Political Economy of Tension and Stability in the Organization of Petroleum Exporting Countries*, RFF Research Paper; R - 8, Washington D. C.: Resources for the Future, 1978, p. 1.

[5] M. A. Adelman, "The Clumsy Cartel," *The Energy Journal*, Vol. 1, No. 1, 1980, pp. 43 - 53.

第三季度仅有270万桶/日。但当1985年9月，沙特阿拉伯决定按配额生产，将产量提高至470万桶/日时，国际油价几周内便从28美元/桶下跌至11美元/桶[1]。此后，很多经济学家开始重视沙特阿拉伯的重要作用，并倒向了主导公司模型，其中就包括卡特尔模型的支持者阿德尔曼。

无论是单一卡特尔模型还是多头卡特尔模型都将欧佩克看作一个整体。因为把欧佩克看作一个整体，欧佩克所有成员国就都不再是以自身收益最大化作为决定本国石油产量的基础的了。单头卡特尔模型认为欧佩克能够像经济学定义中的卡特尔那样，选择利润最大化的生产路径进行生产；多头卡特尔模型虽然承认欧佩克成员国之间存在利益差别，却认为欧佩克成员国之间经过"讨价还价"仍能达成意见上的一致。这是卡特尔模型与其他模型，包括主导公司模型最大的不同。因为这种理论上的设定，卡特尔模型的分析不再以单个产油国作为基础，而是更多地去研究国与国之间的合作（包括欧佩克成员国在价格制定、产量分配上的合作），以及欺骗行为与欧佩克稳定之间的关系等。这些研究成果对欧佩克研究有着重要的借鉴意义。不过，卡特尔模型的缺陷也是明显的，那就是没有分清欧佩克成员国采取的一致行动是出于对市场变化做出的相似反应还是出于勾结行为。面对特定的需求冲击，欧佩克成员国的产量调整可能是一种合作行为，但也有可能像竞争性模型所认为的，是出于目标收益或是其他目的。

（2）主导公司模型

主导公司模型认为沙特阿拉伯或欧佩克中包括沙特阿拉伯在内的几个核心国家是石油市场中的主导公司。除沙特阿拉伯或欧佩克核心国家外，其他所有产油国都是石油市场中的竞争边缘，主导公司通过减去竞争边缘的产量计算出自己的需求曲线，然后制定出能够实现利润最大化的价格。与卡特尔相比，在这个关于垄断行为的观点中，所有有关合作行为的复杂情况都被回避了。与卡特尔相比，主导公司面临着一条更富有弹性的需求曲线，所以会选择一个更低的价格。如果主导公司的市场份额非常小，那么国际石油市场将会重新回到竞争状态[2]。

---

[1] 〔美〕杰奎斯·克莱默、德贾瓦德·沙雷西-伊斯法哈里：《石油市场模型》，王芳译，北京大学出版社，2004，第24页。

[2] 〔美〕杰奎斯·克莱默、德贾瓦德·沙雷西-伊斯法哈里：《石油市场模型》，王芳译，北京大学出版社，2004，第45页。

①以沙特阿拉伯为主导公司的模型

最初提出主导公司观点的经济学家是发现财产权模型的马布罗。马布罗认为欧佩克实际上只能固定沙特阿拉伯的油价，其他成员国则可以自由制定价格，从而迫使沙特阿拉伯降低欧佩克基准石油的产量。因为绝大多数欧佩克成员国几乎已经按照全部产能进行生产，欧佩克中能够利用产量调整影响油价的也只有沙特阿拉伯一国[1]。艾里克森（Erickson）认为欧佩克成员国市场份额不断变化说明欧佩克并不是一个卡特尔，沙特阿拉伯在国际石油市场中虽然仅占有15%的市场份额，但国际石油市场50%的供给波动是由它带来的，所以沙特阿拉伯是石油市场中的价格领导者[2]。以沙特阿拉伯为主导的公司模型自提出后，得到了越来越多人的支持，即使是卡特尔模型的支持者阿德尔曼，也曾在1985年表示沙特阿拉伯是国际石油市场中唯一的领导厂商[3]。

以沙特阿拉伯为中心的主导公司模型亦得到许多计量模型的支持。1994年，格里芬和尼尔森（Nielson）指出，1985~1986年，沙特阿拉伯实际上采取了针锋相对的策略来惩罚或奖励欧佩克成员[4]。优素福（Al-Yousef）则认为由于沙特阿拉伯具有大量的石油储量、产能，以及能随时增减产量的能力，因而在国际市场上占有最为关键的地位，沙特阿拉伯的石油产量在国际油价的形成过程中起到了重要的作用。优素福进而认为在1975~1986年，沙特阿拉伯实际上扮演了摇摆生产者的角色（通过产量调整维持国际油价稳定）[5]。

2000年，艾哈吉和胡特纳对包括欧佩克在内的6个国际卡特尔组织进行比较。他们发现无论从统计数据还是从理论模型来看，欧佩克都不是一个卡特尔组织，沙特阿拉伯实际上是国际石油市场的主导公司[6]。之后不久，

---

[1] Robert Mabro, "OPEC After the Oil Revolution," *Millennium: Journal of International Studies*, Vol. 4, No. 3, 1975 – 1976, pp. 191 – 199.

[2] Edward W. Erickson, "Developments in the World Oil Market," in R. K. Pachauri eds., *International Energy Studies*, New Delhi: Wiley Eastern, 1980, pp. 13 – 15.

[3] Morris A. Adelman, "An Unstable World Market," *The Energy Journal*, Vol. 6, No. 1, 1985, pp. 17 – 22.

[4] James M. Griffin and William S. Neilson, "The 1985 – 86 Oil Price Collapse and Afterwards: What does Game Theory Add?", *Economic Inquiry*, Vol. 33, No. 4, 1994, pp. 543 – 561.

[5] Nourah Abdulrahman Al-Yousef, *The Role of Saudi Arabia in the World Oil Market 1974 – 1997*, Thesis (Ph. D.), The University Surrey Department of Economics, 1998, pp. 130 – 136.

[6] A. F. Alhajji and David Huettner, "OPEC and Other Commodity Cartels: A Comparison," *Energy Policy*, Vol. 28, No. 15, 2000, pp. 1151 – 1164.

艾哈吉和胡特纳用联立方程模型对 1973～1994 年国际油价的分析证明了沙特阿拉伯是国际石油市场中的主导公司，并且给出了沙特阿拉伯之所以是石油市场主导公司的 7 个原因[1]。2001 年，斯普林伯格（Spilimbergo）对 1983～1991 年欧佩克成员国动态竞争和勾结行为进行分析，也得出了相似的结论[2]。

此外，2004 年，德桑迪斯（De Santis）通过建立一个可计算一般均衡模型对市场供给和需求冲击的影响进行了分析。结果发现，短期来看，欧佩克配额协议导致油价波动，而长期来看，沙特阿拉伯实际上是影响国际油价的主导公司。德桑迪斯进而指出，沙特阿拉伯在正面需求冲击下，一般没有干预石油市场的激励，但在负面需求冲击下，往往会干预市场[3]。

②以欧佩克核心国家为主导公司的模型

此外，还有一些经济学家则认为在国际石油市场上发挥主导公司作用的产油国不仅限于沙特阿拉伯，而是一个以沙特阿拉伯为中心、若干欧佩克成员组成的国家集团。戴利、格里芬、斯蒂尔将沙特阿拉伯以及几个吸收能力有限的国家，如科威特、利比亚视为国际石油市场剩余需求的供给者，这些国家实际上发挥了国际石油市场主导厂商的作用[4]。

辛格（Singer）认为在国际石油市场上发挥主导公司作用的是欧佩克中那些拥有剩余产能的产油国。例如，1974～1978 年，沙特阿拉伯以及包括科威特、阿联酋在内的几个阿拉伯产油国实际上控制了对剩余需求的供给，它们实际上是通过产量调节来影响国际油价的，这些国家在国际石油市场上发挥了主导公司的作用[5]。达尔（Dahl）和优赛尔（Yucel）也得出了与辛格相似的结论，不过达尔和优赛尔认为欧佩克核心应当包括四个国家，分别

---

[1] A. F. Alhajji and David Huettner, "OPEC and World Crude Oil Markets from 1973 to 1994: Cartel, Oligopoly, or Competitive," *The Energy Journal*, Vol. 21, No. 3, 2000, pp. 31–59.

[2] A. Spilimbergo, "Testing the Hypothesis of Collusive Behavior among OPEC Members," *Energy Economics*, Vol. 23, No. 3, 2001, pp. 339–353.

[3] Robert A. De Santis, "Crude Oil Price Fluctuations and Saudi Arabia's Behaviour," *The Energy Journal*, Vol. 25, No. 2, 2003, pp. 155–173.

[4] G. Daly, J. M. Griffin and H. B. Steele, "Recent Oil Price Escalations: Implications for OPEC Stability," in James M. Griffin and David D. Teece eds., *OPEC Behaviour and World Oil Prices*, London: Allen & Unwin. Verleger, 1982, pp. 145–174.

[5] S. F. Singer, "The Price of World Oil," *Annual Review of Energy*, Vol. 8, No. 1, 1983, pp. 451–508.

是科威特、尼日利亚、沙特阿拉伯和委内瑞拉[①]。

对于主导公司作用的发挥,有些经济学家还是充满了疑虑。伯劳特就认为作为主导公司的沙特阿拉伯能否发挥作用,主要依赖于石油的需求弹性、沙特阿拉伯石油在世界石油市场中占有的份额,以及国际石油市场中竞争性供给者的供给弹性。"按照主导公司理论,主导公司因为需要小幅的价格上涨,会刻意限制自己的产出规模。"[②] 但是,国际石油市场主导公司的行为并不总是符合这一论断的,有些时候,主导公司也会采取竞争性行为。例如,1986年的"价格战"就是由最具主导公司特征的沙特阿拉伯发动的。

虽然同属垄断型模型,主导公司模型与卡特尔模型却存有巨大差异。两者的差异主要源自对沙特阿拉伯作用的不同认识。卡特尔模型将欧佩克看作一个整体,沙特阿拉伯通过与其他欧佩克国家的配合达到影响国际石油市场的目的。与卡特尔模型不同的是,主导公司模型认为沙特阿拉伯或包括沙特阿拉伯在内的欧佩克核心国家才是石油市场的垄断者,影响国际石油市场的是沙特阿拉伯或是以沙特阿拉伯为首的欧佩克核心国家。主导公司模型不再研究欧佩克国家之间复杂的合作行为,而是将主要精力放在研究少数主导厂商,特别是沙特阿拉伯石油政策和市场影响力方面。沙特阿拉伯是世界上最主要的产油国,在研究欧佩克时,如果不对沙特阿拉伯行为进行重点分析往往很难取得有说服力的研究成果。在这一点上,主导公司模型的很多研究成果是值得我们借鉴的。不过,需要注意的是,无论是沙特阿拉伯还是欧佩克核心国家,其产量调节能力都存在一定的局限。我们在研究欧佩克的油价影响力时,决不能忽视欧佩克其他成员国的生产行为对欧佩克整体作用的影响。

三 思路与框架

欧佩克被认为是石油市场的卡特尔组织。与其他卡特尔一样,欧佩克影响油价的能力会受到一系列主客观因素的制约。本书以市场结构和卡特尔组织机制对卡特尔的影响作为分析的出发点,搭建了一个卡特尔理论的分析框架,从主客观两个方面来分析欧佩克的油价影响力和市场属性。不过,由于

---

① C. Dahl and M. Yucel, "Testing Alternative Hypothese of Oil Producer Behavior," *The Energy Journal*, Vol. 12, No. 4, 1991, pp. 117 – 129.

② 转引自〔美〕杰奎斯·克莱默、德贾瓦德·沙雷西 – 伊斯法哈里《石油市场模型》,王芳译,北京大学出版社,2004,第65页。

石油是一种具有政治属性的地租商品，仅仅依靠经济学理论仍难以得出欧佩克影响油价所需的具体能力。因此，本书将超越经济学理论，走入地缘政治的视野，将地缘政治因素融合进卡特尔理论的分析框架。也就是说，将地缘政治因素对石油市场、欧佩克卡特尔机制的影响融合到卡特尔理论的分析框架之中。

本书总共分为6章。

第一章是导言。在导言部分，笔者简单介绍了本书的由来和意义、研究现状、思路与框架。在本章，笔者从供给、需求和地缘政治三个方面对国际油价的研究成果进行梳理。

第二章是国际油价的构成及其波动。国际油价由石油生产价格、石油地租和垄断收益构成。石油价格的构成除会受到油田资源地质条件差异的影响外，也会受到国际油价变动的影响。一般来说，油田资源地质条件越好、国际油价越高，地租收益在油价中所占比例也就越高。在油价波动方面，因为石油供给和短期石油需求都是极其缺乏弹性的，国际石油供求的短期变化往往会带来国际油价的大幅波动。此外，由于石油供求的价格弹性在长期也相对缺乏，石油供求的长期变化往往易于带来国际油价趋势性、结构性的变化。

第三章是欧佩克的目标与政策。本章对欧佩克的目标以及1973年至今欧佩克执行过的石油政策进行梳理和分析。经分析得出，欧佩克设定的目标虽有很多，但其核心目标是要维护产油国利益。为实现这一目标，欧佩克不断对其石油政策进行调整。1973年至今，欧佩克总共执行过四大战略："提价保值"战略（1973~1981年）、"限产保价"战略（1981~1985年）、"低价保额"战略（1986~2004年），以及"维持市场适度紧张"战略（2005年至今）。从欧佩克石油政策的演变来看，欧佩克政策中的油价目标也在不断弱化，从最初的直接固定价格（1973~1985年），到后来通过产量调整间接影响价格（1986~2004年），最后变为当前的、以石油供求为目标的、放弃对油价的干预（2005年至今）的价格目标。

第四章是欧佩克油价影响力的因素分析。本章综合利用卡特尔理论和石油地缘政治研究成果。在解释政治因素对石油供求影响的基础上，从石油市场和卡特尔机制两个方面分析制约欧佩克影响油价的各种因素。经分析得出，由于地缘政治因素改变了石油需求和石油供给的很多特点，20世纪80年代中期以后的国际石油市场虽然对欧佩克抑制国际油价短期波动更为不利，却更有助于欧佩克获取垄断高价。而且，从欧佩克的卡特尔机制来看，根据产油国基于国家财政状况确定石油产量的特点，在高油价和石油生产高成本的条件下，欧佩克成员国更容易进行合作，欧佩克的剩余产能也将发挥威慑潜在进入者的作用。

第五章是欧佩克油价影响力及其市场属性。本章结合 21 世纪地缘政治、石油市场、欧佩克油价政策的特点和第四章得出的结论，对欧佩克影响油价的能力及其属性做出最终的判定。经研究得出，欧佩克油价影响力并不体现在抑制油价短期波动方面，而是体现在利用产能调整维持石油市场供求"适度紧张"，获取垄断高价的能力上。但是，在欧佩克国家中，有能力、也有意愿利用产能调整对石油市场施加影响的主要是以沙特阿拉伯为首的欧佩克核心国家，其他国家产能调整更多的是遵循目标收益的规则。因此，从本质上来说，在欧佩克中，只有沙特阿拉伯等欧佩克核心国家才是国际石油市场的主导厂商。不过，欧佩克维持下的高油价均衡并不稳定，任何可能带来国际石油市场产能持续过剩的供给、需求冲击都有可能破坏当前欧佩克维持下的高油价均衡。

第六章是结束语。本章对全书所得结论进行总结并对欧佩克未来将要采取的石油政策做出预测。

第二章
国际油价的构成及其波动

第一节 国际石油价格的构成

西方经济学和马克思政治经济学都对矿产品的价格有深入的分析。西方经济学认为商品的价格是供给和需求共同决定的。"追求最大收益的理性经济人会对自己的成本和收益进行边际分析,从而得到各自的需求曲线和供给曲线,当市场同时满足买卖双方的需求时,市场就会形成一个均衡价格。在竞争市场上,这个均衡价格就等于商品生产的边际成本。"[1] 不过,根据霍特林的可耗竭资源模型,矿产品作为一种供给缺乏弹性的产品,即使是在竞争市场上,其均衡价格也要高于生产自然资源的边际成本,而超过边际成本的部分将以租金的形式流入资源的所有者手中[2]。

马克思在《资本论》中也对矿产品的价格进行过论述。马克思曾指出,"土地和矿山产品,像其他商品一样,是按照它们的生产价格出售的"[3]。不过,"土地所有权能使土地产品的价格超过它们的生产价格"[4],"在任何情况下,这个由价值超过生产价格的余额产生的绝对地租,都只是农业剩余价

---

[1] 〔美〕乔治·斯蒂格勒:《价格理论》,施仁译,北京经济学院出版社,1990,第185页。
[2] Harold Hotelling, "The Economics of Exhaustible Resources," *Bulletin of Mathematical Biology*, Vol. 53, No. 1/2, 1991, pp. 281–312.
[3] 〔德〕马克思:《资本论》(第三卷),中共中央马克思、恩格斯、列宁、斯大林著作编译局译,人民出版社,1975,第721页。
[4] 〔德〕马克思:《资本论》(第三卷),中共中央马克思、恩格斯、列宁、斯大林著作编译局译,人民出版社,1975,第861页。

值的一部分,都只是这个剩余价值到地租的转化,都只是土地所有者对这个剩余价值的攫取;正象级差地租的形成是由于超额利润转化为地租,是由于土地所有权在一般起调节作用的生产价格下对这个超额利润的攫取一样"①。

虽然西方经济学的价格理论和马克思价格理论对商品价格的表述有所不同,但实际上是一致的。西方经济学认为竞争市场上,商品价格等于商品的生产成本,成本则由工资、利息、租金和利润四部分构成。而马克思认为在竞争市场上,商品的价格应该按生产价格出售,生产价格包括成本价格和平均利润两部分。如果将两者进行比较,马克思所说的平均利润相当于西方经济学中的利息,而成本价格则包括工资、租金和利润。所以说,对于商品价格的构成,西方经济学和马克思主义政治经济学在本质上是一样的。而对矿产品价格中的地租,虽然对地租来源的分析有所不同,但两者在描述上是一致的。

按照马克思对矿产品价格的描述,我们可以得出矿产品的价格构成公式,即矿产品的价格 = 生产价格 + 地租。石油作为一种矿产品,其价格也适用于这一公式。不过,现实的石油市场并不是竞争型的,少数产油国控制了优等石油资源并且少数国际石油公司在石油市场中也具有一定的垄断势力。按照西方经济学和马克思价格理论的观点,市场中的垄断者可以凭借垄断势力获取超额利润。因此,我们在分析石油价格的构成时,还应该加上产油国及石油公司凭借对资源或市场的垄断获得的垄断收益。这样,我们就得出了石油商品的价格构成公式:石油价格 = 生产价格 + 地租 + 垄断收益。

一 生产价格

石油是一种特殊的商品,其自然资源属性和政治属性受到多种因素的扰动,但石油的生产价格仍然是石油价格的基础。马克思认为,"它们的出售价格,等于它们的成本要素(已耗费的不变资本和可变资本的价值)加上一个由一般利润率决定,并按全部预付资本(包括已经消耗的和没有消耗的)计算的利润"②。在这里,平均利润是资本作为要素所获得的报酬。对于石油企业来说,平均利润相当于企业的融资成本,而石油生产中消耗的不

---

① 〔德〕马克思:《资本论》(第三卷),中共中央马克思、恩格斯、列宁、斯大林著作编译局译,人民出版社,1975,第861页。
② 〔德〕马克思:《资本论》(第三卷),中共中央马克思、恩格斯、列宁、斯大林著作编译局译,人民出版社,1975,第721页。

变资本和可变资本的价格相当于石油的生产成本。

虽然从理论上来看，石油价格应该等于石油的生产价格（西方经济学认为是机会成本），但是因为地租商品的特殊性和垄断势力的存在，石油商品的价格与石油生产价格之间还是存有很大的差异。在油价飞涨的时期，石油的实际价格往往是生产价格的数倍。就石油生产价格而言，平均利润和生产成本所占比例会随货币市场利率的变化不断变动。但无论如何变动，石油生产成本都是石油生产价格最大的组成部分，而融资成本却对石油企业的投资决策具有至关重要的影响。

（一）融资成本

融资成本是指项目为筹集资金和占用资金而支付的费用。融资成本不仅指为借贷资金支付的利息，还包括自有资金因被使用而损失的机会成本。西方经济学认为资本也是一种生产要素，资本所有者凭借对资本这一生产要素的所有权，从资本的服务中获取报酬。而资本使用者向资本所有者支付的报酬则应计入资本使用者的成本之中。因此，融资成本也是价格的一部分。融资成本对企业投资决策具有至关重要的影响。企业只有在认为可以收回融资成本的情况下，才会考虑进行项目的投资。

石油生产具有前期投资大、回报周期长的特点，石油公司如若没有雄厚的财力且又得不到金融合伙人的支持，就很难进行油田的勘探与开发。因此，融资成本的高低也就成为石油公司判断项目合理与否的重要标准。石油项目的融资方式有很多，常用的融资方式有：投资人筹资，包括资本金和资本溢价；股权融资，即通过发售股票或增发股票进行融资；债券融资，即通过发行企业债券筹集资金；信贷融资，即通过银行等金融机构或信托投资公司等非银行金融机构获取贷款；融资租赁；等等。

石油项目的融资方式虽然有很多，但按照资金的来源进行划分，一般可以分为权益性融资和债务性融资两类。两种融资由于操作方式上的不同导致了融资成本上的差异。权益性融资成本主要包括权益资金筹集费和权益资金占用费。权益性融资最为常见的方式是股权融资，股权融资的资金筹集费包括支付券商、律师、会计师的费用，以及在发行过程中产生的其他杂费。而权益资金占用费一般按机会成本的原则进行计算，如果机会成本难以计算的话，则可以参照银行存款利率进行计算。权益性融资成本一般根据资产定价模型进行计算。按照资本资产定价模型，权益性融资成本可以表示为：

$$K_s = R_f + \beta(R_m - R_f)$$

式中，K_s 表示权益融资成本；R_f 表示社会无风险投资的收益率（如果难以计算，一般用存款利息率表示）；β 表示项目风险系数；R_m 表示项目投资的预期收益率。

债务融资成本也由两部分组成，分别是债务资金筹集费和债务资金占用费。债务资金筹集费是债务资金筹集过程中一次性支出的费用，主要包括牵头费、手续费、代理费、担保费，以及支付给金融咨询公司、会计师和律师的费用；债务资金占用费则是资金使用过程中发生的经常性的费用，一般是指为债务支付的利息。债务融资成本会因为债务利息水平、利息计算方式（固定利率或浮动利率）、计息（单利或复利）和付息方式、偿还期和宽限期的不同而存在差异。债务融资成本一般可以表示为：

$$I = (i + a/n)/F - a$$

式中，I 表示借贷资本成本；i 表示资金占用费，如借贷利息；a 表示筹资费用率；n 表示借款偿还期；F 表示实际筹得资金额与名义借贷总金额的比率。

权益性融资和债务性融资在具体操作和成本计算方面差别非常大。不过，对于两者来说，资金占用费构成融资成本的绝大部分。而无论是权益资金占用费还是债务资金占用费，最主要的是都受到市场利率的影响。因此，无论石油企业选择何种融资方式，市场利率都是影响石油企业融资成本至关重要的原因。一般来说，当货币市场供大于求，市场利率下降时，石油企业的融资成本就会降低；反之，当货币市场供不应求，市场利率上升时，石油企业的融资成本就会上升。

（二）生产成本

石油生产成本是石油生产价格最重要的组成部分。虽然石油生产价格应该是石油价格的基础，但实际上，很多时候，石油价格与石油生产成本之间存在较大差异。例如，"2011 年，如果除去与油气生产相关的各项税费，英国石油公司的生产成本约为 22.69 美元/桶油当量，而英国石油公司所产石油和液化天然气的实现价格却高达 101.29 美元/桶油当量，两者相差甚远"[1]。这主要是因为地租商品的价格由最差土地的生产成本决定，超过生产成本的部分将以地租的形式由油田的所有者获得。就石油生产成本的构成

---

[1] BP, *Financial and Operation Information*: 2007 - 2011, UK: BP, 2012, p. 69.

来看,"美国政府在 Sx3 - 18 条例中对油气成本进行了明确的规定:石油和天然气生产作业发生的费用分为五种:矿区使用费、勘探费用、开发费用、生产费用、辅助设施和设备费用,最后一项费用将分摊于前四种费用中"①。这种划分基于会计原则,但从经济学角度来讲,矿区使用费由产油国获得,应当计入石油地租。所以石油的生产成本主要由勘探成本、开发成本和操作成本(采油成本)三部分构成。在不同项目中,三者比例差别比较大。一般来说,油气生产成本各部分所占比例的浮动范围为:勘探成本占 10% ~ 20%,开发成本占 40% ~60%,操作成本占 20% ~50%②。

1. 勘探成本

石油勘探成本是指为了识别、保证勘查的区域和对特定区域进行探明,或需要进一步探明石油而发生的地质调查、地球物理勘探、钻探探井和钻探勘探型参数井,以及维持未开发储量而发生的费用支出。勘探费用可能发生在矿区取得之前,也可能发生在矿区取得之后,勘探费用项目包括地质普查费用、地球物理勘探费用和探井费用③。

地质普查费用是指对已有地质资料进行分析研究,通过航空测量绘制勘探区域地貌图,以及派出工作小组前往进行实地勘探,以确定勘探区是否存在形成及保存石油资源的物理条件所支出的费用。

地球物理勘探费用又被称为物探费用,是指利用重力勘探、磁法勘探、电法勘探,以及地震勘探等办法寻找和发现石油而支出的费用。地震勘探法由于勘探效果较好,现已成为石油工业最为常用的勘探方法。地震勘探费用主要包括地震勘测服务费用和数据采集费用。石油物探费用的支出会受到勘探区块地质条件和油田开采时间的影响。2000 年以后,随着高成本油田开发和老油田的重新开发,石油物探成本不断升高。据统计,21 世纪初,全球三维地震勘测费用和数据采集费用均维持在 3000 美元/平方米左右,到 2008 年,却分别达到 7600 美元/平方米和 5000 美元/平方米④。

探井费用是指打下探井确定油气边界和储量、了解油气层结构所支出的

---

① 吕肖东、张涛:《油藏效益产量的确定方法》,《油气田地面工程》2007 年第 9 期。
② 冯红霞、曾唯一、幕庆涛:《国内外油气成本对比分析和油田成本控制方法探》,《石油化工技术经济》2002 年第 4 期。
③ 刘宝和主编《中国石油勘探开发百科全书——综合卷》,石油工业出版社,2008,第 362 页。
④ 王月、冯连勇、牛燕:《全球海上石油物探市场新动向及发展趋势》,《国际石油经济》2008 年第 9 期。

费用。探井费用是石油勘探费用的重要组成部分。在国际石油行业,探井成功率一般比较低,即使是在富油地区,也很难达到50%以上。以尼日利亚的石油勘探为例,20世纪80年代西方石油公司在该国三角洲地区的探井成功率仅为45%,而同期在尼日利亚其他盆地进行的石油勘测中,均未获得商业性发现[1]。

勘探成本在石油生产成本中所占份额最小,一般占石油生产成本的10%~20%。以英国石油公司2011年油气生产为例,当年油气生产成本为22.69美元/桶油当量,2007~2011年勘探成本的5年移动平均值则仅为5.88美元/桶油当量[2]。石油勘探费用是石油生产成本中的沉没成本,不管勘探活动能不能发现石油,勘探成本一旦支出,就不能回收。

2. 开发成本

石油开发费用是指为了开发探明储量,建造或更新用于开发、处理、集输、存储石油的设施而发生的各项费用支出[3]。开发费用包括钻井费用、地面设施和管线设备费用。这两类费用在油田开发费用中所占比例会因为不同油田的储量、生产能力、油品特征上的差异而有所不同。此外,与二次采油、三次采油相关的费用支出,以及改进开采技术的费用也被归入开发费用之中。

钻井费用不仅指设置石油生产井的费用,还包括注水井、注气井、供水井、盐水处理井的费用。地面设施及管线设备费用则包括设置矿区集输管线、分离设置、处理设施、计量站、储油设备、公共设施(包括道路桥涵、通信设施、水电设施、废物处理设施、配套设施等)、污水处理,以及其他环保设施所产生的费用。

与石油勘探成本一样,石油开发成本也是石油生产的前期投入。石油开发成本一般是石油生产成本的最大组成部分,占石油生产成本的40%~60%。2011年,英国石油公司油气生产成本为22.69美元/桶油当量,而2007~2011年,石油开发成本5年移动平均值为11.61美元/桶油当量[4],占到石油生产成本的一半以上。石油开发成本相当于石油投资的不变成本,会随石油产量的增长而摊薄。

---

[1] 关增淼、李剑编《非洲油气资源与勘探》,石油工业出版社,2007,第193页。
[2] BP, *Financial and Operation Information: 2007-2011*, UK: BP, 2012, p.69.
[3] 刘宝和主编《中国石油勘探开发百科全书——综合卷》,石油工业出版社,2008,第362页。
[4] BP, *Financial and Operation Information: 2007-2011*, UK: BP, 2012, p.69.

3. 操作成本

操作成本是指在生产采集过程中发生的各种生产费用的支出。操作成本又被称为采油成本，也就是石油开采过程中发生的直接费用。操作成本主要包括石油设备和设施的操作费用、操作和维护这些井及其相关设备和设施的费用，以及员工工资和其他费用[①]。

石油生产的操作成本受到单井石油产量、油田规模、采油方法、油藏深度、各种自然环境和社会环境的影响。不同油田的采油成本存在较大差异。例如，"1993年大庆油田中的萨尔图油田，单井日产原油8~15吨，平均采油单位成本为88元/吨，而外围的榆树林油田，单井日产原油3~6吨，平均采油单位成本却高达350元/吨"[②]。

石油生产的操作成本是与石油生产经营相关的各种直接费用和间接费用的总和。操作成本一般占石油生产成本的20%~50%。2011年，英国石油公司油气生产成本约为22.69美元/桶油当量，而石油操作成本为10.08美元/桶油当量，占生产成本的44.4%[③]。操作成本可以看作石油生产中的可变成本，与石油的生产经营直接相关。操作成本实际上是油田的停业点，如果石油公司从油田生产中获得的价格小于操作成本，石油公司将会关闭该油田。

二 石油地租

石油供给缺乏弹性且石油资源的所有权具有排他性。因此，无论是西方经济学还是马克思主义政治经济学，都将石油等矿产品看作与农产品类似的商品。也就是说，石油价格除了包含石油的生产成本外，还应包含石油资源所有者获取的石油地租。而石油地租又可以划分为两类：绝对地租和级差地租[④]。

（一）石油地租的含义

地租，简单来讲，就是土地拥有者凭借对土地的所有权获得的收入。西方经济学认为，地租产生的根本原因是土地的稀缺性，也就是土地供给不能

[①] 刘宝和主编《中国石油勘探开发百科全书——综合卷》，石油工业出版社，2008，第362页。
[②] 韩冬炎：《中国石油价格的形成机理及调控机制的研究》，博士学位论文，哈尔滨工程大学，2004，第45页。
[③] BP, *Financial and Operation Information: 2007–2011*, UK: BP, 2012, p.69.
[④] 垄断地租是一种特殊形式的地租，是所有者凭借对优等资源的垄断获得的地租收益。

增加。如果假定土地的供给是固定的，那么需求增加导致需求曲线的右移将会带来价格的上升，产品价格超过生产成本的部分就转变为地租，并且地租量会随价格的上升不断提高。根据这一定义，任何一种供给缺乏弹性的生产要素都要求收取一定的报酬，这在某种程度上也是一种租金①。

地租研究由来已久，但真正取得突破的是级差地租理论的出现。英国古典政治经济学家威廉·配第较早地提出了级差地租的概念。配第认为："土地的肥沃程度、距离市场的远近以及土地耕作技术水平的差异，都会造成地租量上的差别。"② 不过，在级差地租理论方面取得突破，初步建立级差地租理论体系的是李嘉图。李嘉图认为农产品的价格由劣等土地产品所消耗的劳动量决定，但是农业资本的"利润率不能有两个"③。所以，优等土地"马上就开始产生地租"④。

李嘉图虽然对级差地租做出了科学的论断，却没有区分绝对地租和级差地租。马克思在总结前人研究成果的基础上，对地租进行了更为科学的定义，并将地租划分为两类：绝对地租和级差地租。根据马克思的分析，"这两个地租形式，是唯一正常的地租形式"⑤。其中，绝对地租是土地所有者凭借对土地所有权的垄断而获得的地租收入，绝对地租是租用任何土地都必须要缴纳的地租。土地所有者对于他所拥有的土地，无论是优等还是劣等，其他人使用都要缴纳一定的租金。否则，土地所有者宁肯选择让土地闲置，也不会让别人无偿使用，绝对地租的量由质量最差的土地决定。级差地租则是土地经营者向土地所有者交付的使用优等土地所获取的超额利润。级差地租可以划分为级差地租Ⅰ和级差地租Ⅱ。级差地租Ⅰ是土地肥力或位置的优势带来的超额利润；而级差地租Ⅱ是在同一块土地连续追加投资，由于土地生产力的提高而带来的超额利润。

（二）石油绝对地租

石油地租中的绝对地租是指无论国内石油资源的开采成本如何，产油国

---

① 〔美〕乔治·斯蒂格勒：《价格理论》，施仁译，北京经济学院出版社，1990，第262页。
② 〔英〕威廉·配第：《配第经济著作选集》，陈冬野、马清槐、周锦如译，商务印书馆，1981，第47页。
③ 〔英〕彼罗·斯拉法主编《李嘉图著作和通讯集》，郭大力、王亚南译，商务印书馆，1962，第59页。
④ 〔英〕彼罗·斯拉法主编《李嘉图著作和通讯集》，郭大力、王亚南译，商务印书馆，1962，第57页。
⑤ 〔德〕马克思：《资本论》（第三卷），中共中央马克思、恩格斯、列宁、斯大林著作编译局翻译，人民出版社，1975，第861页。

都要从石油公司手中收取的一部分地租。如果产油国不能获取这些收入，就不会同意石油公司在其境内开采石油资源。石油绝对地租由成本最高的油田所有者获得的地租量决定。

石油地租中的绝对地租体现在石油合同规定的矿区使用费和产量分成（或是石油税）中。石油生产国与国际石油公司签订的合同大体可以划分为三类：矿/税制合同、产量分成合同和服务性合同。以上三类合同中，涉及矿区土地经营权转移的有矿/税制合同和产量分成合同两类。在矿/税制合同下，石油生产国除了向石油公司征收矿区使用费外，还会向石油公司征收以石油生产税或石油开采税形式出现的石油特别税。在产量分成合同下，石油生产国同样会得到一份矿区使用费，但一般不会再向石油公司征收高额石油特别税，而是以利润油分成的形式分享国际石油公司的一部分利润[1]。虽然矿/税制合同和产量分成合同在利润分配的规则上存在差异，但实质上是一致的。在两种合同协议下，矿区使用费和产油国获取的利润分成（以石油特别税或以利润油形式实现）构成产油国从石油公司获取的基本收入项目，我们可以把其看作产油国获得的石油地租。不过，不同合同规定的矿区使用费和利润分成有很大的差别，石油绝对地租由产油国获得的最小量决定，任何超越最小量的地租收益均为石油级差地租。

（三）石油级差地租

在相同条件下，油田的开采成本、品质、储量不同，等量投资所获得的收益也会存在差异。当较优油田带来的超额利润为产油国获得时，产油国也就获得了超过绝对地租的级差地租。单纯从经济学角度来看，石油级差地租包括级差地租Ⅰ和级差地租Ⅱ。级差地租Ⅰ是指因油田开采条件、油田油品品质和油田位置的优越而带来的超额利润。级差地租Ⅱ是指因追加投资提高油田生产率而带来的超额利润。

但是，与一般农矿产品不同的是，石油同时也是一种带有政治属性的特殊商品，政治因素在石油级差地租中也占据了一定地位。石油投资前期资金需求大，回收周期长。石油公司在做出石油投资决策时，对投资安全给予高度重视。在同等条件下，石油公司更愿意在国内局势稳定、国际关系不处在紧张状态的国家进行石油投资。因此，与一般农矿产品相比，石油地租中还

---

[1] 〔美〕George E. Koronman, Don B. Felio, Thomas E. O'Connor 编著《国际油气风险投资商务要素分析》，王玉普、冯志强、孙国昕编译，石油工业出版社，2005，第 84~85 页。

应包含"政治级差地租"。"政治级差地租"可以定义为：在同等资源条件下，政治风险评级较高的国家比政治风险评级较低的国家多获得的超额利润。

这样，石油地租中的级差地租就有三种来源：与级差地租Ⅰ密切相关的优越的开采条件和较低的运输成本，与级差地租Ⅱ相关的对油田进行追加投资带来油田生产力的提高，以及与"政治级差地租"相关的产油国较低的政治风险。不过，石油公司在做出石油投资决策时，主要考虑的是油田的开采条件和投资的政治风险。所以，石油级差地租主要来自于优越的开采条件和较低的政治风险。

与绝对地租一样，产油国主要依照与石油公司签订的合同收取级差地租。不过，石油级差地租并不体现在与产油国获得的与石油所有权密切相关的地租项目上，而是体现在产油国政府从油田总利润中获取的比例上。在具体操作层面，产油国为了获得更多的地租收入，往往会在石油项目的招标中引入竞争机制，通过石油勘探许可证和石油生产许可证的拍卖和竞标，以期在石油公司之间的相互竞争中实现级差地租的最大化。

从石油级差地租的构成来看，矿区使用费和利润油（或是石油特别税）仍然是石油级差地租的主要组成部分。不过，产油国在石油利润中占有的比例却存在较大的差别。优等油田所有者要比劣等油田所有者占有更多的石油利润。例如，哈萨克斯坦政府可以获得境内田吉兹（Tengiz）油田利润的85%左右，安哥拉政府所得在石油利润中占比也高达80%~90%。而在高成本的深水油田的开发合同中，政府所得就很有限。例如，英国政府仅能获得境内深水区油田利润的30%左右[1]。

低成本油田和高成本油田给产油国带来的利润比例差额恰恰体现了石油级差地租。级差地租除了体现在矿区使用费和利润油（石油特别税）的份额上，还会体现在其他方面。据科罗曼等的统计，"约有40%的勘探和生产合同都要求有签字费（签字定金）。还有许多合同要求培训费，用于培训国家石油公司（NOC）或能源部的人员"[2]。

---

[1] 〔美〕George E. Koronman, Don B. Felio, Thomas E. O'Connor 编著《国际油气风险投资商务要素分析》，王玉普、冯志强、孙国昕编译，石油工业出版社，2005，第93页。

[2] 〔美〕George E. Koronman, Don B. Felio, Thomas E. O'Connor 编著《国际油气风险投资商务要素分析》，王玉普、冯志强、孙国昕编译，石油工业出版社，2005，第87~88页。

三　垄断收益

石油资源的稀缺性和石油供给缺乏弹性的特点决定了石油商品具有与农产品类似的属性。在竞争市场上，石油的价格应当由石油的生产成本和石油地租共同决定。不过，石油市场存在的资源性壁垒（石油资源被石油生产国垄断）和资本性壁垒（石油投资需要巨额资本，且存在规模经济）决定石油市场从来都不是一个由众多卖家、买家通过竞争决定价格的自由市场。因此，石油生产成本和石油地租并不能构成石油价格的全部，石油价格还应包含石油行业垄断者获得的垄断收益。石油垄断收益按其归属的不同可以划分为两类：石油生产国获得的垄断地租和石油公司获得的垄断利润。

（一）垄断地租

垄断地租是除绝对地租和级差地租外的一种特殊形式的资本主义地租。垄断地租只存在于少量自然条件特别优越的土地上，对少量特别优越的生产条件的垄断将会带来垄断价格。垄断价格只是产生于对特殊生产条件的垄断，而与土地的所有权无关。对于这种商品，垄断价格"只由购买者的购买欲望和支付能力决定，而与一般生产价格或产品价值所决定的价格无关"[①]。凭借对特别优越的生产条件的垄断，垄断价格带来的超额利润落入土地所有者手中时，就产生了垄断地租。垄断地租的获得是以垄断价格为基础的。土地所有者可以通过对土地量的控制来实现垄断价格。当社会不能接受垄断价格时，土地所有者将选择让一部分土地（劣等土地）退出使用来重新实现垄断价格。因此，并不是地租决定了垄断价格的产生，而是"垄断价格产生地租"[②]。

虽然石油资源分布很广，但真正优质的石油资源却十分稀少。从生产成本方面来看，只有欧佩克中的海湾产油国堪称优质资源的所有者。从油田的资源地质条件来看，这些国家的油田有着"分布集中、储量大、埋藏浅、层次多、油层厚、压力大等诸多优势"，且由于油田"易于勘探开发，且多自喷井"，其生产成本亦为全球最低[③]。有统计表明，中东石油输出国每桶

[①]〔德〕马克思：《资本论》（第三卷），中共中央马克思、恩格斯、列宁、斯大林著作编译局译，人民出版社，1975，第873页。

[②]〔德〕马克思：《资本论》（第三卷），中共中央马克思、恩格斯、列宁、斯大林著作编译局译，人民出版社，1975，第874页。

[③]杨光、姜明新编著《石油输出国组织》，中国大百科全书出版社，1995，第52页。

石油的生产成本基本在 5 美元之下，而沙特阿拉伯、科威特、阿联酋等海湾国家的石油生产成本更是低至每桶 2~3 美元[①]。而正是因为拥有十分优质的石油资源，位于波斯湾沿岸的海湾石油富国才能获得超额的垄断利润。在海湾石油富国中，最具"垄断地主"特征的是沙特阿拉伯、科威特、阿联酋等欧佩克中的海湾阿拉伯国家合作委员会（以下简称海合会）国家。这些国家实际上垄断了极为优越的石油生产条件，在上述国家中，沙特阿拉伯、科威特两国都没有对国际投资者放开本国的上游领域，阿联酋虽然允许外国石油公司进入本国上游领域，但自 20 世纪 70 年代以来，也并未对本国石油资源进行过大规模开发。

按照马克思对垄断地租的解释，对优质生产条件的占有将会为这些国家带来超越绝对地租和级差地租的垄断地租。海湾产油国作为垄断地租的获得者在行动上也像马克思做出的预测一样，通过产量控制来维持垄断地租的获取。当国际油价不能让这些国家满意时，它们就会选择让一部分（成本较高的）油田退出生产，使价格重新回到其期望的水平。只不过，海湾生产国对石油资源的垄断力度还很有限，国际油价的影响因素又有很多，因此，海湾国家才不能总是按其意愿左右油价。不过，海湾国家及其他拥有优质资源的石油生产国获取垄断地租却是不争的事实。

（二）垄断利润

石油生产对资本的高度依赖以及石油生产的规模经济决定了石油行业是一个"自然垄断"的产业部门。国际石油市场的主角是活跃在石油市场上的少数国家的石油公司和国际石油公司，少数石油公司控制了石油的生产和销售。而在存在垄断势力的市场中，垄断厂商可以将商品价格提高到生产价格之上，获取超过平均利润的超额垄断利润。因此，在石油价格中还应包含石油公司获取的垄断利润，石油垄断利润是石油公司凭借其垄断地位获取的超额利润。

石油公司从石油上游生产中获得的利润是十分丰厚的。以英国石油公司油气生产为例，如不计算秋明 - 英国（TNP - BP）公司的经营情况，2011年，英国石油公司油气生产成本为 22.69 美元/桶油当量，油气生产带来的净利是 16.95 美元/桶油当量，净利与生产成本之比高达 74.4%。当然，石油公司生产经营活动除了发生与油气生产直接相关的各种费用外，还有其他

---

① 谷晋：《主要石油生产区生产成本上涨》，《中国石油石化》2009 年第 12 期。

大量资金支出。但即使以石油公司占用资本平均回报率来衡量，英国石油公司的回报率也是相当高的。2007~2011年，除2010年因受国际金融危机以及墨西哥湾漏油事件的影响，英国石油公司占用资本平均回报率出现负增长外，其他年份，该公司的占用资本平均回报率都远远超过美国联邦基金率。

而且，获取高额垄断利润的石油公司并不唯独英国石油一家，根据石油公司年报和财务经营报告提供的统计数据，即使不考虑2010年的经营情况，2007~2011年，英国石油公司的占用资本平均回报率也要低于埃克森美孚、雪佛龙、道达尔等国际石油巨头，与英荷壳牌的占用资本平均回报率大体持平。因此，也可以认为，石油公司凭借对石油市场的垄断，获得了远远超过由市场利率决定的平均利润率，而石油公司获得的超额利润也会相应地反映在石油价格之中（见表2-1）。

表2-1　2007~2011年主要石油公司占用资本平均回报率

单位：%

石油公司	2007年	2008年	2009年	2010年	2011年
埃克森美孚公司	31.8	34.2	16.3	21.7	24.2
英国石油公司	16.5	21.4	11.1	-2.9	16.7
英荷壳牌公司	23.7	18.3	8.0	11.5	15.9
雪佛龙公司	23.1	26.6	10.6	17.4	21.6
道达尔公司	24.0	26.0	13.0	16.0	16.0

资料来源：笔者根据各公司年报和财务经营报告整理。

四　石油价格构成的变化

石油的供应成本（包括勘探成本、开发成本和操作成本）、产油国获得的石油地租、石油企业获得的利润（包括由市场利率决定的正常利润和垄断利润）是石油价格的三个组成部分。因为优等石油资源的所有者要索取更多级差地租，石油价格的构成首先会受到资源地质条件的影响。一般来说，油田地质条件越优越，开发成本越低，石油地租在石油实现的价格中所占比例就越高；反之，如果油田地质条件越差，开发成本越高，供应成本在石油实现的价格中占有的比例就会越高。

除了受油田自然条件的影响外，供应成本、石油地租和企业利润的比例还会随油价的波动而不断变化。因为获取世界石油价格构成的历史数据存在困难，笔者只能从英国石油公司 1997~2011 年财务数据的分析中得出国际油价变化对石油价格构成的影响。英国石油公司是一家成熟的国际石油公司，其财务状况跟其他国际石油公司相差不是太大，而且 1997~2011 年的石油价格基本能够覆盖 20 世纪 70 年代以来国际油价波动的区间。虽然与市场的真实情况存在一定的差异，但英国石油公司 1997~2011 年的财务数据也能反映国际油价波动对世界石油价格造成的影响。

在进行具体分析之前，本书先对图 2-1 中的各项数据进行说明。图 2-1 中，实现价格是英国石油公司石油和天然气的销售价格；供应成本是石油和天然气的生产成本；净收益是英国石油公司从石油和天然气生产中获得的净利润；其他则是实现价格扣除生产成本和净收益后的剩余（绝大部分是石油公司向产油国缴付的矿区使用费、石油税、利润分成）。如果不考虑融资成本的影响，供应成本的变动可以反映生产价格的变动、净收益的变动可以反映石油企业利润的变动，而其他项目的变动主要反映石油地租的变动。

通过对图 2-1 的观察可以发现：国际油价越低，生产成本在油气实现价格中占比越高，石油地租在油气实现价格中占比越低，反之，国际油价越高，则生产成本在油气实现价格中占比越低，石油地租在油气实现价格中占比越高。这就表明，国际油价上涨的获益者并非是石油公司，而是资源国。例如，1998 年，当东南亚金融危机带来国际油价大幅下跌时，英国石油公司石油和天然气的实现价格下降至 12.10 美元/桶油当量，当年油气供应成本为 7.80 美元/桶油当量，占油气销售价格的 64.50%，而石油地租为观察期的最低点，该年仅为 2.25 美元/桶油当量，占油气销售价格的 18.60%。此后，油气价格一直保持快速上升趋势，但供应成本和净收益的增幅并不明显，仅石油地租的增长速度能与油气销售价格的增长速度保持一致，这也带来了石油价格中地租比例的上升。2008 年，石油地租在油价中的比例已经上升至 63.30%，而供应成本在油价中的比例却下降至 17.10%。2009 年，金融危机爆发之后，国际油价大幅跳水，英国石油公司石油和天然气的实现价格由上一年的 90.20 美元/桶油当量下降至 56.26 美元/桶油当量，与此同时，石油地租在油价中所占比例迅速下降至 50.69%，石油供应成本则上升至 29.60%。

此外，图 2-1 中反映出的另一情况是，国际油价上涨并不能大幅提高国际石油公司的利润率。实际上，无论油价高低，国际石油公司的利润率始终比较稳定。以英国石油公司的财务数据为例，1997~2011 年，该公司油

(a) 英国石油公司油价价格构成

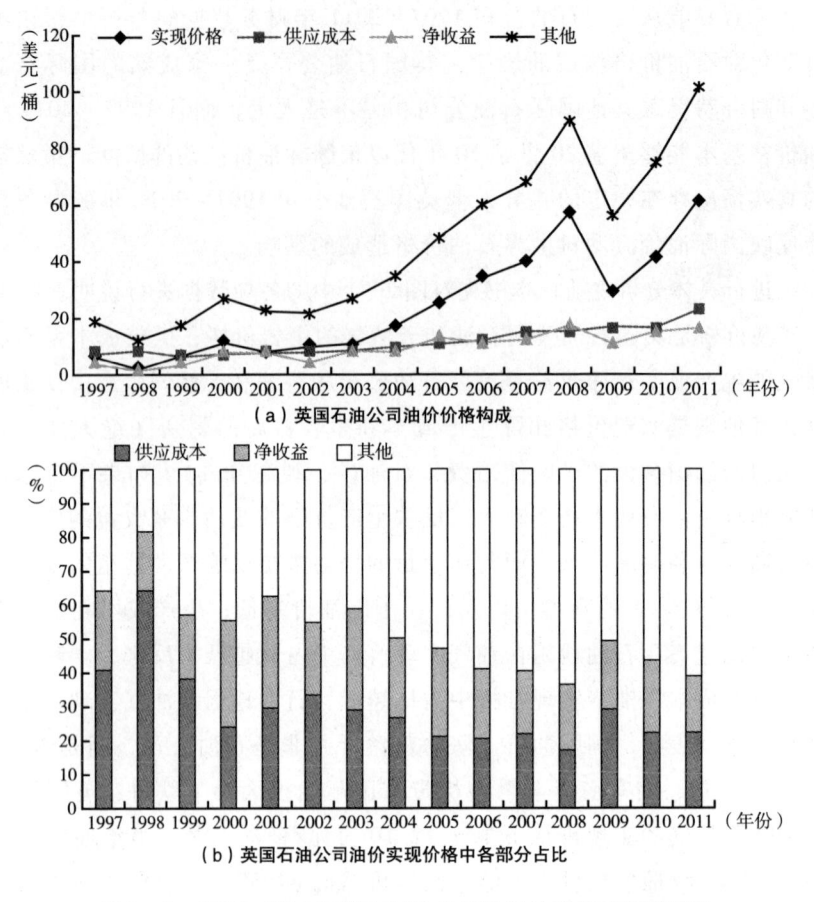

(b) 英国石油公司油价实现价格中各部分占比

图 2-1　1997~2011 年英国石油公司油气价格构成及其变动

资料来源：BP, *Financial and Operation Information*: 1997-2001, 2002-2006, 2004-2008, 2007-2011, UK: BP, 1997-2011。

气生产的净收益与油气生产成本基本保持 1:1 的稳定关系。

对石油价格构成与油价波动的进一步分析可以得到这样一个结论：石油公司的上游投资以保证稳定的收益率为前提，而从油价上涨中获益最大的是产油国。而石油价格构成与国际油价之间的关系，也基本符合我们之前运用西方经济学和马克思主义政治经济学对地租商品价格的论述。石油需求的增加带来国际油价的上升，石油价格的升高又会带来高成本油田的开发。而国际油价又由生产成本最高的油田决定，这样，油价上升超过生产成本的部分就马上转变为地租，由油田的实际所有者和控制者获得，并且地租量会随实现油价的上升而不断提高。

第二节　石油价格波动与石油供求关系

一　国际油价波动的历史回顾

1973年石油危机爆发之前，石油资源主要是被以埃克森、英荷壳牌为代表的国际石油公司控制，号称"石油七姐妹"的几大国际石油公司完全控制了石油的生产和销售。产油国政府虽然也能从国内石油资源的开发中获得收入，但产油国的收入与石油生产带来的利润相比却是微不足道的，石油生产带来的巨大利润几乎以垄断利润的形式被国际石油公司鲸吞[①]。但1973年"石油禁运"之后，产油国与国际石油公司的关系开始发生革命性的转变，产油国政府收回石油主权，石油带来的巨大收益也开始以石油地租的形式被产油国政府获得。产油国收回石油主权的行为不仅给石油价格的构成带来了巨大变化，也打破了国际石油公司控制下长达几十年的相对稳定的低油价时期。因此，无论从产油国地位的变化，还是从油价波动的特点来看，20世纪70年代之后的油价波动才应该是现代石油价格研究的重点。

经济学家一般把油价大幅波动的时期称作"石油危机"。自1973年"第一次石油危机"爆发以来，国际石油市场总共经历过6次石油危机，其中包括4次油价大幅上涨的"正向石油危机"和两次油价大幅下滑的"反向石油危机"。

1. 第一次石油危机

1973年之前，国际油价一直在每桶3美元左右徘徊。不过，第四次中东战争打破了石油市场原有的平静。战争开始后不久，除伊拉克以外的阿拉伯石油输出国均颁布了对美国和荷兰的禁运令，并强制减少了本国的石油出口量。阿拉伯石油输出国采取的这一行动导致国际油价迅猛上涨，短时间内就将国际油价从1973年的3.05美元/桶迅速推高至1974年的10.73美元/桶。经济学界一般把1973~1974年的油价暴涨称作"第一次石油危机"。

2. 第二次石油危机

"第一次石油危机"之后，国际油价经历了几年相对平稳的时期。但从

[①] 这7家公司是：标准石油公司（埃克森的前身）、美孚石油公司、雪佛龙石油公司、德士古石油公司、海湾石油公司、英荷壳牌石油公司和英国石油公司。

1978年年底开始，连续两轮的价格上涨将国际油价从十几美元提升至30多美元，油价上涨直到1980年年底才结束。经济学家一般将1978~1980年的油价上涨称为"第二次石油危机"。"第二次石油危机"分为两个阶段：第一轮价格上涨源于1978年11月发生的伊朗石油工人罢工，这次罢工导致伊朗石油供应几乎完全中断，每天大概有600万桶到1500万桶伊朗石油流出国际石油市场[①]。虽然沙特阿拉伯和欧佩克采取的增产行动迅速弥补了伊朗石油停产所造成的损失，但全球仍然损失了4.0%的石油产量[②]。国际石油市场出现的供求失衡带来国际油价的迅速上涨。尽管1979年伊朗石油产量有所恢复，但国际油价却没有下降。1979年年均油价达到了17.25美元/桶，与1978年的12.70美元相比，每桶上涨了4.55美元。第二轮价格上涨源于两伊战争的爆发，1980年，正当国际油价开始回落之时，伊拉克攻打伊朗，两伊战争爆发。战争的爆发再一次将油价推入上升通道。到1981年，国际油价达到了32.51美元/桶，几乎是危机爆发前1978年12.70美元/桶的3倍。

3. 第一次反向石油危机

20世纪70年代中后期到80年代初，接连两次爆发的石油危机导致国际石油需求大幅萎缩和非欧佩克产油国生产能力的迅速扩张。而这也带来了欧佩克在世界石油产量和世界石油出口量中所占份额的不断减少。为了避免国际石油市场供过于求的局面导致油价持续下跌，欧佩克于1982年3月开始实行产量配额制度。虽然成员国的超产行为在一定程度上影响了欧佩克配额制度实施的效果，但欧佩克国家，特别是沙特阿拉伯等欧佩克中的富裕国家为维持国际油价在石油产量上做出的巨大牺牲并没能抑制国际油价下跌的势头。到1985年，国际石油价格已经下降至27.01美元/桶，与1981年的油价相比，降幅达到16.9%。油价和产量的同时下降给欧佩克中的富裕国家，特别是沙特阿拉伯的国家财政带来了巨大负担。要知道，为了支撑油价，"沙特阿拉伯的石油产出由1981年的1000多万桶/天降到1985年第三季度的270万桶/天，它在欧佩克石油产出中的百分比由47%降到了18%"[③]。为了督促

---

① Time, "Iran: Another Crisis for the Shah," *Time*, November 13, 1978, http://www.time.com/time/magazine/article/0, 9171, 946149, 00.html, 2013-01-04.

② Time, "Business: Oil Squeeze," *Time*, February 5, 1979, http://www.time.com/time/magazine/article/0, 9171, 946222, 00.html, 2013-11-05.

③ 〔美〕杰奎斯·克莱默、德贾瓦德·沙雷西-伊斯法哈里：《石油市场模型》，王芳译，北京大学出版社，2004，第22页。

欧佩克其他成员国遵守配额，分担本国的负担，沙特阿拉伯法赫德国王于1985年向其他成员国发出了最后通牒："如果其他成员国超额销售，沙特也应该有这样做的自由；如果别的国家在价格上作弊，沙特也会这样做。"① 1985年9月，沙特阿拉伯兑现了它的承诺，将产量增至470万桶/日，使得石油价格崩溃，在几周内从28.00美元/桶跌至11.00美元/桶②。经济学家一般把1985~1986年的油价大跌称为"第一次反向石油危机"。在危机爆发前的1984年，国际油价为28.20美元/桶，但到1986年，油价急剧下挫至13.53美元/桶，降幅高达52%。

4. 第三次石油危机

1985~1986年价格战的爆发带来的是长达20余年的低油价时期。但价格战结束后不久，中东地区爆发的一场战争引发了又一次并不重要的正向石油危机，学术界一般将这次石油危机称作"第三次石油危机"。1990年8月1日，伊拉克大举入侵科威特，挑起了海湾战争，科威特大量油田受到破坏，联合国也开始对伊拉克实行经济制裁。受战争影响，"这两个主要石油输出国每日440万桶的供应量迅速从国际市场消失"③。供应的短缺以及市场对战争扩大的忧虑，导致国际油价在短期内迅速上升。西得克萨斯中质油（West Texas Intermediate，WTI）油价从1990年7月的18.45美元/桶迅速攀升至10月份的36.04美元/桶，直到1991年2月，油价才又恢复到战前水平④。经济学家一般把1990年8月到1991年1月的油价上涨称作"第三次石油危机"。与前两次危机不同的是，这次危机并不是发生在供求紧张的时期，欧佩克的增产以及西方国家抛出储备应对危机的行动在短时期内重新稳定了油价。与前两次危机相比，"第三次石油危机"是一次迅涨速落的石油危机。

5. 第二次反向石油危机

第三次石油危机发生之后，国际油价经历了较长时间的低迷，直到1996年，受美国和亚太经济强劲增长的影响，国际油价才开始回升。不过，

---

① 齐高岱、马运堂编译《中东局势与能源危机——欧佩克30年的发展和政策》，经济管理出版社，1991，第234页。
② 〔美〕杰奎斯·克莱默、德贾瓦德·沙雷西-伊斯法哈里：《石油市场模型》，王芳译，北京大学出版社，2004，第24页。
③ 杨光、姜明新编著《石油输出国组织》，中国大百科全书出版社，1995，第88页。
④ EIA, Cushing, OK WTI Spot Price FOB (Dollaers Per Barrel), *EIA*, September 24, 2014, http://www.eia.gov/dnav/pet/hist/LeafHandler.ashx? n = PET&s = RWTC&f = M, 2014 - 10 - 01.

1997年爆发的东南亚金融危机却导致亚太地区的石油需求自1982年以来首次出现了负增长。与此同时，伊拉克石油出口也得到恢复并且产量不断增加。在需求下降和产量增加的影响下，国际油价从1997年年底进入快速下行的通道。此次油价大跌整整持续了一年的时间，直到1999年，才得以止住颓势。经济学家一般将1997年年底到1998年年底的油价下跌称为"第二次反向石油危机"。受此次石油危机的影响，WTI现货价格从东南亚危机爆发前的20.00美元/桶迅速下降至1998年12月的11.35美元/桶[①]。如果按实际价格计算，1998年的国际油价仅为3.21美元/桶，几乎回到了第一次石油危机爆发之前的水平。

6. 第四次石油危机

21世纪之初，虽然国际油价受欧佩克减产促价政策和世界经济恢复的影响，于2000年突然出现了急速上升的势头，但很快又恢复了稳定。不过，从2003年开始，国际油价又一次进入上升通道。2001年还仅为23.12美元/桶的国际油价到2008年却上升至94.45美元/桶，涨幅超过300%。直到2008年第三季度，金融危机全面爆发后，国际油价才止住了上涨的势头。经济学家一般将2003年以后的油价上涨称为"第四次石油危机"。这次石油危机也是20世纪70年代以来，上涨幅度最大、持续时间最长的一次石油危机。这次石油危机总体来看是由石油需求带动高成本油田开发所带来的。从石油需求方面来看，进入21世纪以后，中国、印度等新兴国家经济的快速发展带来国际石油需求的迅猛增长。而从石油供给来看，从20世纪80年代中期以来持续多年的低油价，以及21世纪以后产油国兴起的资源民族主义导致石油上游投资不足，产量难有大幅提高。因此，从2005年开始，国际石油市场产能吃紧的状况开始出现，国际油价也不断攀升。虽然2008年国际金融危机全面爆发之后，国际油价出现了大幅下降，但石油市场供求紧张的状态并未改变。经历了较短时间的低迷之后，国际油价又重新回到了高位均衡的状态。如果按照真实油价计算，2011年的国际油价上升到了自1973年"石油禁运"以来的历史最高值，2011年，真实油价高达18.20美元/桶，高于1982年的16.01美元/桶，也高于2008年的16.04美元/桶（见图2-2）。

[①] EIA, Cushing, OK WTI Spot Price FOB (Dollaers Per Barrel), *EIA*, September 24, 2014, http://www.eia.gov/dnav/pet/hist/LeafHandler.ashx? n = PET&s = RWTC&f = M, 2014 - 10 - 01.

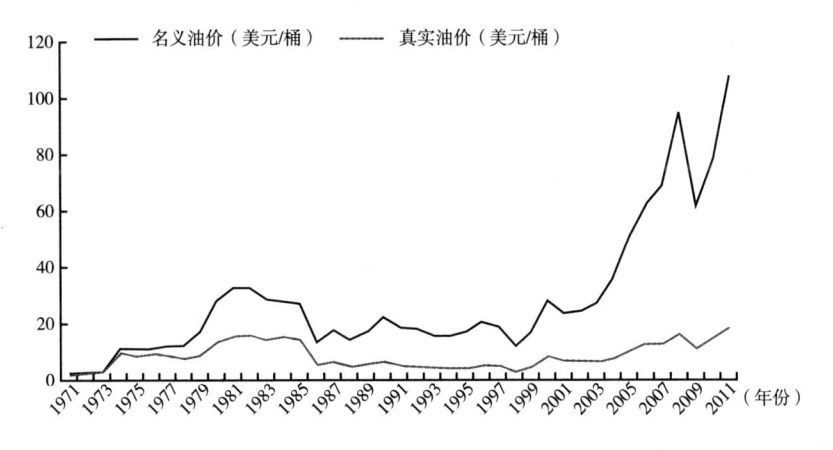

图 2-2　1971~2011 年国际石油价格走势

* 真实油价以 1973 年价格为基期进行计算。
资料来源：OPEC, *Annual Statistical Bulletin 2011*；2014, Vienna: OPEC, 2011; 2014.

20 世纪 70 年代以来，国际石油市场总共经历了 6 次石油危机，其中 4 次是石油价格大涨的正向石油危机，2 次是石油价格大跌的反向石油危机。虽然很多石油危机的发生是由地缘政治变化及突发事件引发的，但地缘政治变化及突发事件对国际油价的影响终究还要作用于供求关系。纵观国际石油市场出现的历次石油危机，仅仅是地缘政治因素或突发事件还不会带来石油价格的结构性变化，只有当国际石油供求出现结构性失衡时，国际油价的走势才会出现结构性调整，要么由低油价均衡过渡到高油价均衡，要么从高油价均衡过渡到低油价均衡。因此，在探讨国际油价问题前，首先必须要了解石油供求的特点以及供求规律与油价波动之间的关系。

二　石油供求的特点

国际油价频繁波动是"第一次石油危机"之后国际石油市场的特点。油价波动的频率仍与石油供需特点有着密切的关系。因为在短期内，石油供给和需求均缺乏弹性，石油产量和需求量的略微变动就会带来石油市场的供求失衡，从而导致石油价格的大幅波动。而且，由于石油需求在长期也是缺乏弹性的，而石油供给的长期价格弹性又高于石油需求的长期价格弹性。这样，国际石油供求的趋势性变动就带来了石油市场高油价均衡和低油价均衡的交替出现。

（一）石油需求曲线

需求曲线是描述商品需求量和商品价格之间关系的曲线。需求曲线是指一定时期内，在每一价格下，消费者愿意并且能够购买到的商品数量。商品需求曲线的形状由这一商品需求弹性的大小决定[1]。商品需求弹性又叫商品需求的价格弹性，是指在一定时期内，商品需求量变动对于商品价格变动的反映程度。就需求的价格弧弹性来讲，富有弹性的需求曲线会表现得平缓一些，而缺乏弹性的需求曲线会表现得陡峭一些。

短期来看，石油需求是极为缺乏弹性的。一般来说，产品的替代品越多，该种产品的需求弹性就越大。短期内，包括发电机、汽车在内需要消耗初级能源的各类设备所使用的初级能源品种是固定的，因为技术上的限制，石油设备很难调整，消费者应对价格上涨的措施也只有节能或者是降低生活标准。不过，通过这种途径减少的石油使用量非常有限。所以，短期来看，石油的需求弹性非常低。

虽然长期来看，替代能源和节能技术的发展在一定程度上增加了石油的需求弹性，但与其他商品相比，石油需求在长期也是较为缺乏弹性的[2]。石油需求的长期价格弹性主要受到替代能源和节能技术发展的影响。先从替代能源的发展来看，替代能源虽然能够在一些领域内对石油形成替代，但从替代能源与石油之间的相互关系上说，替代能源发展并没有威胁到石油在初级能源中的地位（见图 2 - 3）。由于煤炭、石油、天然气三大化石能源价格波动具有高度的同步性，煤炭和天然气的使用并没有抢占太多的石油市场份额。而可再生能源虽然发展速度非常快，但是因为基数小，在初级能源中占有比例不大，对石油的威胁也很有限。

石油的长期价格弹性除了受到替代能源发展的影响外，还会受到节能技术发展的影响。节能技术虽然对油价具有一定敏感性，高油价时期，能源效率的提高较为明显，低油价时期，能源效率的提高则会放缓。但因为节能技术对能源需求的影响较经济发展的影响要小很多，又由于世界经济始终在增

---

[1] Arthur O'Sullivan and Steven M. Sheffrin, *Economics: Principles in Action*, New Jersey: Perarson Prentice Hall, 2003, pp. 81 - 82.

[2] Margaret E. Slade, Charles Kolstad and Robert J. Weiner, "Buying Energy and Nonfuel Minerals: Final, Derived, and Speculative Demand," in A. V. Kneese and J. L. Sweeney eds., *Handbook of Natural Resource and Energy Economics*, Vol. 3, Amsterdam: North-Holland, 1993, pp. 935 - 1009.

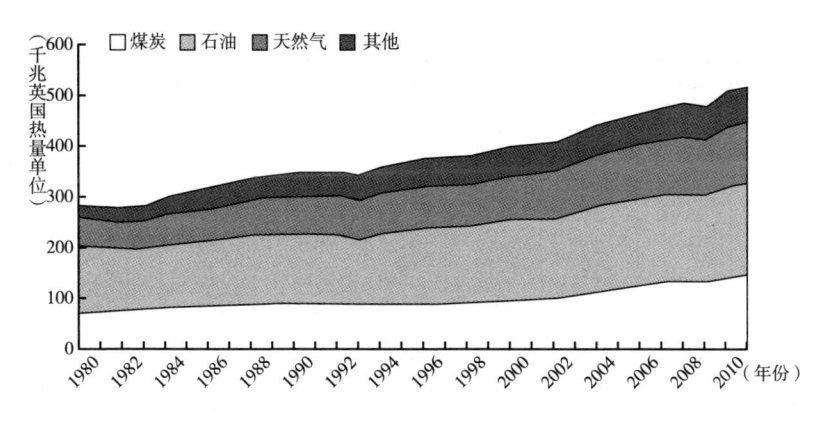

图 2-3 1980~2011 年世界初级能源产量

资料来源：EIA, *International Energy Statistics*, http://www.eia.gov/cfapps/ipdbproject/IEDIndex3.cfm? tid=5&pid=53&aid=1, 2013-02-07。

长，节能技术仅在一定程度上提高了能源使用的效率，降低了世界经济对能源的依赖程度，却并没有带来人均能源石油量的下降。对表 2-2 进行观察可以发现，1980~2010 年，世界人均能源消费量只出现过两次停滞或下降，分别是 1980~1985 年和 1990~1995 年。1980~1985 年世界人均能源消费量的下降是第二次石油危机之后西方国家经济衰退带来的。1990~1995 年世界人均能源消费量的下降则是东欧剧变带来的。虽然 1985~1990 年和 2000 年以后能源效率的提高比较显著，但同期人均能源消费量不但没有下降，反而有大幅上升。从这几个时期能源效率和人均能源消费量的对比来看，节能技术虽然在一定程度上降低了世界经济发展对石油的依赖，但能源使用量的变化主要还是受到世界经济增长的影响。只有在经济发展受阻时，世界人均能源消费量才会下降。

表 2-2 1980~2010 年人均能源消费量的变化

单位：公斤桶油当量

国家(组织)	1980 年	1985 年	1990 年	1995 年	2000 年	2005 年	2009 年	2010 年
巴　　西	935	949	937	995	1084	1158	1243	—
德　　国	4562	4598	4424	4127	4103	4107	3889	4054
俄罗斯	—	—	5929	4298	4233	4553	4559	—
法　　国	3476	3595	3842	3974	4135	4284	3959	4060
韩　　国	1081	1312	2171	3210	4001	4365	4660	4989
美　　国	7942	7457	7672	7763	8057	7847	7051	7225

续表

国家(组织)	1980 年	1985 年	1990 年	1995 年	2000 年	2005 年	2009 年	2010 年
南 非	2368	2831	2667	2784	2600	2762	2921	—
沙特阿拉伯	3173	3479	3703	4734	5055	6054	5888	—
印 度	293	325	362	398	434	472	560	—
日 本	2950	3005	3556	3956	4091	4074	3701	3898
英 国	3524	3551	3597	3727	3785	3692	3183	3282
中 国	610	658	760	869	867	1301	1695	—
OECD	4146	4040	4245	4384	4590	4622	4260	4375
世 界	1454	1418	1663	1618	1640	1763	1790	—

数据来源：World Bank, WDI database, February 7, 2014。

从以上分析中，我们可以看到，虽然高油价可以激励替代能源和节能技术的发展，替代能源和节能技术的发展也在一定程度上降低了世界经济对石油消费的依赖，但是，替代能源的发展对石油的替代效果却十分有限，因为收入效应的存在，节能技术在快速发展的时期也没有带来能源消费量的明显减少。因此，与其他商品相比，石油需求从长期来看对价格也是相当不敏感的。不过，与几乎完全没有弹性的短期需求相比，石油的长期需求还是大一些。

石油商品的短期需求极为缺乏弹性，长期需求的弹性虽然较短期需求要大一些，却依然缺乏弹性。这表现在需求曲线的图形上就是，石油的短期需求曲线非常陡峭，而长期需求曲线的斜率较短期需求曲线要小一些（见图2-4），但与一般商品的需求曲线相比，也依然比较陡峭。

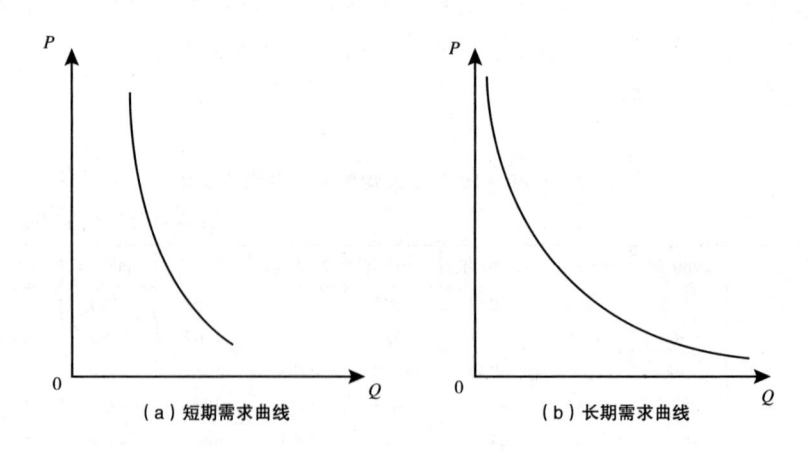

图 2-4 石油需求曲线

（二）石油供给曲线

供给曲线是描述商品供给量和商品价格之间关系的曲线。供给曲线是指一定时期内，在每一价格下，生产者愿意并且能够提供的商品数量。供给曲线的形状由供给弹性的大小决定，商品供给弹性又叫商品供给的价格弹性，它是指商品供给量的相对变动率与商品自身价格的相对变动率之比，供给弹性用来测量商品供给量变动对于商品自身价格变动的反映程度。就需求的价格弧弹性来讲，富有弹性的供给曲线会表现得平缓一些，而缺乏弹性的供给曲线会表现得陡峭一些。

石油行业的特点是生产周期特别长，勘探开发等前期投入需要耗费大量资金，而采油成本在石油生产成本中的比重相对较低。因为采油成本低，石油生产的边际成本曲线几乎是水平的，不受产量影响，只有在油田接近产量的极限时，石油生产的边际成本才会骤然升高。因此，从短期来看，在竞争市场上，只要价格大于平均可变成本，石油厂商就会选择开足马力生产，不会对价格的变化做出反应。所以石油供给在短期是缺乏弹性的。不过，长期来看，如果石油价格过高，石油生产能够获得经济利润，其他厂商就会选择进入石油产业，现有厂商也会选择扩大生产规模，这样，石油产量在长期就会增加，反之，如果价格长期位于厂商的平均成本之下，厂商就会选择退出市场，石油产量就会减少。所以，从长期来看，石油供给又是富有弹性的。

不过，石油市场并不是竞争型的，欧佩克和国际石油公司都具有一定的垄断势力，因为垄断势力的存在，石油供给弹性也变得复杂起来。在存在垄断势力的市场上，垄断厂商是不存在短期供给曲线的，这是因为垄断厂商为控制价格、实现自己的利益，会通过产量控制来影响价格。因此，在石油供应充足和供应紧张的市场上，石油供给的短期弹性亦存在差异。在石油供应充足的市场上，石油市场的垄断者会保留一定量的剩余产能，垄断者能够借助调节产量将油价维持在意愿水平上，这样，石油供给的短期弹性相对较高。而在供应紧张的市场上，垄断者因为剩余产能的紧张不能对油价的变动做出反应，这样，石油供给的短期弹性就相对较低。

不过，即使是在供应充足的市场上，石油供给的短期弹性也取决于垄断者的选择。面对需求上涨，垄断者如果希望油价升高，就不会释放剩余产能，石油的短期供给就是缺乏弹性的；如果垄断者想要抑制油价的上涨，便会释放剩余产能，石油短期供给就是富有弹性的。不过，作为石油市场中的垄断者，欧佩克在大多数时候都在或试图在维持油价的稳定。因此，如前文所述，石油供应充足时，石油短期供给弹性就相对较高，当石油供应紧张时，石油短期供给弹性就相对较低。

与石油的短期需求相比，石油长期供给的情况要复杂很多。自20世纪70年代以后，很多产油国都将本国石油资源主权收回，而产油国的石油生产却未必遵循利润最大化的原则。对于产油国而言，稳定高油价并不一定会刺激它们开发新油田，提高本国石油产量。而当油价持续低迷时，产油国反而会出于稳定石油出口收入的需要，产生提高石油产量的动力。此外，不同的产油国，因为自身资源禀赋和国家财政状况的差异，在制定石油政策时又会有着不同的政策目标。因此，产油国的石油长期供给曲线的形态就变得很难琢磨。不过，从第一次石油危机爆发至今，在很多时候，石油的长期供给还是显得较为富有弹性。为了分析的简便，笔者暂将石油的长期供给曲线画得平直一些（见图2-5）。但是，未来的石油长期供给曲线是否依然保持如此形状，也是本书所要解决的重要问题之一。

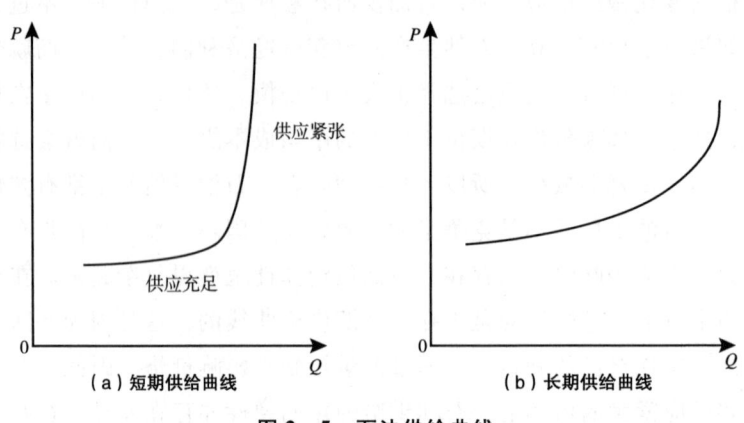

图2-5 石油供给曲线

三 石油供求变化与油价波动

石油虽然是一种特殊商品，但其价格变动依然要遵守基本的供求规律，即供不应求价格上涨、供过于求价格下跌。不过，因为石油供给弹性和需求弹性的特点，石油供求变动对油价的影响也与其他商品有所不同。

（一）石油需求的变动

1. 短期分析

石油市场垄断势力的存在导致石油短期供给曲线分为两部分。在供应充足的市场上，垄断者拥有较多的剩余产能，石油短期供给曲线相对平缓。而在垄断者缺少剩余生产能力的供应紧张的市场上，石油短期供给曲线则相对陡峭。因此，同样的需求波动在供应充足的市场上和供应紧张的市场上对油价产生的影响也有所不同。如果石油市场供应充足，需求变动对油价的影响就较小。如图2-6所示，在供给曲线不变的情况下，需求增加会导致需求曲线向右移，在供应充足的市场上，既定的供给曲线 S 与最初的需求曲线 D_1 相交于 A 点，在 A 点市场均衡价格为 P_1，均衡数量为 Q_1，需求增加导致需求曲线右移至 D_2 位置，D_2 与供给曲线相交于 B 点，在需求增长时，垄断者释放剩余产能，使均衡数量由 Q_1 增加至 Q_2，均衡价格则由 P_1 上升至 P_2，油价的变动幅度不大。当石油供给紧张时，需求变动对油价的影响就会非常大。如图2-6所示，当需求曲线由 D_3 变为 D_4 时，因为市场不再具备产量调节能力，均衡价格由 P_3 上升至 P_4，在供应紧张的市场上短期供给曲线缺乏弹性，几乎是垂直的，油价完全由需求的变动决定，所以价格上涨幅度也非常大。

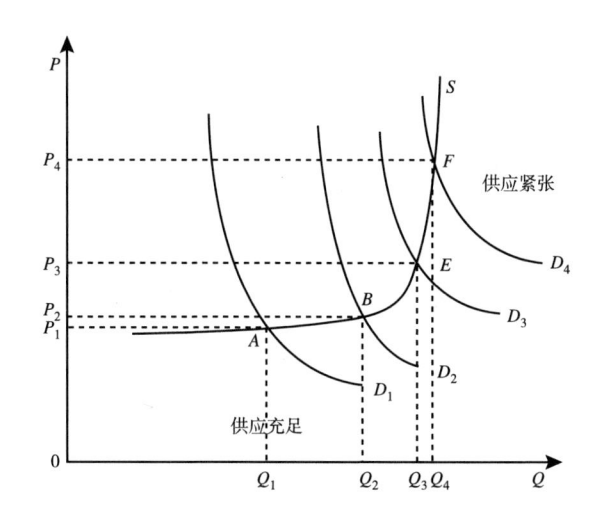

图2-6 短期需求曲线的变动

2. 长期分析

为了分析的简便，此处笔者暂将石油的长期供给曲线画得平直一些，在此也忽略了石油生产因为遵循目标收益规则导致其供给曲线发生向后弯曲的现象。

因为石油长期供给曲线比较平坦，在石油供给曲线保持不变的情况下，需求变动引起的油价变化相对有限。如图 2-7 所示，既定的供给曲线 S 保持不变，需求增加导致需求曲线的右移，当需求曲线由 D_1 移动到 D_2 位置时，均衡数量由 Q_1 上升到 Q_2，均衡价格由 P_1 上升到 P_2，油价的上涨幅度有限。

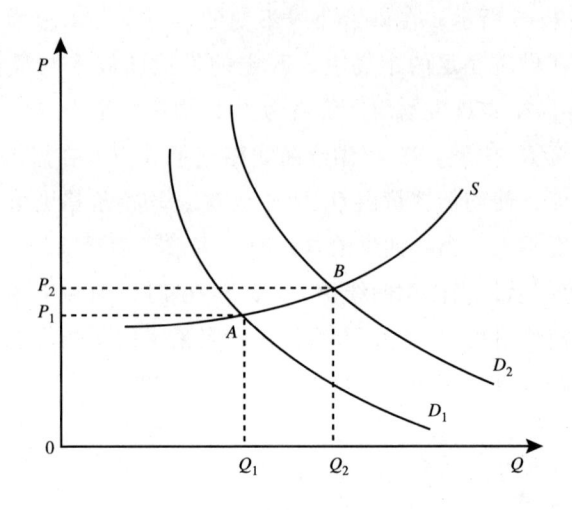

图 2-7 长期需求曲线的变动

（二）石油供给的变动

1. 短期分析

在短期，人们很难用其他能源代替石油，也很难减少石油的使用量。因此，石油短期需求缺乏弹性，石油短期需求曲线非常陡峭，几乎是垂直的。虽然石油供给曲线分为两部分，在供应充足时，供给曲线比较平缓，在供应紧张时，供给曲线比较陡峭。但因为石油需求曲线几乎垂直，所以无论短期石油市场供应是充足还是紧张，石油供给的任何变动都会带来油价的大幅波动①。如图 2-8 所示，既定的需求曲线 D 保持不变，供给减少导致供给曲线左移，供给曲线由 S_1 位置移动到 S_2 位置，因为需求具有刚性，市场均衡数量下降有限，而均衡价格由 P_1 上升到 P_2，油价上涨幅度非常大。

---

① 在供应充足的市场上，垄断者拥有剩余产能。面对石油供给短缺，垄断者可以通过激活剩余产能弥补供应缺口。不过，这时石油市场的供给并没有变化，所以供给曲线没有移动。在供应充足的市场上，供给曲线也可能会发生移动，这有可能是垄断者为提高油价而减少产量，也可能是垄断者发动"价格战"来争回市场份额。

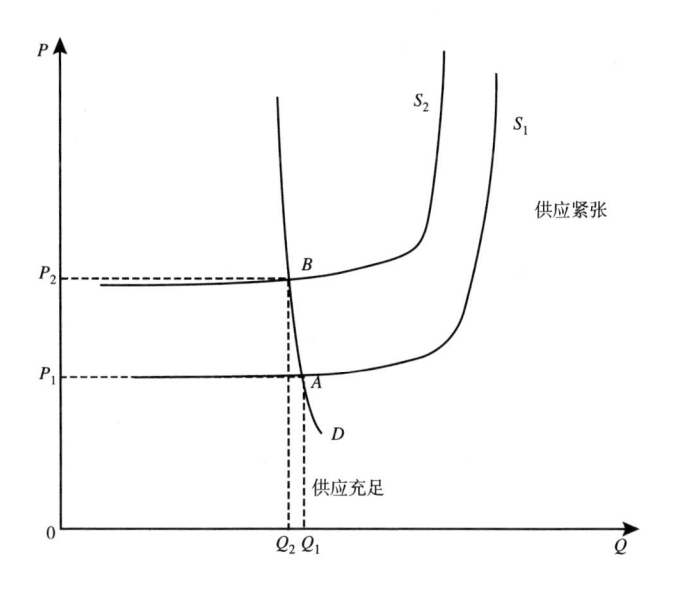

图 2-8　短期供给曲线的变动

2. 长期分析

从长期来看，高油价时期，消费者可以使用替代能源或者能效较高的设备，而低油价时期，消费者则会更多地选择以石油为燃料的设备。因为设备调整的介入，石油需求的长期价格弹性较短期要大。但是，很多研究表明，即使是在长期，石油需求依然是缺乏弹性的。如图 2-9 所示，既定的需求曲线 D 保持不变，供给减少导致长期供给曲线左移，当供给曲线由 S_1 移动到 S_2 位置时，均衡数量由 Q_1 减少为 Q_2，均衡价格由 P_1 上升到 P_2，油价也会出现大幅上涨。

（三）国际油价波动与石油供需弹性

1. 短期分析

由于石油供求短期均缺乏弹性，石油供给或需求方面的任何扰动都会造成油价的大幅波动。20 世纪 70 年代以来的历次石油危机无不与石油供求波动有关。20 世纪 70 年代之后发生的前三次正向石油危机也都是由石油供应中断引发的。在 1973~1974 年的"第一次石油危机"中，阿拉伯石油输出国的石油禁运导致每天最多 430 万桶石油离开市场；1978~1980 年"第二次石油危机"中，因为伊朗革命和两伊战争，每天最多有 560 万桶石油离开石油市场；在 1990~1991 年的"第三次石油危机"中，因为海湾战争的

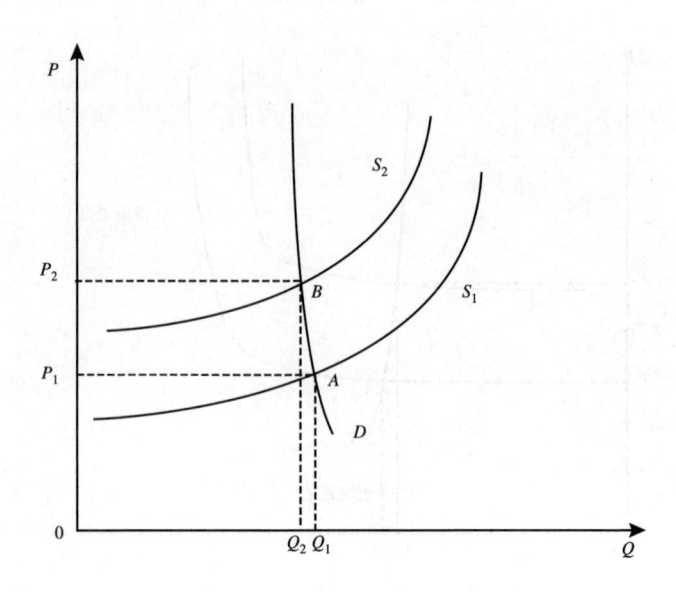

图 2-9　长期供给曲线的变动

爆发，每天最多有 430 万桶石油离开石油市场①。2003~2008 年的"第四次石油危机"虽然没有明显的供应中断，但国际石油市场一直处于紧张状态，面对石油需求的增加，欧佩克几乎耗尽了剩余产能，因此，国际油价完全听任需求的摆布。这四次石油危机发生的原因虽然各有不同，其结果却是一样，石油市场出现了供求紧张的局面，进而带来国际油价的不断飞涨。

从几次正向石油危机发生与发展的过程来看，石油危机的严重程度与供求紧张状态几乎呈正相关关系，石油供求越是紧张，石油危机造成的影响就越为严重。这主要是因为在供求紧张的市场上，欧佩克产能调整有限，而石油短期供给缺乏弹性，石油需求上涨或者供应中断便会带来油价的大幅上涨。在供应充足的市场上，因为欧佩克剩余产能比较丰富，而石油短期供给富有弹性，面对需求上涨或供应中断，欧佩克可以通过释放剩余产能来维持油价的稳定，供求冲击对油价的影响也相对较小。因此，第三次石油危机的影响就小于另外几次石油危机，1990 年海湾战争引发的石油危机实际上是一次迅涨速落的石油危机。

油价上涨源于供求关系的变化，油价下跌亦源于供求关系的变化。20

---

① 杨光：《新世纪的高油价与中东》，《西亚非洲》2008 年第 9 期。

世纪 70 年代之后的两次反向石油危机都是由石油市场暂时性的供过于求带来的。1986 年的"第一次反向石油危机"实际上源于沙特阿拉伯发动的"价格战",沙特阿拉伯 200 万桶/日的增产行为导致石油一夜"由金化土"。1997~1998 年,欧佩克的增产和亚洲新兴国家石油需求的减少使石油市场供过于求,也导致油价不断下降[1]。此外,2008 年,全球金融危机爆发以后,经济衰退带来的石油需求迅速下降则导致国际油价在短短半年多的时间内下跌 100 美元[2]。

2. 长期分析

从长期来看,石油供给富有弹性而石油需求缺乏弹性的特点导致国际石油市场经常出现高油价周期与低油价周期交替出现的情况。首先,石油供给的长期弹性较大,高油价会刺激石油上游的投资活动,反之,持续的低油价则会对石油上游投资活动形成抑制。例如,"第一次石油危机"和"第二次石油危机"带来的高油价刺激了国际石油公司的石油勘探开发活动,也带来了未来石油市场的供过于求[3]。而 1986 年"价格战"之后,国际油价的持续低迷严重抑制了石油上游的投资活动,从而带来未来国际石油的供求紧张。不过,石油需求的长期价格弹性较石油供给要小很多,国际油价对石油需求的长期影响要小于对石油供给的影响。因此,石油市场才会存在供过于求和供求紧张交替出现的现象,而这也是国际石油市场高油价均衡与低油价均衡交替出现的重要原因之一。

第三节 国际油价波动的影响因素

根据本章第二节对石油供求的分析,作为一种需求和供给短期均缺乏弹性的商品,石油的需求曲线或供给曲线的略微移动都会带来价格的大幅波动。因此,在对国际油价进行分析时,必须要弄清楚影响石油需求曲线和石油供给曲线移动的各种原因。只有明确这些因素,才能知道国际油价为什么

---

[1] WTRG, "Oil Price History and Analysis," *WTRG*, http://www.wtrg.com/prices.htm, 2013-11-11.

[2] EIA, "International Energy Statistics," *EIA*, http://www.eia.gov/cfapps/ipdbproject/IEDIndex3.cfm?tid=5&pid=53&aid=1, 2013-02-07.

[3] 2003~2008 年油价上涨对国际石油公司的石油投资影响不大,从 2005 年开始,国际石油公司通过勘探开发获得的新增石油储量反而开始下降,这种状况与石油市场结构性变化有关。笔者将会在下文对此进行详细分析。

会出现波动。不过，石油作为现代化生产生活中不可或缺的战略资源，比其他商品更容易受到投机资本的青睐。因此，在分析油价波动的影响因素时，也不能完全忽略金融因素的影响。

一 需求方面的因素

影响石油需求的因素有很多，人口年龄结构的特点、经济结构的变化、节能技术和替代能源的发展都会导致石油需求曲线的移动。不过，与其他因素相比，世界经济发展和石油库存变化对石油需求的影响更为显著。

（一）石油消费和经济增长

石油是最重要的初级能源产品。一般说来，当世界经济繁荣时，各行各业就会扩大生产，对石油的需求也会增多，反之，当世界经济萧条时，各行各业的生产活动就会收缩，石油需求也会随之减少。石油对现代经济的不可或缺性决定了石油商品的收入弹性较高[1]，斯莱德等认为石油的收入弹性接近于1[2]。不过，因为产业结构和节能技术的差异，发达国家的石油收入弹性要小于发展中国家的石油收入弹性。据盖特利和亨廷顿统计，1971~1997年，经合组织25国的石油收入弹性为0.55，同期11个产油国的收入弹性为1.11，而经济高速发展的11个国家的石油收入弹性则高达1.17[3]。如图2-10所示，虽然石油消费增长率与真实GDP的增长率变化幅度并不一样，但两者存在高度正相关关系。也就是说，当全球经济繁荣时，石油消费就会增加，全球经济萧条时，石油消费就会减少。因为石油消费实际是经济增长的派生需求，研究石油消费对国际油价波动的影响，实际上就是研究世界经济增长对国际油价的影响。

经济增长水平通过影响石油消费来影响石油价格。但是，如图2-11所示，真实GDP增长率与国际油价之间在数量上并不存在显著的相关关系。

---

[1] 需求收入弹性是需求量的相对变动与消费者收入水平的相对变动之比，它被用于测量商品需求量的变动对于消费者收入水平变动的敏感程度。参见郭熙保、何玲编著《微观经济学》，中国社会科学出版社，2002，第39页。

[2] Margaret E. Slade, Charles Kolstad and Robert J. Weiner, "Buying Energy and Nonfuel Minerals: Final, Derived, and Speculative Demand," in A. V. Kneese and J. L. Sweeney eds., *Handbook of Natural Resource and Energy Economics*, Vol. 3, Amsterdam: North-Holland, 1993, pp. 935 - 1009.

[3] D. Gately and Hillard G. Huntington, "The Asymmetric Effects of Changes in Price and Income on Energy and Oil Demand," *Energy Journal*, Vol. 3, No. 1, 2002, pp. 19 - 55.

图 2-10　1966~2011 年真实 GDP 增长率与石油消费的关系

资料来源：World Bank, WDI database, February 7, 2014; BP, *BP Statistical Review of World Energy*, June 2014, http://www.bp.com/statisticalreview, 2014-10-01。

也就是说，从年度数据上来看，世界真实 GDP 增长率的变化并不会带来石油价格的波动。

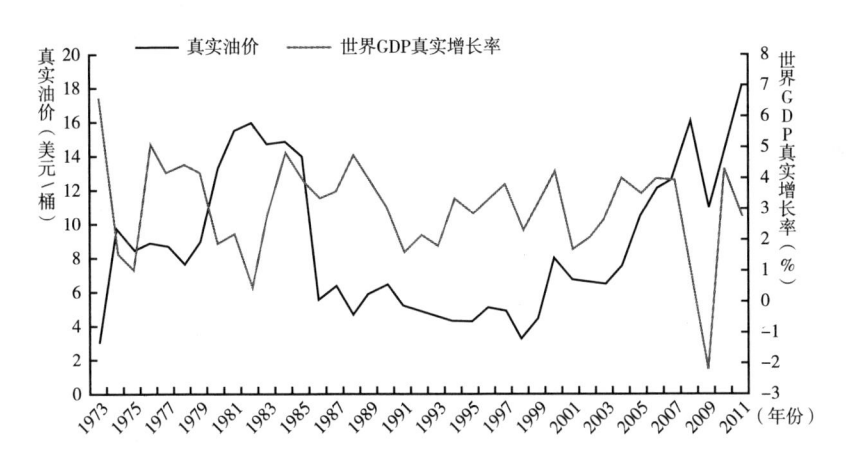

图 2-11　1973~2011 年真实油价与世界 GDP 真实增长率的变化

资料来源：World Bank, WDI database, February 7, 2014; BP, *BP Statistical Review of World Energy*, June 2014, http://www.bp.com/statisticalreview, 2014-10-01。

但如果对 20 世纪 70 年代以来的油价波动历史进行观察，我们就会发现经济发展水平并非与国际油价的波动无关（见图 2-12）。20 世纪 70 年代以来，共发生过 7 次波及全球的经济危机，在这 7 次经济危机中，除 1980~

1982年的经济危机因为两伊战争导致石油短缺引起真实油价上涨外，其余所有危机无一例外都带来真实油价的大幅下降。

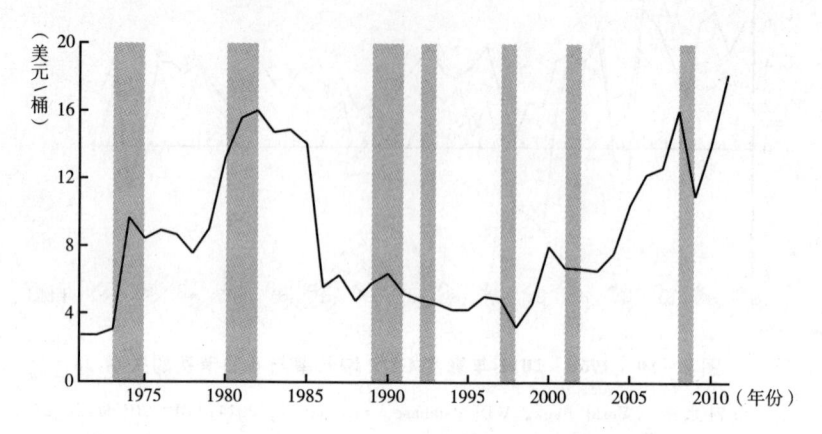

图 2－12　经济危机中的油价走势

说明：由左到右阴影部分依次为：1973～1975 年的石油危机，也就是由"石油禁运"引发的全球经济危机；由第二次石油危机引发的全球经济危机；1982 年墨西哥债务危机；1989～1991 年美国储贷危机；1992～1993 年英国外汇危机；1997～1998 年亚洲金融风暴；2001～2002 年网络泡沫危机；2008～2009 年全球金融危机。真实油价以 1973 年价格为基础计算得出。

资料来源：OPEC, *Annual Statistical Bulletin 2008*, 2011, Vienna: OPEC, 2008, 2011。

经济危机前后，国际油价之所以会出现大涨大跌，主要是因为经济运行的周期是：高涨—危机—萧条—复苏。在每次危机爆发前，经济都会经历高速增长。例如，第一次石油危机爆发前的 1973 年，当年世界 GDP 的真实增长率高达 6.8%；2001 年网络泡沫前的 2000 年，当年世界 GDP 的真实增长率高达 4.7%；2008～2009 年全球金融危机爆发前的 2007 年，世界 GDP 真实增长率高达 4.0%。基本上可以说，每次危机爆发前，世界经济都处于阶段性的顶峰。正如图 2－12 所显示，当世界经济位于阶段性顶峰时，由于石油需求增加，国际油价也处于阶段性的峰值。不过，经济危机发生后，世界经济出现收缩，国际石油需求的增长陷入停滞，乃至出现收缩，这就会带来国际油价的下跌。

（二）石油库存

20 世纪 70 年代的两次石油危机给世界经济带来了巨大冲击。西方石油消费大国开始认识到石油安全的重要性。美、日、欧洲等国家或地区于

1977年10月起相继开始建立战略石油储备，并在政府主导下加大商业库存的规模。OECD国家建立石油库存的目的就是要保障石油安全、维护油价的稳定、应对突发事件对石油市场的冲击。石油库存的增加相当于市场需求的增加，石油库存的释放相当于市场供给的增加。石油库存通过影响石油供求差额来影响国际油价。

OECD石油库存可以分为两部分，即商业库存和政府控制的战略储备。从图2-13中我们可以看到，1977~1987年是OECD国家石油战略储备的建设期。在这期间，OECD库存量有了十分迅速的增长。1988年后，OECD库存的增幅放缓，库存增幅主要来自政府储备，商业库存变动不大。从库存的波动方面来看，除在海湾战争期间（1990~1991年），受OECD国家释放战略储备保证石油市场供给导致OECD库存量下降外，1988年以后，OECD石油库存基本保持稳定，每年变动幅度不大，库存的波动主要受到商业库存波动的影响。

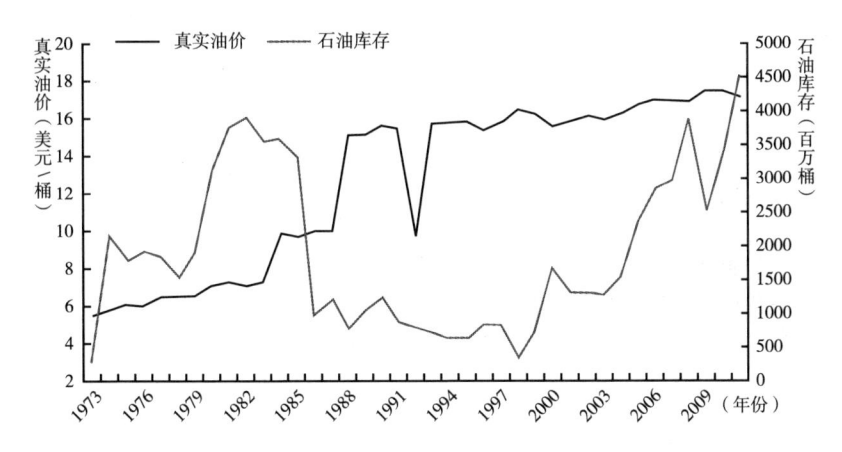

图2-13　1973~2011年OECD石油库存和国际油价波动

说明：年度石油库存量为该年度各月月末库存量的平均值。

资料来源：EIA, *International Energy Statistics*, http://www.eia.gov/cfapps/ipdbproject/IEDIndex3.cfm?tid=5&pid=53&aid=1, 2013-02-07。

观察图2-13可以发现，长期来看，OECD石油库存与石油价格并不存在明显的数量关系。这说明石油库存实际上没有起到平抑油价的作用。但OECD建立石油库除了稳定油价外，更重要的是保证石油供应的安全。为了检验库存是否具备保障能源安全的功能，以及这种功能对油价的影响，笔者对1988~2000年供过于求的市场和2001~2011年供求持续紧张的市场分别进行了观察。

通过观察可以发现，在后一个时期，也就是供求持续紧张的市场上，OECD库存与国际油价之间存在明显的正相关关系。这也说明，在供求紧张的市场上，库存主要起到保障石油消费国石油供应安全的作用，在供求紧张的市场上，石油消费国为了确保本国石油安全，往往会增加本国的石油库存。因此，库存的建立不但不能缓解石油价格的波动，反而会进一步推动国际油价的上涨。

二　供给方面的因素

与石油需求相比，影响石油供给的因素要复杂很多。在供给方面，石油储量、石油产量、石油投资和剩余产能都会对石油价格产生影响。其中，石油产量通过影响石油供求差额直接影响国际油价，石油储量和石油投资则通过影响石油产能来影响石油的长期供给，而剩余产能则是欧佩克用以影响石油市场的工具。剩余产能的大小反映了国际石油市场是供过于求还是供求紧张。

（一）石油产量

20世纪70年代中期，欧佩克国家收回本国石油资源主权之后，国际石油供给便划分为两个部分：欧佩克产油国提供的垄断型供给和非欧佩克产油国提供的竞争型供给[1]。欧佩克成员国通过协商制定生产政策，成员国的生产行为受到欧佩克决策的约束，而非欧佩克产油国则可以自由制订生产计划。如图2-14所示，20世纪70年代之后的世界石油产量波动不大，增幅比较缓慢。世界石油产量的增长主要来自非欧佩克石油产量的增加，而世界石油产量的波动主要来自欧佩克产量的变化。

观察图2-14可以发现，由于非欧佩克石油产量波动很小，两者之间并不存在明显的相关关系。这就是说，非欧佩克产量的变化并不能影响国际油价的波动。与非欧佩克产量不同，欧佩克石油产量与国际油价存在微弱的正相关关系。国际油价上涨，欧佩克产量也会随着提高，国际油价下跌，欧佩克也会相应下调石油产量。不过，这并不能说明，欧佩克的增产推动了油价的上涨，欧佩克的减产导致油价的下跌。而是说明，石油价格上升时，欧佩

---

[1] 严格来讲，竞争性供给并不是非欧佩克产油国带来的，而是与国际石油公司的上游投资有关，欧佩克国家也可能会成为石油市场竞争性供给的提供者。

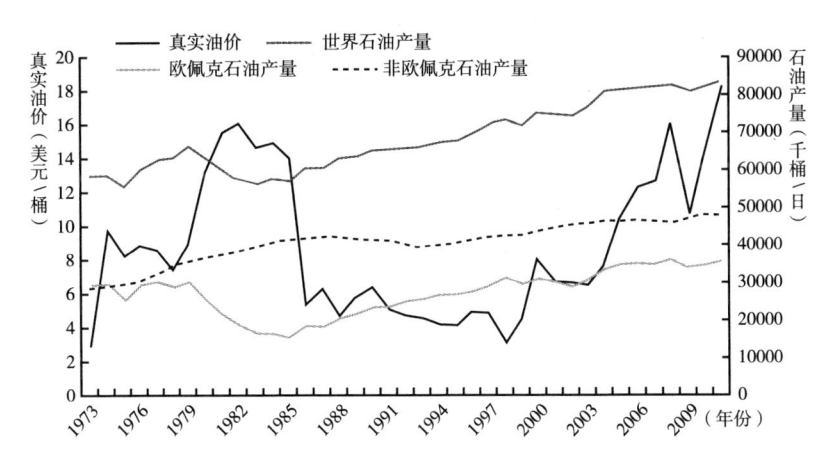

图 2-14 石油价格波动与石油产量变化

资料来源：非欧佩克石油产量数据：BP, *BP Statistical Review of World Energy*, June 2014, http://www.bp.com/statisticalreview, 2014-10-01；欧佩克石油产量数据：OPEC, *Annual Statistical Bulletin 1980-2011*, Vienna：OPEC, 1980-2011。

克通过增产来抑制油价进一步上涨，反之，国际油价下跌时，欧佩克通过下调产量来抑制国际油价的进一步下跌。两者之间存在正相关关系则表明欧佩克的产量调整并没有达到平抑油价的目的。

不过，如果采用历史分析的研究方法就可以发现欧佩克石油产量与国际油价的变动在很多时候存在明显的负相关关系。例如，欧佩克阿拉伯产油国在1973年发动的石油禁运直接引发了第一次石油危机。1986年沙特阿拉伯发动的"价格战"在极短的时间内将国际油价拉低到10美元以下。1999年3月，欧佩克国家与非欧佩克国家签署200万桶/日的减产协议引发该年油价持续上涨，并于2000年1月达到30美元的水平。2000年3月，欧佩克确定22~28美元的"价格带"后通过连续四次增产将国际油价保持在"价格带"内。2001年，欧佩克通过三次减产行动成功地抑制住油价下滑的趋势。2002年1月，其再次通过减产将国际油价拉回到"9·11"事件之前的水平。2008年，全球金融危机爆发后，欧佩克及时采取的减产行动对于抑制国际油价的持续下跌也起到了重要作用。2010~2011年，起始于突尼斯的"茉莉花革命"最终演变成席卷整个地区的政治风暴，而沙特阿拉伯等欧佩克国家采取的增产成功抑制了利比亚石油供应中断带来的国际油价快速上涨。

以上分析表明，欧佩克产量的大幅波动会带来油价的反向变化。欧佩克产量大幅减少，国际油价就会上涨，欧佩克产量大幅增加，国际油价就下跌。但在正常时期，欧佩克一直通过产量调整影响油价，只不过是因为欧佩克产量调节能力有限，该组织很难将国际油价维持在自己期望的水平上。

（二）石油储量

石油是一种不可再生资源。从地质学角度来看，石油的资源量是固定的，并会随着石油开采量的上升不断下降。但是，石油自成为重要的初级能源以来，大规模的人类开采活动并未带来石油资源的枯竭，用可探明石油储量进行衡量，石油的资源量反而一直在增加。例如，1971年世界石油储量和欧佩克石油储量分别为5158亿桶和4307亿桶，但到2012年，两者却分别增长至16689亿桶和10244亿桶[1]。石油储量不降反升的出现主要源于人们用可探明石油储量来描述石油的资源量。可探明石油储量是指在现有的经济条件和技术条件下，可以开采出来并且具有商业价值的那部分石油储量。对于石油的可探明储量而言，勘探开发技术的进步和石油上游投资的增加，都会带来石油资源量的增加。

观察图2-15可以发现，在石油储量的变化方面，欧佩克产油国与非欧佩克产油国有很大不同。1980~2011年，非欧佩克国家的石油储量变动幅度不大，石油储量的增长主要来自欧佩克国家。欧佩克石油储量上升最快的时期是1985~1988年，三年时间里，储量增加了2250万桶，涨幅高达50%。不过，这一时期，欧佩克石油储量增加并非源自资源量的真实增加，而是源自欧佩克成员国为争取对自己有利的配额分配而采用的虚报石油储量的策略。20世纪80年代末，当欧佩克配额制度重新稳定下来之后，欧佩克石油储量的增长也与非欧佩克石油出口的增长一样，呈现缓慢上升的态势。

石油储量虽然可以表示石油量的大小，但石油储量必须结合石油产量才能很好地标示出石油生产的可耗竭性。储采比是反映石油工业可持续发展的一项重要数据。储采比又称回采率或回采比，是指年末剩余储量（有些国家用年初剩余储量，如苏联）除以当年产量得出剩余储量按当前生产水平尚可开采的年数[2]。20世纪70年代以来，世界石油发现的增长速度要大于生产的增长速度，因此，石油的储采比也在不断上升。20世纪70年代初，

---

[1] BP, *BP Statistical Review of World Energy June 2014*, BP, http://www.bp.com/statisticalreview, 2014-10-01.

[2] M. Feygin and R. Satkin, "The Oil Reserves-to-Production Ratio and Its Proper Interpretation," in *Natural Resources Research*, Vol. 13, No. 1, 2004, pp. 57-60.

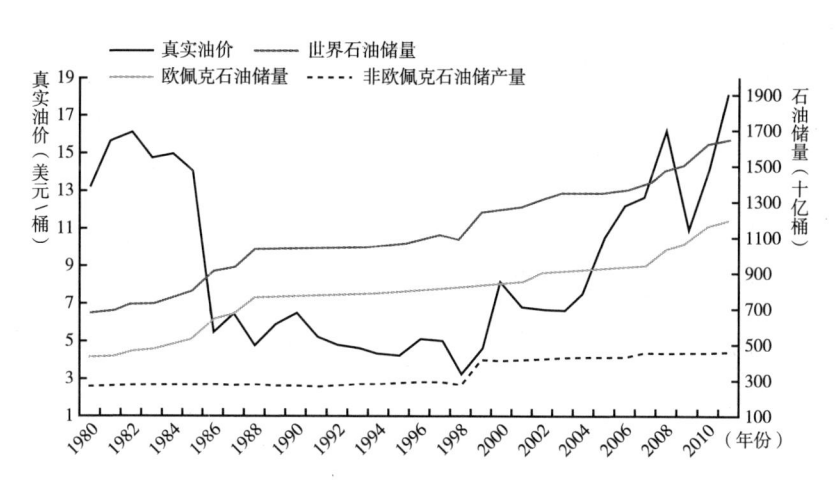

图 2-15　1973~2011 年欧佩克和世界石油储量

资料来源：BP, *BP Statistical Review of World Energy*, June 2014, http://www.bp.com/statisticalreview, 2014-10-01; OPEC, *Annual Statistical Bulletin 2011*, Vienna: OPEC, 2011。

世界石油储采比和欧佩克石油储采比分别是 20 多年和 40 年左右，到 21 世纪初，却分别上升至 40 多年和 70 多年，也就是说，即使未来不再会有新油田发现，以现有的石油生产速度，石油资源还可以使用近半个世纪。理论上来说，石油储采比降低代表石油资源的紧张，石油价格应该上升，而储采比升高代表石油资源的充裕，石油价格应该降低。

图 2-16 是国际油价与石油储采比的对比图。从图中可以看到，无论是世界储采比还是欧佩克储采比，都与国际油价波动不存在明显的相关关系，这也说明石油资源储量并不是影响国际油价波动的主要因素。此外，从国际石油市场的实践来看，自 1973 年第一次石油危机以来，世界石油产量和消费量均有大幅度提高，但世界石油储采比不但没有下降，反而持续上升。从石油市场参与者的具体操作来看，石油储量和储采比也从来不是他们做出市场决策时的重要考虑因素。

（三）石油投资

石油投资是影响石油长期供给的重要因素，因而也会对油价波动产生重要影响。钻井数是表示石油工业健康程度的重要指数，钻井数高代表石油上游投资活跃，钻井数低则代表石油上游投资萎缩。从图 2-17 中可以发现，世界钻井数与石油价格具有高度的正相关关系。当石油价格位于高位时，钻井数也会增多；而石油价格位于低位时，钻井数就会下降。不过，

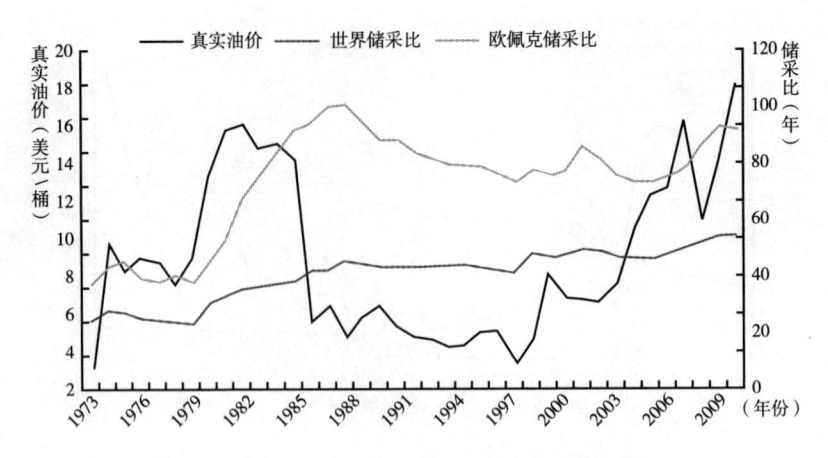

图 2-16　1973~2011 年石油价格波动与储采比变化

资料来源：1980~2011 年数据采自 BP, *BP Statistical Review of World Energy*, June 2014, http://www.bp.com/statisticalreview, 2014-10-01；1973~1979 年数据来自 OPEC, *Annual Statistical Bulletin 1973-1979*, Vienna：OPEC。

中东钻井数与石油价格的关系在 2000 年之前并不明显，只是在进入 21 世纪之后才随国际油价的上涨迅速增多。这表明国际油价对欧佩克核心国家的石油投资影响不大，欧佩克核心国家的石油投资决策主要基于其他因素的考虑。

油田从勘探开发到生产石油需要若干年时间。因此，作为反映上游投资状况的钻井数对油价的影响也存在多年的滞后。观察图 2-17 可以得出，20 世纪 70 年代末到 80 年代初的高油价刺激了世界石油投资，同期世界钻井数维持在历史最高位。但石油投资的繁荣却带来了石油市场的产能过剩和 80 年代中后期到 90 年代的低油价时期。而 80 年代中后期到 90 年代的低油价抑制了世界石油投资，投资不足带来了 21 世纪之后国际石油市场的供求紧张和油价的不断上涨。因此，在石油供给方面，世界石油投资对国际油价未来的趋势变动有着十分重要的影响。

（四）剩余产能

世界石油供给可以划分为欧佩克供给和非欧佩克供给两部分。从前文对石油产量的描述中我们可以发现，非欧佩克产量波动不大，欧佩克的产量却在频繁变动。欧佩克产量出现波动主要是因为欧佩克产油国并不总是像非欧佩克产油国那样开足马力进行生产，而是选择关闭一些油田，保留一些产能，并根据市场变化调整产量，从而对油价施加影响。在国际石油市场上，

(a) 石油价格波动与世界钻井数变化

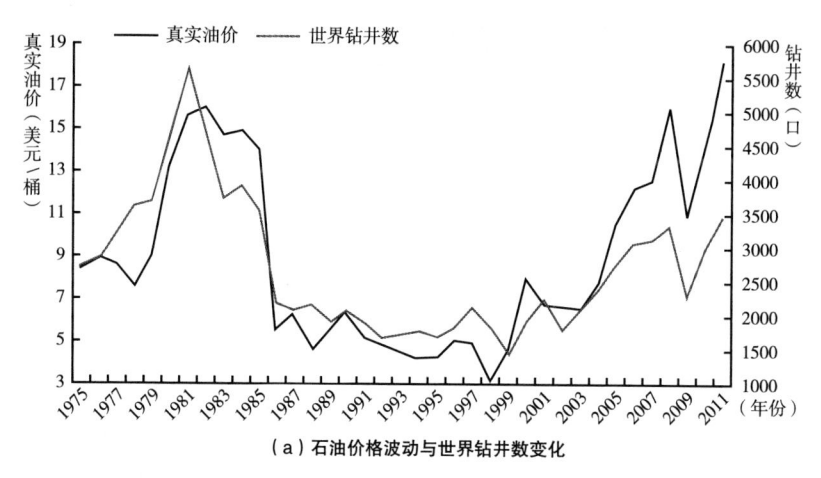

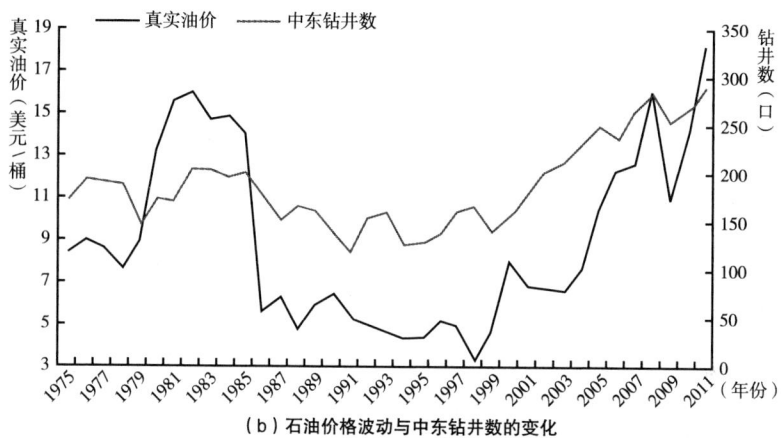

(b) 石油价格波动与中东钻井数的变化

图 2-17 石油价格波动与钻井数变化

说明：数据包括油井和天然气井。美国钻井数约占全球钻井数的 1/3，但自 20 世纪 90 年代之后，美国油井数在其钻井总数中所占比例开始下降，从 1990 年约占钻井总数的 50% 下降至 2001 年的 15% 左右。之后，随国际油价的上涨，油井所占比例开始上升。不过即便是在 2008 年，美国油井数也只占美国钻井总数的 30% 左右。因此，2000 年之后，世界钻井数虽然开始增长，但油井数量的增长却要小很多，这反映了石油公司对石油投资的谨慎态度。

资料来源：Baker Hughes Incorporated, *Worldwide Rig Count*, http://phx. corporate-ir.net/phoenix.zhtml? c=79687&p=irol-rigcountsintl, 2013-01-01。

并不是所有国家都拥有剩余产能，剩余产能主要掌握在沙特阿拉伯等少数几个欧佩克核心国家手中。由于欧佩克只是在最近几年才开始公布剩余产能数据，石油市场参与者很难获得欧佩克剩余产能的具体数值。图 2-18 是几个权威部门对欧佩克剩余产能的估测值。从图 2-18 中可以看到，欧佩克石油生产能力的下降和欧佩克石油产量的增加都会带来剩余产能的紧张。

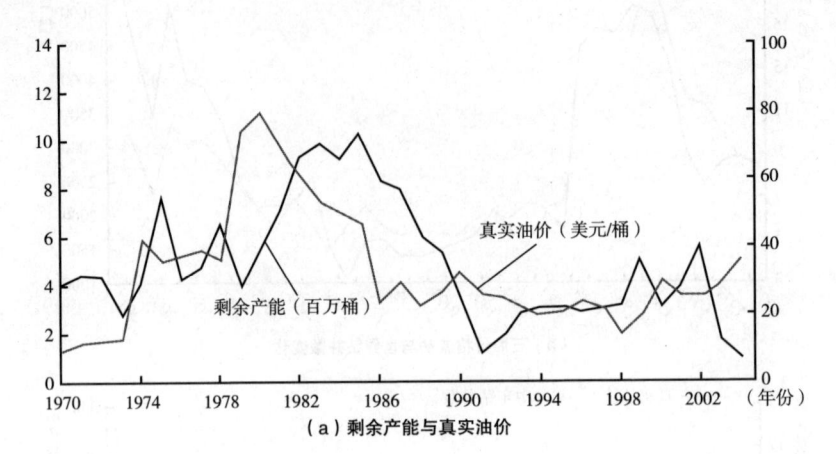

(a) 剩余产能与真实油价

说明：真实油价为2003年美元价格。
资料来源：IMF, *World Economic Outlook 2005*, April 2005, www.imf.org/external/pubs/ft/weo/2005/01/pdf/chapter4.pdf, 2011-12-21。

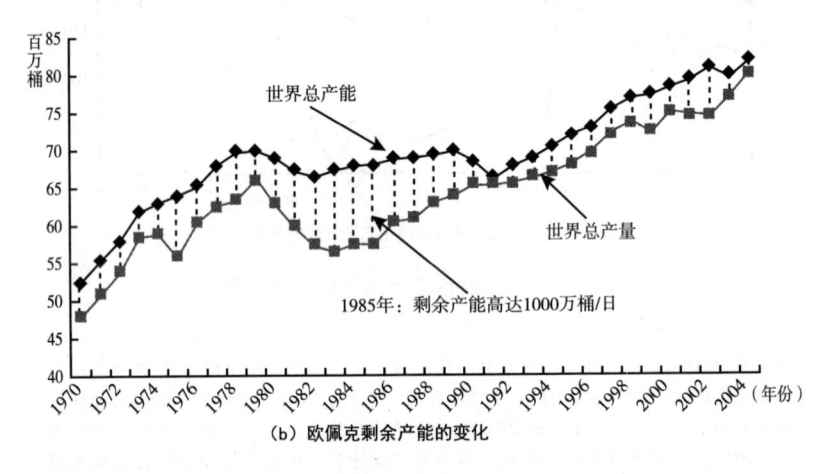

(b) 欧佩克剩余产能的变化

图2-18 1970~2004年石油价格与欧佩克剩余产能

资料来源：Barsky, Robert, and Lutz Kilian, "*Oil and the Macroeconomy Since the 1970s*," No. w10855, *National Bureau of Economic Research*, 2004。

首先，欧佩克生产能力下降带来欧佩克剩余产能下降的情况在历史上并不多见。1973~2011年，上述情况仅出现过三次，而这三次产能下降又都与战争有关，分别是1980年爆发的两伊战争、1990年爆发的海湾战争和2003年爆发的伊拉克战争。在这三次战争中，欧佩克一些重要的资源国油田遭到了严重破坏,而其他欧佩克产油国,特别是以沙特阿拉伯为代表的中东产油国为维持石油市场供求平衡,大都提高了本国石油产量,这些国家的增产行动也带来了战争期间以及战争结束后欧佩克剩余产能的紧张。由于在以上战争期间,国际石油供应中断均带来过国际油价的迅速提高,因此,在这些特殊时期,欧佩克剩余产能与国际油价保持着很强的负相关关系,也就是说,剩余产能紧张与国际油价上涨同时出现。

欧佩克成立至今,其石油产能总体保持稳定上升的态势,欧佩克石油产能下降的情况实在屈指可数,因此,在很多时候,欧佩克频繁的产量调整才是引起欧佩克剩余产能变化更为经常的原因,而欧佩克产量调整的行动往往是出于平抑油价波动的目的。因此,与一些人所预想的有所不同,在更多时候,欧佩克剩余产能同国际油价保持着稳定的负相关关系。油价上升,欧佩克就会增加产量,油价下降,欧佩克就会减少产量。在产能变化不大的情况下,欧佩克产量上升就会带来剩余产能的减少,反之,剩余产能则会增加。因此,在大多数时候,欧佩克剩余产能仅反映了欧佩克产量的变动。

从前面的分析可以得出,剩余产能并不是影响油价波动的直接原因,剩余产能只是反映了欧佩克石油产能或石油产量的变化。不过,2002年以来,欧佩克剩余产能的降低开始不同于以往。以往剩余产能减少只是一年或两年,这次却持续数年。2002~2008年,欧佩克剩余产能一直保持在200万桶左右,位于20世纪70年代以来的最低水平(海湾战争期间除外)。欧佩克剩余产能长期位于低位,实际上意味着欧佩克产量调整能力受到限制,也标志着石油市场由供应充足转化为供应紧张。供应紧张的市场正像我们之前分析的,石油短期供给缺乏弹性,石油价格完全由需求决定。并且,在供应充足的市场上,石油消费国又会补充或建立石油库存,从而引发了市场的"超额需求"。石油市场上短期的供求失衡,会带来油价的迅速上涨。所以,在2002~2008年的油价上涨中,欧佩克剩余产能紧张只不过是石油市场供求矛盾带来的必然结果,而不是油价上涨的直接原因。金融危机爆发之初,国际石油需求迅速下降,石油市场短暂的供过于求带来国际油价的大幅下跌,欧佩克剩余产能紧张状态暂时得到松弛。不过,与以往不同的是,2008~2009年金融危机打压下的油市低迷很快结束,迅速反弹的石油需求很快让国际石油市场回归到供求紧张的状态。从2011年开始,沙特阿拉伯等掌握剩余产能的欧佩克核心国家又开始按照历史最大产能来生产石油。也正是在这一背景下,金融危机结束后,国际油价仅仅是经历十分短暂的低迷后,又回归到高位。如用真实油价进行衡量,2011年和2012年,欧佩克一揽子油价分别是66.75美元/桶和69.36美元/桶,高于2008年的60.58美元/桶[①]。

三 金融因素

在金融衍生品交易异常发达的当下,石油市场参与者及其他投资者在国际金融市场上的操作已成为影响国际油价的重要因素。但是,即便如此,金融市场参与者对未来市场的预期仍要根据供需基本面做出。不过,在很多时候,由于金融市场参与者不能掌握所有市场信息,投机行为也可能会导致石油价格暂时偏离供需基本面。目前,对国际油价影响最大的金融市场主要是外汇市场以及与原油相关的金融衍生品市场。

(一)美元汇率

20世纪70年代,沙特阿拉伯在与美国签订的一系列"秘密协议"中承诺其石油出口继续以美元计价。沙特阿拉伯是世界上最为重要的石油出口国,其石油以美元计价实质上确立了世界石油贸易以美元进行结算的规则。这样,美元汇率的变动自然会直接影响到石油的真实价值。这就是说,美元标价的一桶石油,如果美元升值,这桶石油的真实价值就会降低;反之,这桶石油的真实价值就会升高。按照经济学的观点,决定市场供需的是真实量,而非名义量。因此,如果美元升值,每桶石油的美元价格就应该下降;反之,如果美元贬值,每桶石油的美元价格则应该上升。

从1986~2011年石油价格与美元汇率的数据中可以发现,2000年之后,国际油价与美元汇率的负相关关系变得十分明显,美元持续贬值与国际油价的不断攀升相伴而生(见图2-19)。这种现象的出现首先是因为2001年美国网络泡沫危机之后,大笔资金开始退出美欧股票市场,退出股票市场的资金随后涌入期货市场,以避免美元资产的贬值。但更为重要的是,2000年后,特别是2003年后,国际石油市场开始向有利于产油国的方向发展。在美元不断贬值的背景下,石油资产保增值的作用进一步凸显出来。从2001年到2011年,名义油价由23.12美元/桶上升至107.46美元/桶,上涨了3.6倍。但是考虑到美元汇率的因素,石油价格的上涨幅度远没有那么大。刨除汇率因素,同期欧佩克一揽子油价上涨缩减至2.4倍,从35.72美

---

① OPEC, *Annual Statistical Bulletin 2014*, Vienna: OPEC, p. 87.

元上升至 119.73 美元（以 1973 年价格计算）①。因此，可以认为，21 世纪以后的国际油价上涨，也与美元汇率的持续贬值有着重要关系。

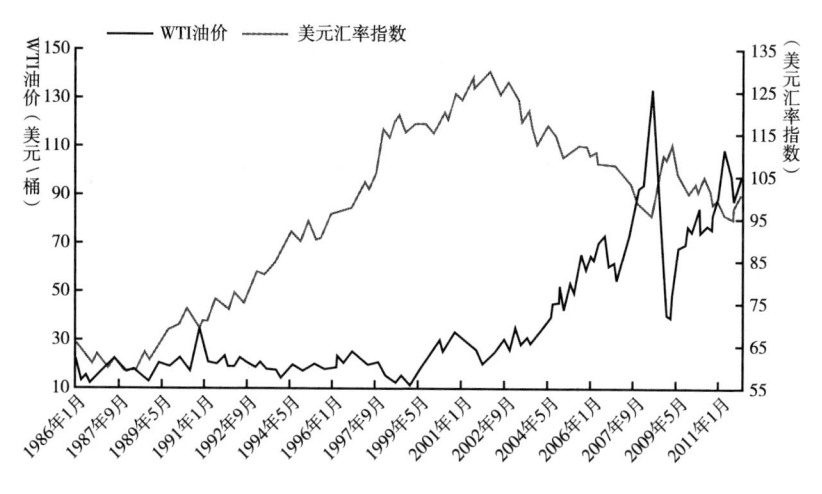

图 2-19　1986~2011 年油价波动与美元汇率

资料来源：EIA，*International Energy Statistics*，http://www.eia.gov/cfapps/ipdbproject/IEDIndex3.cfm?tid=5&pid=53&aid=1，2013-02-07；Board of Governors of the Feral Reserve System，*G.5/H.10 - Foreign Exchange Rates*，September 29，2012，http：//www.federalreserve.gov/DataDownload，2012-10-10。

（二）石油期货

20 世纪 70~80 年代，国际石油市场接连爆发的两次石油危机给世界经济带来了巨大冲击。为规避石油价格风险，欧美国家于 20 世纪 80 年代陆续推出石油期货合约。石油期货在 20 世纪 90 年代获得了快速发展，并成为国际石油市场中不可或缺的重要组成部分。进入 21 世纪以后，石油期货贸易量暴增。以在美国纽约商业交易所（NYMEX）交易的全球交易量最大的西德克萨斯轻质低硫原油期货为例，2001 年贸易量还只是 3753 万手，到 2007 年迅速增加至 12153 万手，增长了 2.2 倍②。而同期石油消费量仅增长了 10%③。

石油期货贸易量激增与石油价格不断攀升的重叠出现让很多能源专家和经济学家将石油期货投机看作油价上涨的直接原因。其中一个重要原因就是

---

① OPEC，*Annual Statistical Bulletin 2008*，Vienna：OPEC，pp.87，117.
② 张宏民：《石油市场与石油金融》，中国金融出版社，2009，第 240 页。
③ BP，*BP Statistical Review of World Energy June 2014*，BP，http：//www.bp.com/statisticalreview，2014-10-01.

进入21世纪之后，石油期货贸易中，由非商业性交易者参与的贸易量增加十分迅速[①]。在这些非商业交易者中，对冲基金占有很大的分量。所以，这些学者的研究大多是以石油期货价格变化与非商业交易者持仓量之间的关系进行数理分析，进而得出石油投机是推动油价上涨的原因。

不过，需要注意的是，商业性交易者和非商业性交易者的界限是很难划清的[②]。其实，很多商业性交易者的行为并非套期保值，而是将大笔资金用于石油期货投机。而一些被认为是非商业性交易者的投资银行也会涉足石油的实体贸易。因此，2007年7月，纽约商业交易所对持仓数据进行修改，将一些商业性交易者修改为非商业性交易者。支持对冲基金影响油价的学者虽然在数理分析上无懈可击，但因为数据上不能获得不同交易者的具体交易数据，在结论上必然会有其片面性。纽约商业交易所是全球最大的石油期货交易商并会定期公布石油期货交易数据。因此，该机构在石油期货数据的获取上具有其他单位或个人难以比拟的优势。纽约商业交易所在2008年的一份报告中，利用格兰杰因果检验的方法对石油价格与石油期货市场不同交易者日持仓变化的日度数据进行检验，结果如表2-3所示。

表2-3 2001年1月至2008年6月油价波动与WTI石油期货合约日持仓变化

交易者类型	价格变化是持仓变化的原因			持仓变化是价格变化的原因		
	相关性	是否显著	P值	相关性	是否显著	P值
商业性交易者	+	是	0.028	×	否	0.896
炼油商	+	是	0.048	×	否	0.191
商品交易者	+	是	0.040	×	否	0.908
生产商	+	是	0.032	×	否	0.449
其他商业性交易者	+	否	0.918	×	否	0.391
互换交易商	×	否	0.144	×	否	0.832
非商业性交易者	×	否	0.062	×	否	0.764
对冲基金	—	是	0.003	×	否	0.585
场内经纪商和交易商	×	否	0.741	×	否	0.494
非商业性交易者与互换商总计	×	否	0.062	×	否	0.947

资料来源：CFTC, *Interim Report of the ITF*, http://www.cftc.gov/ucm/groups/public/@newsroom/documents/file/itfinterimreportoncrudeoil0708.pdf, 2008, p.28。

[①] Büyükşahin Bahattin, Michael S. Haigh, Jeffrey H. Harris, James A. Overdahl et al., "Fundamentals, Trader Activity and Derivative Pricing," *EFA 2009 Bergen Meetings Paper*, 2008, http://www.cftc.gov, 2009-12-30.

[②] 商业性交易者包括炼油商、商品交易者、生产商、其他商业性交易者，以及互换商；非商业性交易者包括对冲基金、场内经纪商和交易商。

这份报告认为，石油期货投资并不会影响国际油价的波动，商业性交易者和对冲基金只是根据油价的波动调整自己的仓位。这份报告实际上否认了石油期货投资是推动油价上涨的"幕后黑手"。

不过，纽约商业交易所作为期货交易的受益者，在研究上自然会有所偏向。该份报告也承认了研究的局限性。石油期货贸易虽然不是油价波动的直接原因，但也不能说与油价波动毫无关系。2001年美国网络泡沫危机之后，资金开始退出欧美股票市场，而经济高速增长的发展中国家又对海外资本进入本国金融市场设置了种种限制。在美元持续贬值的背景下，大笔资金开始进入期货市场。根据巴克莱对冲基金（Barclay Hedge）的数据，从2000年到2007年9月底，全球期货市场上比较活跃的管理型期货投资基金（CAT）名下的资产由379亿美元上涨至1848亿美元，增加了近四倍[1]。大笔资金进入市场，很难不对期货价格的波动产生影响。但是，期货投资只是加大了大宗商品的价格波动，却不能决定大宗商品的中长期价格走势。美国纽约商业交易所的研究显示，2007年，在该所交易的期货产品中，虽然石油和农产品价格有大幅增长，但指数基金占比较高的活牛和猪期货的价格在下跌。而同期，一些不存在期货交易（如钢铁、铁矿石、煤炭等）以及一些不存在机构性基金参与的期货品种（如明尼苏达小麦、芝加哥大米）价格也在上升[2]。因此，对于石油来说，金融因素虽然是影响其价格波动的重要因素，但是这种因素主要还是存在于短期。在中长期，决定石油价格的仍然是之前分析的基本因素，也就是供求方面的因素。但是，石油期货建立以后，市场信息的传递速度大幅加快，石油供给、需求方面的任何一条利好、利空信息都会及时传递到期货市场，进而影响市场参与者的市场预期以及操作行为，这样，国际油价就不可避免地处在波动的状态之中。

---

[1] 张宏民：《石油市场与石油金融》，中国金融出版社，2009，第59页。
[2] CFTC, *Written Testimony of Jeffrey Harris, Chief Economist and John Fenton, Director of Market Surveillance before the Subcommittee on General Farm Commodities and Risk Management, Committee on Agriculture*, Washington DC: Office of External Affairs (CFTC), May 15, 2008, http://www.cftc.gov/ucm/groups/public/@newsroom/documents/speechandtestimony/harris-fenton051508.pdf, 2013-11-11.

第三章
欧佩克的目标与政策

第一节　欧佩克的成立和目标

欧佩克（OPEC）是由经济主要依靠石油出口的发展中国家组建的国际组织，全称是石油输出国组织（Organization of Petroleum Exporting Countries）。截止到 2012 年年底，该组织共有 12 名正式成员[1]。欧佩克在国际石油市场中居于十分重要的地位。2011 年，欧佩克石油产量约占全球石油总产量的 42.8%，石油出口量约占全球石油出口量的 60.4%，并占有全球 81.0% 的探明石油储量[2]。欧佩克的主要目标是维护产油国利益，维护石油价格的稳定和石油供应的安全。

一　欧佩克的成立

1960 年 9 月 10~14 日，在伊拉克政府的邀请下，伊朗、伊拉克、科威特、沙特阿拉伯和委内瑞拉 5 个主要产油国代表齐聚伊拉克首都巴格达，参加一次在石油历史上具有划时代意义的重要会议。在这次会议的最后一天，

---

[1] 伊朗（1960 年）、伊拉克（1960 年）、科威特（1960 年）、沙特阿拉伯（1960 年）、委内瑞拉（1960 年）、阿尔及利亚（1969 年）、安哥拉（2007 年）、厄瓜多尔（1973 年）、利比亚（1962 年）、尼日利亚（1971 年）、卡塔尔（1961 年）和阿联酋（1967 年）。厄瓜多尔于 1992 年 12 月退出欧佩克，又于 2007 年 10 月重新加入欧佩克；加蓬于 1975 年成为欧佩克正式成员国，但于 1995 年 1 月 1 日退出欧佩克；印度尼西亚于 1962 年成为欧佩克正式成员国，但于 2008 年宣布退出欧佩克。

[2] OPEC, *Annual Statistical Bulletin 2011*, Vienna：OPEC, pp. 18, 22, 30, 49.

也就是1960年9月14日，参会的5国代表签署了巴格达第一届欧佩克会议决议并宣布石油输出国组织的正式成立。

（一）欧佩克成立的原因

欧佩克成立的直接原因是国际石油公司单方面大幅度降低原油标价。第二次世界大战结束后不久，大批独立石油公司开始涌入中东地区。面对独立石油公司的进入，以"七姐妹"为代表的国际石油公司为争夺优质石油资源，也纷纷加大了石油上游的投资力度。独立石油公司和国际石油公司在石油上游投资上的竞争很快带来全球石油产能过剩。不过，得益于当时一系列地缘政治事件的发生，国际石油市场产能过剩的问题并未立即显现出来[1]。尽管当时国际石油公司已经开始削价销售石油，但为维系与产油国之间的关系，始终未降低石油标价[2]。不过，1957年苏伊士运河战争结束后，国际局势逐渐恢复平静，国际石油市场政治风险溢价不复存在，石油市场供过于求的问题最终凸显出来，石油公司之间的削价竞争也变得越来越激烈。面对石油市场的低迷，1959年2月，国际石油公司在未与产油国协商、征得产油国同意的情况下，单方面宣布将原油标价下调9.0%。而这一决定并没有扭转国际石油市场供过于求的局面。1960年春天，苏联向意大利、日本和印度低价销售石油的行为进一步激化了石油市场供过于求的矛盾[3]。迫于竞争压力，1960年8月9日，新泽西美孚公司再一次将石油标价调低14美分，较调价前降低了7.5%，其他国际石油公司很快采取相似行动。而这次调价依然是石油公司在未与产油国政府协商、征得产油国同意的情况下单方面做出的决定[4]。1959～1960年，石油标价的两次下调导致产油国损失大量石油收入。但更让产油国感到恼火的是，国际石油公司在对石油标价进行调整前并没有与其进行协商。国际石油公司单方面调整标记油价的行为让产油国认识到自己的国家虽然已取得主权独立，但国家的经济命脉却依然掌握在西方石油公司手中。西方石油公司单方面削减石油标价的行动也让产油国政府认

---

[1] 20世纪50年代发生的政治事件包括：英国对伊朗实施石油禁运（1951年）、朝鲜战争（1950～1953年）和苏伊士运河战争（1956～1957年）。

[2] 20世纪50年代，产油国政府按照石油标价分享石油收益。石油公司只要不调低石油标价，产油国的石油收入就不会减少。因此，50年代石油公司的削价行为只会造成石油公司收入的减少，但不会影响产油国政府的收入。

[3] 杨光、姜明新编著《石油输出国组织》，中国大百科全书出版社，1995，第24～25页。

[4] Joe Stork, "Middle East Oil and the Energy Crisis: Part Two," *MERIP Reports*, No. 21, 1973, p. 5.

识到加强它们之间团结的重要性。1960 年 9 月 10 日，在新泽西美孚公司第二次单方面降低标记油价一个月之后，世界上最重要的石油出口国代表齐聚伊拉克首都巴格达并于 9 月 14 日宣布石油输出国组织（也就是欧佩克）的成立。

（二）欧佩克成立的背景

虽然国际石油公司单方面降低原油标价直接促成了欧佩克的建立，不过，石油出口国在欧佩克框架下结成联盟，却并非朝夕之事。欧佩克的成立既是多种因素共同作用的结果，也是第二次世界大战后石油输出国在谋求合作方面多年努力的回报。

1. 产油国石油意识的提高

欧佩克的成立首先是因为产油国对石油问题有了更为深入的认识。战后，一些在西方接受过教育的知识分子返回祖国，他们通过写作、演讲，以及利用媒体宣传保障产油国权利、维护产油国利益的重要性，并且积极呼吁石油输出国之间结成联盟[1]。他们的行为唤起了产油国民众和统治者对本国石油问题的关注。很多接受过西方教育的知识分子也开始参与国家石油政策的制定。这些变化为石油输出国之间谋求合作奠定了思想和人才上的基础。

2. 利润分成和标记油价制度的建立

20 世纪 40 年代末到 50 年代初，在中东产油国与委内瑞拉的努力下，利润对半分成和石油标价制度开始为越来越多的产油国所接受。最先实现利润对半分成制的国家是委内瑞拉。1943 年，为实现利润对半分成，委内瑞拉政府曾接连修改了《石油法》和《一般所得税法》，其中《石油法》将矿区石油费提高到 16.67%，《一般所得税法》则将企业所得税的最高税率提高到 9.50%。但是，新法推行之后的效果并不是很好。这是因为，新确立的石油法规要求根据外国石油公司获取的利润向其征收所得税，而委内瑞拉的石油大多是由国际石油公司输运到国外冶炼的，石油公司可以通过调整石油出口标价来降低企业盈利，进而降低公司应向政府缴纳的税额。1945 年 10 月，委内瑞拉爆发军事政变，政变结束后，委内瑞拉组建了以中左派为主的政府，改革派石油经济学家佩雷斯·阿方索博士成为新任经济发展部部长。作为石油经济学家的阿方索对国际石油公司逃避石油税的手法十分清楚，在他上任三个月后，便颁布了新的《石油法》，将石油公司的最高所得

---

[1] Mana Saeed Al-Otaiba, *OPEC and the Petroleum Industry*, London: Groom Helm Ltd., 1975, p. 50.

税税率提高到26.0%。1948年，委内瑞拉又对企业所得税法做出了进一步增订，其内容是，对于石油企业获得的超过计税利润的那部分净利润，石油企业须向政府额外上缴50.0%的附加税。至此，利润平分协议在委内瑞拉得到了全面实施。利润分成制实施之后，委内瑞拉政府收入有了大幅度提高。此后，委内瑞拉政府为避免遭受成本低廉的中东石油的竞争，积极向中东产油国宣传利润对半分成制的好处。1950年11月，沙特阿拉伯迫使阿美石油公司与其签署利润对半分成协议。随后不久，科威特与伊拉克也都与石油公司签署了利润对半分成协议。到1952年，利润对半分成成为石油输出国与石油公司签署的主要合同形式[1]。利润对半分成制度建立之后，石油价格成为决定石油生产国石油收入的重要因素。不过，国际石油公司生产的原油大多在内部销售。为了防止石油公司虚报油价，产油国政府在签署利润对半分成协议后不久，又迫使石油公司建立了石油标价制度。不过，在建立标价制度时，并没有条约规定石油公司调整石油标价前需要与产油国政府进行协商，这也就成为未来产油国与石油公司之间冲突的根源。所以，正如阿联酋前任石油和矿产资源部部长所言："如果不存在石油标价制度的话，石油的历史将会被重写。"[2]

3. 石油出口国谋求合作的努力

产油国对石油问题认识的加深和争取石油权益的斗争虽然是欧佩克成立必不可少的条件，但欧佩克的成立也同样离不开产油国一直以来谋求合作的努力。1945年，在阿拉伯联盟建立之初，其创建者曾提议建立一个由阿拉伯石油输出国组成的联盟[3]。虽然阿拉伯产油国在国际石油市场上拥有重要地位，但它们对自身能力有着清醒的认识，那就是如果石油输出国联盟不包括伊朗和委内瑞拉这两个重要的产油国，联盟的功能必然会大打折扣。

不过，在谋求跨地区石油输出国合作方面，迈出第一步的却是委内瑞拉，而非阿拉伯产油国。委内瑞拉之所以积极谋求与阿拉伯产油国的合作主要是出于经济方面的考虑。1949年，一份论述委内瑞拉石油和中东石油竞争力的报告在该国引起轰动。委内瑞拉政府担心中东产油国低成本石油成为

---

[1] Albert L. Danielsen, *The Evolution of OPEC*, New York: Harcourt Brace Jovanovich, 1982, p. 144.
[2] Mana Saeed Al-Otaiba, *OPEC and the Petroleum Industry*, London: Groom Helm Ltd., 1975, p. 52.
[3] Faud Rouhani, *A History of OPEC*, New York: Praeger, 1971, p. 76.

国际石油公司对抗委内瑞拉石油税收政策的武器，从而开始接触中东产油国，并于1949年9月派代表出访沙特阿拉伯、伊拉克、科威特等中东产油国，向其阐述协调各国石油政策以及实行利润对半分成制的益处。委内瑞拉的这次行动实际上是石油输出国谋求建立统一战线的一次重要尝试。

不过，委内瑞拉的此次尝试并没有取得很好的效果。此后一段时期内，虽然很多阿拉伯国家出台了与委相似的石油法规，但石油输出国在跨区域合作方面取得的进展仅限于阿拉伯国家内部。1952年，阿拉伯联盟政治委员会设立了"石油专家委员会"以协调阿拉伯产油国的石油政策。1953年6月，伊拉克和沙特阿拉伯政府签署协议，承诺互换石油信息，就石油政策问题举行定期磋商。1954年，阿拉伯联盟又设立了一个永久性的机构——"石油局"[1]。

在这之后，即使是阿拉伯联盟内部石油输出国之间的合作也开始陷入停滞。直到1959年国际石油公司单方面降低石油标价的行动激怒产油国，石油输出国才又在跨区域合作上取得进展。1959年4月，阿拉伯石油大会在埃及首都开罗召开，委内瑞拉和伊朗也派出代表参加了此次会议。这次会议的正式会议做出了国际石油公司改动标价需征询产油国意见、加强产油国政策协调等多项决议[2]。不过，这次会议取得的重要成果却不仅限于正式会议之内。在这次会议的正式会议上，参会者讨论的主要是阿拉伯国家关心的问题[3]。从当时石油市场的情形来看，任何涉及石油问题的讨论都不能将委内瑞拉和伊朗排除在外[4]。因此，会场外，阿拉伯主要产油国和委内瑞拉、伊朗的代表又秘密举行了一系列会谈。经过多次讨论和辩论，参加谈判的代表最终签署了一份秘密的"君子协定"[5]。这份"君子协定"的主要内容有：

---

[1] 杨光、姜明新编著《石油输出国组织》，中国大百科全书出版社，1995，第24页；Mikdashi Zuhayr M., *The Community of Oil Exporting Countries: A Study in Government Cooperation*, London: George Allen & Unwin Ltd., 1972, p. 24。

[2] Mana Saeed Al-Otaiba, *OPEC and the Petroleum Industry*, London: Groom Helm Ltd., 1975, p. 49.

[3] Albert L. Danielsen, *The Evolution of OPEC*, New York: Harcourt Brace Jovanovich, 1982, p. 151.

[4] 当时，阿拉伯的三个主要产油国沙特阿拉伯、科威特和伊拉克只占世界石油贸易量的40%，但加上委内瑞拉和伊朗则控制了国际原油贸易的90%。参见杨光、姜明新编著《石油输出国组织》，中国大百科全书出版社，1995，第25页。

[5] 在"君子协定"中，代表政府签字的仅有沙特阿拉伯、委内瑞拉和科威特代表，伊拉克代表无权代表伊拉克签字，伊朗代表只是以个人名义签字。不过，这些会议的目的并不是签署条约，与会代表能够在一些问题上达成共识就意味着会议取得了巨大的成功。参见齐高岱、马运堂编译《中东局势与能源危机——欧佩克30年的发展和政策》，经济管理出版社，1991，第22页。

由各国政府组成一个石油咨询委员会、捍卫油价结构、成立国有石油公司、实行对政府有利的四六分成制、建立炼油厂、发展下游部门、提高石油产业的一体化程度等[①]。"君子协定"以及在阿拉伯石油大会所达成的各项决议实际上为欧佩克的最终建立奠定了基础，扫除了制度上的障碍。

二 欧佩克的目标

1960年9月14日，欧佩克在其发布的第一份决议中就提出了组织所要实现的各项目标。不过，当时提出的目标十分具体，如"要求石油公司将标价调整至降价前水平；成员国通过产量调整等手段维持油价稳定"[②]。1961年1月，欧佩克在委内瑞拉首都加拉加斯召开了第二次欧佩克会议并在这次会议上通过了《欧佩克条约》。该条约以1960年决议为基础，将欧佩克目标概括化，其中规定欧佩克的目标主要有[③]：

（1）欧佩克的首要目标是协调和统一成员国的政策，并确定用最有效的手段，以单独或集体的方式维护成员国利益。

（2）欧佩克的目标是通过各种手段和方法保持国际石油价格的稳定，消除有害的和不必要的油价波动。

（3）欧佩克认为产油国的利益应得到维护，产油国应能获得稳定的石油收入；石油消费国应能获得有效的、经济的、正常的石油供给；石油产业的投资应能获得合理的回报。

这几条目标随即成为欧佩克的根本目标，从1960年欧佩克成立至今50余年的时间里，欧佩克始终没有将其放弃，并把其作为自己的使命。

除上文列出的欧佩克根本目标外，欧佩克也会根据国际石油市场变化为自己设定新的具体目标。"1968年6月在维也纳召开的欧佩克第16次会议上，文件名称为《成员国石油政策宣言》的文件作为XⅦ.90号决议通过，在这份决议中，欧佩克提出了新的目标，这些目标有：成员国政府应尽可能自己勘探开发境内石油资源；成员国积极废除现有的合约条款，寻求签署参股协议；成员国要求石油公司进行石油开采时恪守节约原则；由产油国政府决定标记油价和石油税款，以防止石油价格与国际贸易中制造品价格相比，

---

① 〔美〕丹尼尔·耶金：《石油、金钱、权利》（下册），新华出版社，1992，第538页。
② Mana Saeed Al-Otaiba, *OPEC and the Petroleum Industry*, London: Groom Helm Ltd., 1975, p. 58.
③ OPEC, *OPEC Statute*, Vienna: OPEC, 2008, p. 1.

朝向不利于产油国的方向发展。"①

2000年，在委内瑞拉首都加拉加斯召开的第二届欧佩克峰会上，欧佩克发布了第二份《庄严声明》。在这份宣言中，欧佩克除了重申之前会议制定的目标外，又根据21世纪能源产业和世界经济的变化提出了新的目标。这份《庄严声明》包含的主要内容有："欧佩克需要高度重视石油需求的透明度、确保石油需求安全，重视石油需求安全和石油供给安全的相关性，确保欧佩克在石油市场中占有合理份额；为促进石油市场的稳定，欧佩克需积极促进石油产业各方（欧佩克产油国、非欧佩克产油国、石油消费国、国家石油公司、国际石油公司）的协调与合作。"②

21世纪以来，在全球气候和环境问题日益突出的背景下，欧佩克也设立了与环境问题相关的新目标。2007年在沙特阿拉伯首都利雅得举行的第三届欧佩克峰会上通过了第三份《庄严声明》。这份声明除重申欧佩克之前会议设定的各项目标外，还在环保方面提出了新的目标，那就是"为保护当地、区域和全球环境，欧佩克要高度重视石油清洁技术和石油节能技术的发展"③。

从欧佩克设定的目标来看，该组织并不是一个进攻型的组织，而是一个防御型的组织。欧佩克建立的目的是要维护产油国利益，而不是要制造石油短缺，从而抬高油价，从石油消费国手中榨取尽可能多的财富。虽然欧佩克的根本目标中也提出了保障世界石油供应安全的任务，但这一任务的提出主要是因为欧佩克认识到石油供应安全与石油需求安全息息相关。因此，欧佩克目标虽然很多，但所有目标都是以保障产油国利益为中心的，这也是欧佩克所有政策和行为的起点。

三 成员国目标的差异性

欧佩克的总体目标无疑是明确的，但从该组织创建以来近半个世纪的历史来看，欧佩克的行动并不总是以其根本目标为出发点的。这固然与国际石油市场的复杂性有关，但与欧佩克成员国目标的差异性也不无关系。"对于主权国家来讲，国内福利的提高是其最为重要的政治目标，而 GDP 增长率

---

① 齐高岱、马运堂编译《中东局势与能源危机——欧佩克30年的发展和政策》，经济管理出版社，1991，第60~61页。
② OPEC, *Solemn Declarations*, Vienna: OPEC, 2009, pp. 13 – 16.
③ OPEC, *Solemn Declarations*, Vienna: OPEC, 2009, p. 23.

是一个关键的政治标识。"① 因此，作为国际组织中的一员，当主权国家的国际目标与国内目标发生冲突时，当政者往往会屈从于国内政治压力，在经济政策的制定方面尤其如此②。

对于大多数欧佩克成员国来说，石油是国家的经济命脉。虽然欧佩克设有明确的总体目标，但对于每一个欧佩克成员国来说，国情不同，各自的政策选择必然存在着巨大差异。如表3-1所示，欧佩克成员国无论从国家的经济发展水平还是从石油资源的富饶程度来看，都有着很大的不同。以人均GDP来看，1975年，沙特阿拉伯、利比亚、科威特等国都达到了发达国家的水平，而伊朗、伊拉克人均GDP仅为1000多美元，尼日利亚的人均GDP更是低至300多美元。从石油资源来看，1975年储采比最高的是科威特，储采比达到了90年，沙特阿拉伯、阿联酋、利比亚的储采比也都在50年左右，而同期，伊朗、尼日利亚等国的储采比仅为30年左右，委内瑞拉和阿尔及利亚的储采比更是低至20多年。非常巧合的是，大多数欧佩克富国的石油资源比较丰富，而大多数贫穷国家石油资源比较贫瘠。

表3-1　1975、2000年欧佩克成员国人均GDP和储采比

国　　家	1975年		2000年	
	人均GDP(美元)	储采比(年)	人均GDP(美元)	储采比(年)
阿尔及利亚	966	20.6	1686	19.6
伊朗	1450	33.0	1334	71.4
伊拉克	1245	41.5	1039	117.9
科威特	11467	93.6	19230	119.8
利比亚	5347	48.3	5550	66.9
尼日利亚	347	31.0	317	36.9
卡塔尔	13818	36.6	37053	47.4
沙特阿拉伯	4434	58.8	8255	75.9
阿联酋	16155	53.0	29110	102.1
委内瑞拉	2514	21.5	5036	65.0

资料来源：笔者根据英国石油公司、欧佩克、美国能源信息署数据整理得出。

---

① 〔美〕罗伯特·基欧汉、约瑟夫·奈：《权力与相互依赖》，北京大学出版社，2004，第34页。
② Richard N. Cooper, "Economic Interdependence and Foreign Policy in the Seventies," *World Politics*, Vol. 24, No. 2 , 1972, pp. 159–181.

经济发展水平和石油资源禀赋上的巨大差异导致欧佩克成员国各自目标的不同。欧佩克中以沙特阿拉伯为代表的富裕国家国内资金需求较少，而储采比又较高。这些国家在石油收入能够满足国民经济建设的情况下，追求的是石油收入的长期稳定和石油的长期竞争力。对于国际油价，这些国家的目标是要将国际油价维持在供需双方都可接受的水平。

以伊朗为代表的欧佩克中的穷国，一般都有比较宏大的经济发展计划，其国民经济建设最为主要的来源却只有石油出口收入。因此，这些国家追求的是石油收入最大化。提高石油收入的方式无非有两种，一是提高产量，二是提高价格。对于这些国家来讲，要么因为石油资源有限，要么因为国内、国际政治局势紧张，产量难以提高。因此，高油价成为这些国家的追求。

"虽然经济目标是政府目标的基础，但政府目标也有安全、自主权等多方面的考虑。"[1] 不过，对于欧佩克国家来说，政治目标和经济目标在大多数时候并不冲突，因此也不必做出艰难的选择。但是，在一些特殊时期，政府优先考虑的是政治目标而不是经济目标。例如，伊拉克是欧佩克中的穷国，在两伊战争之前，它一直是高油价的支持者，但在1986~1990年，伊拉克转而成为低油价的支持者，伊拉克态度的转变主要是因为它认为低油价对伊朗造成的伤害要远远大于对自己造成的伤害[2]。利比亚在20世纪70年代应该说是欧佩克中的富裕国家，但因为跟西方国家关系持续紧张，始终都在坚持高油价的政策。

第二节 欧佩克石油政策的决定因素

欧佩克石油政策是欧佩克实现自身目标的手段。欧佩克的目标是兼顾多方利益的，因此，欧佩克在制定石油政策时，也有多方面的考虑。具体来说，欧佩克石油政策的决定因素有：石油收入的实际购买力、石油的竞争力、世界经济的稳定增长，以及欧佩克的市场份额。不过，欧佩克的根本目标是要确保产油国利益，因此，在以上各项考虑因素中，与产油国利益密切相关的石油收入实际购买力、石油的竞争力在欧佩克石油政策的制定中占有

---

[1] 〔美〕罗伯特·基欧汉、约瑟夫·奈：《权力与相互依赖》，北京大学出版社，2004，第35页。

[2] Coby van de Linde, *The State and the International Oil Market: Competition and the Changing Ownership of Crude Oil Assets*, Boston: Kluwer Academic, 2000, p.76.

最为重要的地位。不过，从欧佩克石油政策的实践来看，欧佩克成员国因为国情不同，在具体目标上存在差异，其最终政策往往是成员国之间相互妥协的结果。

一　石油收入的实际购买力

欧佩克绝大多数国家的经济结构比较单一，国内经济发展所需工农产品均依靠进口，而石油又是出口创汇的主要来源。因此，当西方国家发生通货膨胀导致进口商品价格升高或美元币值下降削弱石油出口收入的实际购买力时，欧佩克国家只有提高石油的名义价格才能维持国际收支的平衡。

欧佩克在成立后不久，便邀请美国里特咨询（Arthur D. Little）和英国经济学家情报社（Economist Intelligence Unit）对与石油相关的一系列问题进行分析。里特咨询在一份研究如何稳定油价的报告中指出，应当将原油价格与工业品的价格指数挂钩。这也是欧佩克首次意识到真实油价和名义油价之间的区别。不过，这项建议并没有立即成为欧佩克制定石油政策时考虑的主要因素[1]。进入20世纪70年代，美元的持续贬值引起欧佩克对美元币值和石油收入购买力的关注。在1970年12月加拉加斯举行的欧佩克21届大会上通过决议，欧佩克表示"标记石油价格的调整应该反映主要工业化国家汇率的变化"[2]。这项决议标志着欧佩克开始将石油收入的真实购买力作为本组织制定石油政策的主要原则之一。此后不久，欧佩克于1971年2月与国际石油公司签署了《德黑兰协议》。在该协议中，国际石油公司正式承认欧佩克国家有权获得因通货膨胀带来的原油出口收入实际购买力的损失。"1980年，以当时沙特阿拉伯石油矿业大臣亚马尼为首的欧佩克部长级长期战略委员会在其撰写的《石油长期战略问题报告书》中，再次明确了油价应'按物价调整'和'按外汇汇率变动调整'的原则。"[3]

1986年，欧佩克第80次会议确认了18美元/桶的目标价格[4]。这一价

---

[1] Mana Saeed Al-Otaiba, *OPEC and the Petroleum Industry*, London: Groom Helm Ltd., 1975, p. 154.

[2] Mana Saeed Al-Otaiba, *OPEC and the Petroleum Industry*, London: Groom Helm Ltd., 1975, p. 155.

[3] 杨光、姜明新编著《石油输出国组织》，中国大百科全书出版社，1995，第53页。

[4] Ministry of Foreign Affairs (Japan), "Section 6 Resources and Energy," *Diplomatic Bluebook 1987*, http://www.mofa.go.jp/policy/other/bluebook/1987/1987 - contents.htm, 2011 - 01 - 01.

格实际上是按照物价和外汇汇率调整后的价格。如果以1973年的价格进行计算，这差不多相当于第一次石油危机爆发后1974年的价格。但由于20世纪80年代美元汇率比较稳定，工业发达国家的通胀率有所下降[1]，欧佩克在很长一段时间内都没有对目标油价做出过调整，直到1990年7月才将目标价格上调至21美元/桶[2]。如果以1973年的价格进行计算，这仅比1974年的价格低1美元。2000年3月，在欧佩克第111次会议上，欧佩克正式通过了实施价格带的决议，并将价格带指定为22~28美元/桶[3]。按照真实价格进行计算，这一价格带实际上与1974年的价格相差不多[4]。从1986年欧佩克对目标价格的设定以及之后两次的调整可以看出，欧佩克一直都将石油收入的实际购买力作为欧佩克油价政策的基础，其目的是要保住1973年石油禁运所取得的成果。

二　石油的竞争力

虽然石油是现代经济生活中最为重要的初级能源品种，但毕竟只是众多能源中的一种，石油与其他初级能源之间依然存在一定的竞争。石油在1965年超越煤炭成为最重要的初级能源正是凭借其低廉的价格。基于成本优势，至今也还没有哪种能源可以取代石油的地位。因为设备的更新和能源的开发都需要时间，短期内，不同能源很难相互替代，但在长期，能源之间却具有高度的替代性。能源之间的高度替代性决定石油长期需求会受到价格交叉弹性的影响，低油价会抑制替代能源的发展，促进石油的长期需求；高油价则会刺激替代能源的发展，降低石油的长期需求。虽然理论上如此，但从能源市场的实际运行来看，到底多高的油价能够推动其他能源对石油形成大规模替代，仍是一个尚无答案的问题。而且，即使在国际油价超过100美元/桶的当下，仍没有其他初级能源品种对石油形成大规模替代的迹象。不过，从欧佩克的政策实践来看，如何保持石油在初级能源中的竞争力却是该

---

[1] 杨光、姜明新编著《石油输出国组织》，中国大百科全书出版社，1995，第54页。
[2] Ramzi Salman, "The US Dollar and Oil Pricing Revisited," *Middle East Economic Survey*, Vol. XVIII, No. 1, 2004, http://www.mees.com/postedarticles/oped/a47n01d02.htm, 2009-11-11.
[3] Ken Koyama, "Special Quick Report: The 111th OPEC General Meeting and Crude Oil Price Prospects," *IEEJ*, September 2000, http://eneken.ieej.or.jp/data/en/data/old/pdf/opec0920.pdf, 2009-12-11.
[4] OPEC, *Annual Statistical Bulletin 2008*, Vienna: OPEC, 2008, p.117.

组织制定石油政策时考虑的重要内容之一。

欧佩克成立之初,由于国际油价一直保持在较低水平,其地位并未受到其他能源品种的影响。不过,20世纪70年代的石油危机和飞涨的油价加快了西方国家发展替代能源的步伐。面对替代能源的快速发展,欧佩克国家也开始注意到石油的竞争力问题。1975年,在欧佩克阿尔及尔会议上通过的欧佩克第一份《庄严声明》中明确提出:"石油价格必须考虑替代能源的可获得性、利用情况以及替代能源的成本。"① 此后,石油竞争力一直是欧佩克关心的重要问题。2007年欧佩克在利雅得会议上通过的第三份《庄严声明》中,再次声明:"石油价格政策的制定应该考虑到石油与其他能源的竞争性。"②

欧佩克制定石油政策时考虑石油竞争力的目的就是要避免石油丧失成本优势,避免替代能源的发展损害石油的长期需求。正是基于这一考虑,欧佩克才总是会采取行动,抑制油价的快速上涨。不过,石油竞争力并不是所有欧佩克成员国都关注的问题。在欧佩克国家中,只有沙特阿拉伯等资源储量丰富、资金需求小的国家才会真正关注石油的长期需求。从这些国家的石油政策看,在1973~1981年的高油价时期,沙特阿拉伯和阿联酋一直反对欧佩克基准油价的大幅提升。而在2003年以后,面对国际油价的不断攀升,沙特阿拉伯等国则是试图通过石油产量和产能方面的调整抑制国际油价的不断上涨。由此可见,石油的竞争力也是欧佩克国家在制定石油政策时考虑的一个重要因素。

三 世界经济的增长

欧佩克在1980年公布的《石油长期战略问题报告书》中明确提出了按经合组织真实国民生产总值的增长率调整油价的原则③。《石油长期战略问题报告书》制定此项原则的目的就是要为石油价格的上涨幅度设定一个规则。不过,这条原则自制定以来,因为各种因素,从未成为欧佩克调整油价的标准。

虽然欧佩克没有把世界经济增长率作为调整油价的标准,但自第二次石

---

① OPEC, *Solemn Declarations*, Vienna: OPEC, 2009, p. 5.
② OPEC, *Solemn Declarations*, Vienna: OPEC, 2009, p. 20.
③ 欧佩克:《石油输出国组织部长级会议有关石油长期战略问题报告书》,《中东石油问题》,1981年3月,第38页。

油危机以来，欧佩克一直通过产量调整避免石油供应中断或油价过高威胁到世界经济的发展。欧佩克关心世界经济的稳定主要是出于石油价格与世界经济增长唇齿相依的关系。虽然石油价格上涨对工业化国家通胀率和国际收支的影响有所夸大，但突然的价格上涨，毫无疑问会给世界经济带来负面影响[1]。而石油的收入弹性几乎为1[2]，世界经济的衰退必然会带来石油需求的减少。如果产油国不能及时调整产量，石油需求的减少必然会引发石油价格的大幅下降。欧佩克自成立之初就十分重视石油收入的稳定性，世界经济衰退自然也会造成欧佩克石油收入的减少，这显然不符合欧佩克的利益需求。

更为重要的是，工业革命以来，能源已经成为现代工业和生活中不可或缺的要素。如果石油供应中断或超出石油消费国支付能力的价格上涨经常发生，石油消费国就很有可能寻找其他一些虽然供应成本高于石油，但供给更为稳定的能源品种。石油消费国如果采取这种行为，必然会导致未来石油需求量的下降，进而损害产油国的利益。

欧佩克正是出于维护产油国利益的需要，才会在制定石油政策时将世界经济增长作为主要考虑因素之一。在制定石油政策时考虑世界经济增长，短期内就要避免石油短缺造成世界经济的衰退以及石油需求的减少，从而导致产油国石油收入下降；长期内是要避免石油消费国出于能源安全的考虑，推动其他能源品种的发展，进而影响到石油的长期需求。

四 欧佩克的市场份额

欧佩克制定石油政策时，对欧佩克市场份额的重视要远远弱于对石油收入的实际购买力、石油的竞争力，以及世界经济增长的重视程度。欧佩克是一个产油国之间通过划分市场获得垄断价格的卡特尔组织。得益于石油短期缺乏弹性这一特点，欧佩克即使占有较小的市场份额，也可以通过产量调整来达到影响国际油价的目的。因此，欧佩克虽然也正式提出了要

---

[1] 法迪勒·J. 查拉比：《石油输出国组织的石油价格抉择问题》，《中东石油问题》，1983 年 6 月，第 52 页。

[2] Margaret E. Slade, Charles Kolstad and Robert J. Weiner, "Buying Energy and Nonfuel Minerals: Final, Derived, and Speculative Demand," in A. V. Kneese and J. L. Sweeney eds., *Handbook of Natural Resource and Energy Economics*, Vol. 3, Amsterdam: North-Holland, 1993, pp. 935 – 1009.

将欧佩克的市场份额作为制定石油政策的主要考虑因素之一,但从欧佩克政策的实践来看,欧佩克在制定石油政策时,往往不会考虑市场份额的影响。

欧佩克成立之后很长一段时期内,并没有对市场份额予以特别的关注。这是因为,在欧佩克成立之初的10多年里,也就是20世纪60年代初到70年代初,该组织的主要任务集中在争取产油国石油主权方面。而20世纪70年代中期到80年代初,国际石油市场总体保持供求紧张的状态,市场份额的问题自然没有受到该组织的关注。但是,在高油价的刺激下,此时已被欧佩克产油国"拒之门外"的国际石油公司开始在其他国家寻找石油资源,非欧佩克产油国的石油生产能力大幅提高。因此,从20世纪80年代初开始,国际石油市场开始出现供过于求的局面,非欧佩克原油也开始侵占欧佩克的市场份额,从而导致欧佩克市场份额大幅萎缩。直至此时,欧佩克才开始关注本组织的市场份额问题。1985年9月,沙特阿拉伯公开表示:"恢复沙特石油产量,将产量保持在可以接受的水平是沙特石油政策的关键。"[1]这也是欧佩克成员国首次提出将市场份额作为本国石油政策制定的原则之一。随后,在1985年12月召开的欧佩克第76次会议中,欧佩克正式提出:"确保和维护欧佩克在国际石油市场中的合理份额与保证欧佩克成员国获得经济发展所需必要收入是相一致的。"[2] 至此,欧佩克正式确立将市场份额作为制定石油政策的主要原则之一。此后,欧佩克在多次会议上重申这一原则,并将其写入2000年加拉加斯峰会通过的第二份《庄严声明》和2007年利雅得峰会通过的第三份《庄严声明》中。

不过,值得注意的是,虽然从1985年开始,欧佩克在其决议和《庄严声明》中多次提到市场份额问题,但是该组织始终没有公布"合理份额"的具体数值。而从2003年开始,欧佩克市场份额的上升主要是因为沙特阿拉伯等国出于确保世界石油供求平衡的需要提高了本国石油产量,而非单纯出于提高本组织的市场份额的目的。因此,从欧佩克的政策实践看来,市场份额从来没有成为欧佩克石油政策的主要考虑因素。

---

[1] United Press International, "Saudi Announce Oil Price Cut, Threaten to Raise Output," in *St. Petersburg Times*, Sep. 17, 1985. 这条消息最先出自《中东经济概览》(*Middle East Economic Survey*),这份刊物一般被认为含有沙特阿拉伯政府思想的准确信息。

[2] Nick Baldwin and Prosser Richard, "World Oil Market Simulation," *Energy Economics*, Vol. 10, No. 3, 1988, p. 196.

五 "鹰派"和"鸽派"的妥协

欧佩克成员国目标因为国情不同存在很大差异。基于石油政策立场上的不同，人们一般将欧佩克成员国划分为"鸽派"和"鹰派"。"鸽派"和"鹰派"的称呼源于油价政策上的差异。"鸽派"国家在目标油价的设定上态度较为温和，认为油价应该缓慢上涨，而"鹰派"国家在目标油价的设定上态度较为强硬，主张石油价格应该大幅提高。其实，价格主张上的差异只是一种表面现象，两类国家立场的不同实际上源于国家目标和利益的差别。"鸽派"国家石油资源丰富，又不需要大笔资金支持国内建设，因此石油政策往往是基于长远考虑。而"鹰派"国家要么石油资源量较为贫乏，要么需要大笔资金支持国内建设，因此在制定石油政策时，希望能够获得尽可能多的石油收入。因此，在油价方面，"鹰派"国家希望维持高油价，"鸽派"国家则希望油价是"合理"的，能够维持石油的竞争力。在产量方面，"鹰派"国家一般会选择开足马力进行生产，而"鸽派"国家则会通过产量调整稳定油价。基于生产行为上的差异，海因丽萨和平狄克将欧佩克成员国划分为"挥霍者"和"节俭者"。其中，大多数"鹰派"国家都属于挥霍者，而大多数"鸽派"国家则属于节俭者[①]。

石油收入的实际购买力、石油竞争力、世界经济增长和欧佩克市场份额是欧佩克成员在石油政策制定原则上达成的统一意见。这些原则实际上有利于欧佩克维持自身的垄断地位、确保石油需求的长期稳定。不过，因为欧佩克成员各自目标上的差异，该组织在制定具体石油政策时，很难完全遵守以上原则。一般来说，"鸽派"国家的资金需求小，现有产能足以满足本国资金需求，因此，这些国家往往是基于长远考虑，制定石油政策时更倾向于遵守前述一些原则。而"鹰派"国家的资金需求较大，但由于各种原因，其产量难以大幅提高，因此，这些国家在石油政策上往往追求高油价，希望获得更多石油收入。其实，欧佩克 1980 年通过的《石油长期战略问题报告书》中明确提出了按通胀率、汇率和经合组织成员国经济增长率调整油价的原则。但因为"鹰派"国家在油价政策上的强硬立场，该报告书中提出

[①] 节俭者包括沙特阿拉伯、利比亚、伊拉克、阿布哈比、科威特和卡塔尔，挥霍者包括伊朗、委内瑞拉、印度尼西亚、阿尔及利亚、尼日利亚、厄瓜多尔。参见 E. Hnyilicza and R. S. Pindyck, "Pricing Policies for a Two-Part Exhaustible Resource Cartel: the Case of OPEC," *European Economic Review*, Vol. 8, No. 2, 1976, pp. 139-154。

的各项原则最终也没能实现。实际上，欧佩克很多石油政策的最终形成更多的是"鸽派"国家与"鹰派"国家相互交锋和妥协的结果。

作为卡特尔，欧佩克通过产量调整来影响油价，剩余产能的不同决定了欧佩克成员国实力上的差异。在欧佩克国家中，"鸽派"国家握有剩余产能，具备调节产量的能力，而"鹰派"国家产量调节能力有限。因此，"鸽派"国家在欧佩克石油政策的制定中占有主动，"鹰派"国家只能通过向"鸽派"国家，特别是沙特阿拉伯施加压力（也就是迫使沙特阿拉伯等国减产）来实现自己的高油价政策[①]。20世纪70年代，欧佩克中的"鹰派"国家，主要是伊朗和伊拉克，还能凭借强大的政治、军事实力迫使沙特阿拉伯等国接受自己的主张。但1980年，两伊战争的爆发以及随后美国对伊朗、伊拉克实施的经济制裁使欧佩克"鹰派"国家的地区影响力急剧下降。因此，从20世纪80年代中期以来，特别是从20世纪90年代以来，以沙特阿拉伯为代表的"鸽派"国家实际上已成为欧佩克石油政策的主导者。

第三节　欧佩克石油政策的演变

欧佩克的成立并没有改变国际石油价格持续下跌的局面。20世纪60年代，欧佩克只是成功固定了石油的标记价格，从而避免产油国石油收入受到持续下跌的油价的影响。在欧佩克成立之初的10年，因为国际石油市场产能持续过剩，欧佩克市场份额有限，所以对国际油价的影响十分有限。但进入20世纪70年代之后，国际石油市场开始朝有利于欧佩克的方向发展。20世纪70年代初，日本和欧洲石油需求持续增长而美国石油产量开始下降。越来越多的石油需求需要依靠欧佩克，特别是欧佩克中的中东产油国来满足。石油市场的变化让欧佩克国家在与国际石油公司的斗争中渐渐占有优势，该组织也开始加强对石油生产的控制。以上一些变化为1973年欧佩克发起的石油禁运奠定了基础。1973~1974年石油禁运期间以及其后不久，欧佩克国家纷纷实现了石油资源的国有化。至此，欧佩克产油国才最终成为本国石油资源的主人，成为本国石油政策的制定者。以第一次石油危机以来欧佩克石油政策的实践来看，欧佩克石油政策大致可以划分为四个阶段，即

---

① Thodore Moran, "Modelling OPEC Behavior: Economic and Political Alternative," in James M. Griffin and David D. Teece eds., *OPEC Behaviour and World Oil Prices*, London: Allen & Unwin, Verleger, 1982, pp. 122 – 123.

20世纪70年代中期到80年代初的"提价保值"战略、20世纪80年代初到80年代中期的"限产保价"战略、1986~2004年的"低价保额"战略,以及从2005年开始的"维持市场适度紧张"的战略①。

一 "提价保值"战略(1973~1981年)

1974年3月,除利比亚以外的欧佩克成员国都结束了对美国的石油禁运。此后几年,国际石油市场一直比较平静。1974~1978年,名义油价虽有小幅上涨,但受西方国家通胀率不断上升以及美元持续贬值的影响,真实油价反而有所下降。按照名义价格计算,1974~1978年,国际油价上涨了18.0%,但按照1973年的价格进行计算,真实油价反而下降了21.8%。所以,这一时期,欧佩克的主要任务是提高石油的名义价格,保证产油国石油收入的真实购买力。

(一)"提价保值"战略的主要内容

1. 石油标价的调整

第一次石油危机结束不久,沙特阿拉伯采取与其他成员国不同的立场,坚持要冻结石油标价。在沙特阿拉伯的影响下,欧佩克在整个1974年没有提高石油标价,并且在1974年年底宣布将油价冻结到1975年9月②。但是,石油危机结束后,西方国家出现了十分严重的滞涨问题。1974~1975年,西方国家连续两年通胀率都超过10.0%。高通胀给石油出口国的石油收入带来了巨大损失。1975年,油价冻结即将结束之时,提高石油的名义价格,保持石油收入实际购买力成为欧佩克急需解决的一个问题。

对于标记油价的提升幅度,欧佩克成员国之间发生了激烈的冲突(见表3-2)。按照1974年12月欧佩克第42次会议通过的决议,欧佩克油价将会被冻结至1975年9月底。1975年9月,如期在维也纳举行的欧佩克第45次会议上,提高欧佩克油价成为该次会议的主题。在这次会议上,伊朗提出了一项分为两个阶段的提价计划。按照伊朗的计划,1976年之前,欧佩克油价将要实现15.0%的上涨幅度。虽然沙特阿拉伯也认为油价应该上涨,但对于伊朗这份计划,其还是给予坚决的反对,认为15.0%的上涨幅

---

① 关于20世纪70年代中期到80年代中期欧佩克政策演变的划分,参见杨光、姜明新编著《石油输出国组织》,中国大百科全书出版社,1995,第76~90页。

② OPEC, *OPEC Official Resolutions and Press Releases 1960-1980*, Oxford: Published on Behalf of the Organization of the Petroleum Exporting Countries by Pergamon Press, 1980, p. 152.

度太高，欧佩克油价仅应提高 5.0%。此后，欧佩克成员国在关于石油标价的谈判上产生分歧。但在科威特、阿尔及利亚、委内瑞拉等国的协调下，会议最终还是通过了一个折中方案：从 1975 年 10 月 1 日开始，油价上涨 10.0%，然后冻结 9 个月[1]。

表 3-2 1975~1977 年欧佩克成员国油价政策冲突

时间	议题	支持者	反对者
1975 年 6 月	油价提高 15.0%	伊朗	沙特阿拉伯
1975 年 11 月	削减油价	科威特	伊拉克
1976 年 5 月	冻结油价	沙特阿拉伯、尼日利亚	委内瑞拉、利比亚、伊拉克
1976 年 12 月	油价提高 10.0%	伊拉克、利比亚、伊朗、科威特	沙特阿拉伯、阿联酋（要求提高 5.0%）
1977 年 6 月	油价提高 5.0%	伊拉克、利比亚	除伊拉克和利比亚以外的其他国家
1977 年 9 月	要求限制油价	沙特阿拉伯、科威特、阿尔及利亚、阿联酋	伊拉克、利比亚
1977 年 12 月	冻结油价	沙特阿拉伯、伊朗、科威特、阿联酋	委内瑞拉、伊拉克、利比亚

资料来源：Tétreault Mary Ann, *The Organization of Arab Petroleum Exporting Countries: History, Policies and Prospects*, London: Greenwood Press, 1981, pp. 146-147。

维也纳会议之后，欧佩克又召开了多次会议。虽然每次会议都充斥着对油价的争论，但在沙特阿拉伯的坚持下，欧佩克始终没能上调石油标价。到 1976 年 12 月，国际石油市场产能过剩的局面有所改善，石油现货价格也开始上涨。对于任何一种欧佩克原油来说，现货市场的价格都要高出官方标价[2]。但是，在欧佩克成员国中，除委内瑞拉和尼日利亚外，所有国家都没有上调标价。因为石油销售价格低于现货价格，欧佩克大多数成员国要求上调油价的愿望变得非常强烈，所有国家都认为价格应该上调，差别只在于油价应该上调多少[3]。1976 年 12 月，在多哈举行的第 48 次欧佩克会议上，伊拉克和利比亚提出价格应该上涨 25.0%；阿尔及利亚、厄瓜多尔、加蓬、

---

[1] OPEC, *OPEC Official Resolutions and Press Releases 1960-1980*, Oxford: Published on Behalf of the Organization of the Petroleum Exporting Countries by Pergamon Press, 1980, p. 159.

[2] Commission of the European Communities, *The Energy Situation in the Community: Situation 1976, Outlook 1977*, Brussel-Luxembourg: Commission of the European Communities, 1977, pp. 10-16.

[3] 齐高岱、马运堂编译《中东局势与能源危机——欧佩克 30 年的发展和政策》，经济管理出版社，1991，第 152 页。

尼日利亚和卡塔尔认为价格应该上涨15.0%；科威特、印度尼西亚和委内瑞拉认为价格应该上涨10.0%（这也是阿联酋可以接受的最高上涨幅度）；而沙特阿拉伯提出，如果其他国家同意将油价冻结至1977年年底，其愿意接受5.0%的油价上涨[①]。由于各方最终未能就提价幅度达成一致，欧佩克成员国最终只能按照各自的主张进行提价，沙特阿拉伯和阿联酋提价5.0%，其他国家分两个阶段提价10.0%[②]。会议结束后，欧佩克第一次出现了双重定价的局面[③]。

1977年6月，欧佩克中的两派经过反复磋商，最终达成了沙特阿拉伯和阿联酋提价5.0%，其他国家放弃进一步提价的妥协方案[④]。欧佩克成员国之所以能够在油价问题上实现和解主要是因为沙特阿拉伯通过增产抢占了欧佩克其他成员国的市场份额，给其他欧佩克国家，特别是海湾国家造成了很大压力。与此同时，沙特阿拉伯亦发现其高估了本国的生产能力，即使是开足马力进行生产，石油现货价格持续上涨的局面依然未能得到有效抑制。第42次欧佩克会议结束后，沙特阿拉伯采取的增产行动并没有将石油现货价格压低至自己期望的水平，石油现货价格始终介于欧佩克两派的官方标价之间。不过，1977年最后几个月，由于伊朗态度的转变，欧佩克"鹰派"集团在油价问题上的立场开始软化。在这一背景下，1977年在加拉加斯召开的第50次欧佩克会议的气氛较上一次会议要缓和许多。在这次会议上，欧佩克"鹰派"中的伊朗站到了"鸽派"一边，主张冻结油价[⑤]。虽然冻结油价的提议遭到委内瑞拉、伊拉克和利比亚的反对，但由于伊朗态度的转变，主张冻结油价一派的实力大增，冻结油价的决议还是在这次会议上得以

[①] Middle East Research and Information Project, "Saudi Arabia and the OPEC Price Split," *MERIP Reports*, No. 54, Feb. 1977, p. 22.

[②] 其他国家的石油涨价分两阶段进行：第一阶段是1977年1月1日将油价由11.51美元/桶调整至12.70美元/桶；第二阶段是1977年7月1日将油价上调至13.30美元/桶。

[③] OPEC, *OPEC Official Resolutions and Press Releases 1960 – 1980*, Oxford：Published on Behalf of the Organization of the Petroleum Exporting Countries by Pergamon Press, 1980, pp. 166 – 167.

[④] 维也纳会议结束后，沙特阿拉伯和阿联酋并没有提价。1977年6月的会议实际上是其他国家接受了沙特阿拉伯5.0%的提价要求。

[⑤] 伊朗转变态度的原因有两个：一是伊朗内部各种问题不断增加，力求得到外界更多的支持，而且现实问题是石油收入没能改变伊朗的现实状况；二是伊朗国王11月份对华盛顿进行了一次国事访问，卡特许诺美国和伊朗的武器贸易继续下去，并要求伊朗在欧佩克内部对温和派的油价主张给予道义上的支持。参见齐高岱、马运堂编译《中东局势与能源危机——欧佩克30年的发展和政策》，经济管理出版社，1991，第155~156页。

通过。

加拉加斯会议之后，欧佩克成员国之间的矛盾虽然暂时得到缓和，提价问题已不再是欧佩克会议的关注焦点。但是，这次会议结束后不到一年，1978年10月的伊朗石油工人大罢工打破了本已构建的和谐，同时也宣告了第二次石油危机的开始。1978～1981年，石油供应的短缺和持续不断的政治事件将油价推向高位。面对石油现货价格的飞涨，提价问题再次成为欧佩克矛盾的焦点。由于在提价问题上不能达成一致，1979年6月，欧佩克又一次出现双重价格的局面。不过在迅速上涨的油价面前，欧佩克油价政策几乎完全失去了影响力，欧佩克油价的政策分歧对石油市场也已失去了作用。在第二次石油危机期间，很多欧佩克国家实际采用的石油出口价格都要高于欧佩克官价。

2. 石油产量的调整

1973年，欧佩克阿拉伯产油国对西方国家实施的石油禁运给世界经济带来了巨大冲击。在石油供应冲击的影响下，世界经济很快陷入衰退，石油需求也开始萎缩。从1974年开始，世界石油需求连续两年出现负增长[1]。面对石油需求的下降，欧佩克成员国（除伊拉克）均降低了石油产出（见图3－1）。不过，欧佩克此时在减产方面做出的配合行动均出于自愿。这是因为在1982年之前，欧佩克并不存在限制成员国生产行为的协议，各成员国实际上可以自行决定本国石油产量[2]。欧佩克成员国采取的减产行动对于维持1975年的油价起到了重要作用，虽然当年石油需求有了大幅下滑，但名义油价并没有下降。

1976年，石油需求有所恢复，欧佩克国家也都提高了石油产量。但此时，欧佩克成员国对于油价上涨的争论变得十分尖锐。在1976年年底召开的欧佩克会议上，欧佩克成员国在油价调整的问题上最终分道扬镳，欧佩克首次出现了双重定价的格局。因为双重定价的存在，1977年的石油市场变得十分混乱。因为沙特阿拉伯设定的油价低于其他国家，国际石油市场的买

---

[1] BP, *BP Statistical Review of World Energy June 2009*, BP, http：//www.bp.com/statisticalreview，2010－10－01.

[2] Robert Mabro, "OPEC After the Oil Revolution," *Millennium*：*Journal of International Studies*, Vol.4, No.3, 1975－1976; Ali M. Jaidah, "Downstream Operations and the Development of OPEC Member Countries," in Ragaei El Mallakh eds., *OPEC*：*Twenty Years and Beyond*, Boulder：Westview Press, 1982, pp.151－159.

石油卡特尔的行为逻辑

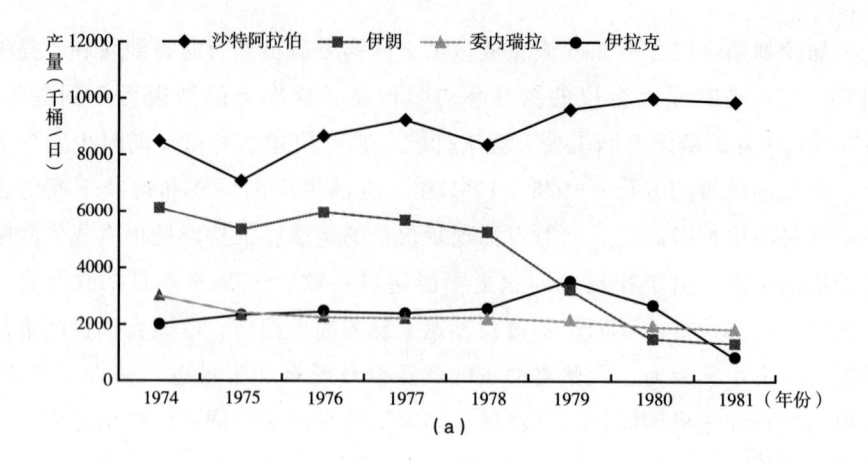

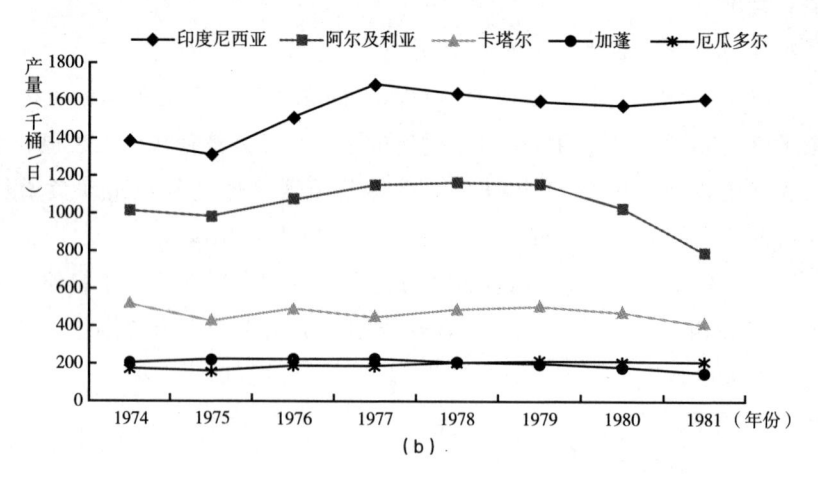

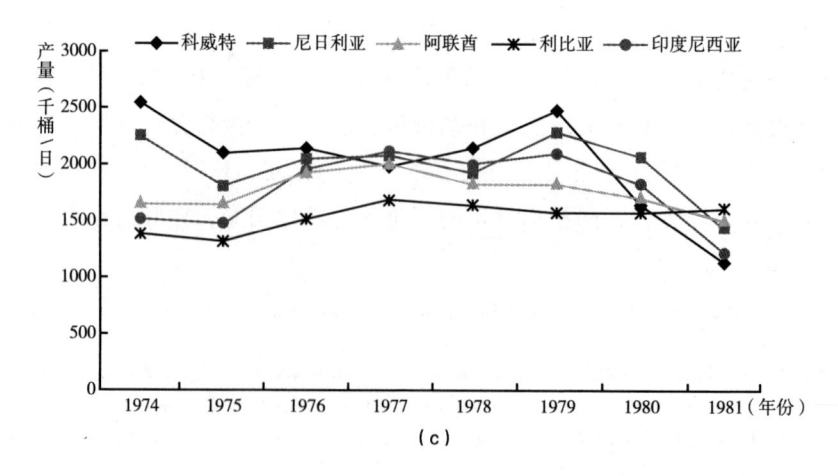

第三章 欧佩克的目标与政策

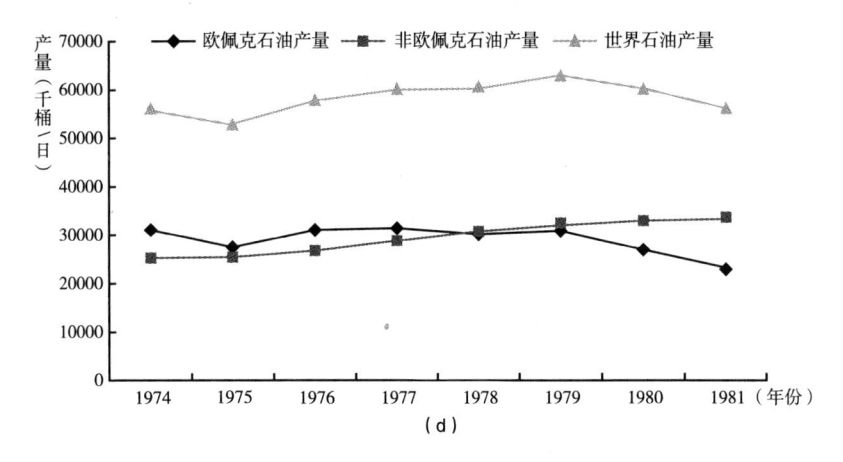

图 3-1　1974~1981 年欧佩克产量调整

资料来源：OPEC, *Annual Statistical Bulletin 1992*, Vienna：OPEC, 1992；OPEC, *Annual Statistical Bulletin 2008*, Vienna：OPEC, 2008。

家纷纷追逐低廉的沙特阿拉伯石油。1977 年，沙特阿拉伯几乎是开足马力进行生产，石油产量较 1976 年上涨超过 60 万桶/日。因为与沙特阿拉伯执行了同样的政策，1977 年阿联酋的石油产量也有了大幅提高。沙特阿拉伯和阿联酋产量的增长实际上抢占了欧佩克其他国家的市场份额。但受到影响最大的主要是海湾产油国，非海湾产油国的石油产量几乎没有受到影响[1]。1977 年 6 月，欧佩克重新统一油价后，沙特阿拉伯也将产量调整至增产前的水平。直到第二次石油危机爆发前，欧佩克石油产量一直保持在 1976 年的水平。虽然同期世界石油需求有了大幅增加，但来自非欧佩克产油国的新增产量满足了不断上涨的世界石油需求。

1978 年的伊朗石油工人大罢工以及之后的伊朗伊斯兰革命引发了第二次石油危机，这场危机一直持续到 1980 年。1978~1980 年的第二次石油危机可以划分为两个阶段。在这两个阶段，欧佩克国家却选择了不同的产量政策。1978 年 11 月到 1979 年 4 月，面对伊朗伊斯兰革命带来的供应短缺，几乎所有欧佩克产油国都提高了石油产量。由于欧佩克国家的增产，欧佩克仅损失了 150 万桶/日的石油产量[2]。而在第二个阶段，面对两伊战争带来的

---

[1] 这主要是因为 1977 年的恶劣天气带动委内瑞拉、印度尼西亚等国石油出口量的增加。
[2] Bassam Fattouh, "How Secure are Middle East Oil Supply," *Oxford Institute for Energy Studies*：*WPM 33*, September 2007, p. 2; Steven A. Schneider, *The Oil Price Revolution*, Baltimore：Johns Hopkins University Press, 1983, p. 436.

供应中断，仅有沙特阿拉伯一个国家选择增产，其他欧佩克国家都减少了石油产量。

（二）"提价保值"战略评价

20 世纪 70 年代中期到 80 年代初，欧佩克实际上选择了提价保值的战略。但需要指出的是，提价并不是欧佩克所有成员国的愿望。沙特阿拉伯从一开始就强烈反对石油价格的上涨，其立场在一定程度上得到了阿联酋的支持。后来只是因为增产能力有限，抑制油价的目的难以实现，沙特阿拉伯才不得不在市场的压力下不断上调石油标价。

1982 年以前，欧佩克还没有建立配额制度，成员国的产量调整不受欧佩克政策的约束。因此，在"提价保值"阶段，欧佩克的石油政策主要集中在石油价格的调整上。欧佩克调整的主要是基准原油的价格，也就是沙特阿拉伯在塔奴拉角出口的 34°轻质原油的价格。虽然欧佩克也设定了各种石油与基准原油之间的差价，但差价体系并没有得到成员国的严格遵守。因此，在这一时期，欧佩克各国在油价调整上仍然有着很高的灵活性，即便是沙特阿拉伯，也可以调整除 34°轻质原油之外其他石油的价格。欧佩克成员国自由调价的情况在石油需求较为低迷的时期更为普遍。例如，1977 年 9 月，当科威特 31°原油产量由 170 万桶/日下降到 140 万桶/日时，科威特将该种原油的价格下调了 10.0%，而科威特此时采取的行动在欧佩克国家中也并不特殊，这个月，欧佩克各国降价销售的现象十分普遍[1]。

因为对成员国的产量没有约束，在整个"提价保值"阶段，欧佩克成员国的产量调整往往是出于本国的利益而非欧佩克政策的协调一致。1975 年，面对石油需求的下降，虽然欧佩克绝大多数成员国都选择了削减产量，并在行为上取得了一致，但这一选择主要是出于自身利益的选择。此时，大多数欧佩克产油国认为需求低迷会很快结束，不愿意贱卖国内石油资源，因而选择暂时减产，将石油留到需求回暖时再出售，以此获得更多的石油收入。欧佩克成员国基于预期的产量调整在第二次石油危机期间表现得更为明显。第二次石油危机划分为两个阶段。在前一个阶段，也就是伊朗伊斯兰革命期间，几乎所有欧佩克成员国都上调了石油产量，在产量调整上再次取得了一致。这次欧佩克成员国的产量调整主要是受到高油价的刺激，欧佩克成

---

[1] Gavin Brown, *OPEC and the World Energy Market: A Comprehensive Reference Guide* (Second Edition), London: Longman, 1991, p. 499.

员国认为这次短缺只是暂时现象，所以抓住机会，借高价抛售石油。其实，除沙特阿拉伯外，平抑油价并不是欧佩克成员国增产的根本原因。因此，两伊战争爆发后，当欧佩克成员国意识到战争短期内难以结束，石油短缺将是长期现象后，除沙特阿拉伯外，所有欧佩克成员国都减少了石油产量。

欧佩克的"提价保值"战略确切地说是除沙特阿拉伯和阿联酋外，其他成员国的"提价保值"战略。面对西方工业化国家的通胀率和美元贬值造成的石油收入上的损失，很多欧佩克国家希望通过提高名义油价保持石油出口收入的真实价值。与其他国家不同的是，沙特阿拉伯已经预见到石油价格过高可能带来的不利后果，因而在第一次石油危机结束后其一直反对石油价格的上涨。1976年年底，欧佩克成员国价格谈判分裂后，沙特阿拉伯还试图通过增产压低油价。但是，面对旺盛的石油需求，其油价影响力十分有限，最终不得不放弃了压制油价的做法，在市场压力面前对其他欧佩克国家做出妥协。因此，可以认为，1975~1978年，名义油价的提高并不是欧佩克石油政策的结果，而是受到市场力量的推动。在这一阶段，大多数欧佩克国家都在追求名义价格的提高，但当石油需求下降时，这些国家不但不会坚持高油价，反而会为维持财政平衡低价销售石油。例如，1977年，当石油需求暂时减少时，欧佩克很多成员国都暗中降低了石油的官方销售价格。1978年，第二次石油危机爆发之后，欧佩克更是将石油价格的决定权交给由市场供需决定的现货市场。欧佩克标价的调整实际上只是跟随现货市场油价的变化做出的反应。

总体来说，20世纪70年代中期到80年代初，欧佩克的组织结构比较松散。其没有协议限制成员国的产量，也没有建立完善的差价制度。与组织上的松散相似，欧佩克成员国在行动上也是各自为政，欧佩克国家可以根据石油市场独自调整自己的产量和本国石油与基准石油的差价。因此，这段时期名义价格的上涨应该是受到供需基本面推动的结果。而长期的高油价也刺激了石油公司的上游投资活动。在欧佩克成员国中，只有沙特阿拉伯认识到高油价的危害，因而极力采取行动压低油价。它的行动在一定程度上得到了阿联酋的支持。不过，因为自身能力有限，沙特阿拉伯最终也没能阻挡石油价格的上涨和非欧佩克产油国产能的快速扩张。

二 "限产保价"战略（1981~1985年）

第二次石油危机结束之后，国际石油市场供求结构发生了巨大变化，石油市场迅速从卖方市场转变成买方市场。市场结构的变化主要由四方面因素促成：OECD国家经济衰退导致世界石油需求持续减少；接连两次石油危机带来的能源安全忧虑促使石油进口国发展替代能源；20世纪70年代中期到80年代初持续的高油价刺激非欧佩克产油国产能迅速扩张；石油危机结束后，石油公司释放库存的行为加重了石油市场的供过于求。欧佩克资料显示，1982年国际石油市场对欧佩克石油出口的需求量较1979年下降了1200万桶/日[1]。面对石油市场的低迷，欧佩克从1982年开始通过削减产量来抑制油价下滑的趋势，这一政策一直持续到1985年年底。

(一)"限产保价"战略的主要内容

1. 欧佩克双重定价的结束

第二次石油危机结束后，欧佩克双重定价格局仍未结束。沙特阿拉伯采用的是32美元/桶的基准油价，而其他国家则采用36美元/桶的基准油价。1981年6月，受现货市场价格回落的影响，非欧佩克石油出口国纷纷削减石油的官方销售价格。非欧佩克石油输出国的削价行为直接导致了除沙特阿拉伯以外其他欧佩克国家石油销售量的下滑。但是，为了迫使其他成员国下调石油标价，使欧佩克油价重新回归统一，沙特阿拉伯并没有立即减产，仍然按照较低的油价销售石油。在沙特阿拉伯施加的压力下，欧佩克最终在1981年10月召开的第61次会议上重新将标准油价统一至34美元/桶，并对已经"十分扭曲"的欧佩克各种原油之间的差价做出了新的确定。会议结束后，沙特阿拉伯将阿美公司的石油产量调低至850万桶/日，并宣布其会为捍卫新设定的标准油价随时调整自己的产量[2]。沙特阿拉伯的承诺意味着其承担起机动生产者的任务。欧佩克的市场战略也由提价保值调整为限产保价。

2. 欧佩克配额制度的确立

欧佩克第61次会议结束后，国际油价仅因为沙特阿拉伯的减产保持了两个多月的稳定。不过，石油需求的低迷远远超出了欧佩克的预期。1982年，欧美经济在经历了两年低速增长后首次出现负增长，而在供给方面，非欧佩克产油国的石油产量仍在增加。因此，进入1982年后，国际石油市场

---

[1] OPEC, *Annual Statistical Bulletin 1993*, Vienna: OPEC, 1993.
[2] Avshalom Rubin, "The Double-Edged Crisis: OPEC and the Outbreak of the IRAN-IRAQ War," *Middle East Review of International Affairs*, No.4, 2003, http://meria.idc.ac.il/journal/2003/issue4/jv7n4a1.html, 2011 - 01 - 01.

供过于求的状况不但没有缓和，反而更加严重。1982年2月，非欧佩克产油国再次削减了石油的官方销售价格。面对非欧佩克产油国的这一举动，作为石油市场"机动产油国"的沙特阿拉伯随即做出反应。1982年3月，沙特阿拉伯将产量下调至700万桶/日，但它的减产行动没有抑制住国际油价持续下滑的走势。在这种对产油国极为不利的市场环境下，欧佩克石油部长们于1982年3月19~20日在维也纳召开了一次协商会议。随后这次会议被确定为欧佩克特别会议，即欧佩克第63次会议。在这次会议上，欧佩克通过了十分重要的决议，主要内容有[1]：

（1）重申34美元为欧佩克的基准油价。

（2）会议宣布欧佩克最高产量限额为1800万桶/日，同时也宣布了各成员国的产量配额。

（3）会议决定把差价减少到伊朗危机之前的水平。

（4）会议成立了一个市场监督委员会，任务是监督市场情况，向部长大会提出采取的措施。委员会由阿尔及利亚、印度尼西亚、委内瑞拉和阿联酋四国的石油部长组成，主席为阿联酋石油部长奥泰巴。

在以上几条决议中，第二条最为重要，这条决议标志着欧佩克开始实行配额制度，也意味着欧佩克在成立22年之后，终于成为一个实行市场份额制的卡特尔组织。会议结束之后，欧佩克成员国纷纷公布了自己的产量配额。但沙特阿拉伯却像往常一样，没有接受欧佩克的决议。为保持政策的独立性，沙特阿拉伯在会后并未公布自己的配额，此时，其已经准备好继续承担"机动产油国"的任务，通过产量调整应对石油市场对欧佩克"剩余需求"的变化[2]。此时的沙特阿拉伯依然在为石油需求的回暖做着准备。在整个"提价保值"阶段，沙特阿拉伯的配额实际上是欧佩克配额总数与其他国家配额的差额（见表3-3）。

不过，需要指出的是，虽然欧佩克在1982年3月正式确立了配额制度，但欧佩克配额制度的实行从一开始就遇到了很多困难。首先，配额没有规定伊拉克的石油产量，而且，伊朗明确表示自己不会遵守配额，阿尔及利亚和

---

[1] 齐高岱、马运堂编译《中东局势与能源危机——欧佩克30年的发展和政策》，经济管理出版社，1991，第205页。
[2] 沙特阿拉伯仍然对石油需求回暖抱有乐观态度。沙特阿拉伯承担机动产油国的任务不单单是为了抑制油价的下跌，而是准备好抑制需求回暖后国际油价的上涨。

表 3-3 1982~1985 年欧佩克配额与实际产量

单位：千桶/日

国家	1982 年 4 月配额	1983 年产量	1983 年 4 月配额	1984 年产量	1984 年 11 月配额	1985 年产量
阿尔及利亚	650	660.9	725	695.4	663	672.4
厄瓜多尔	200	237.5	200	256.1	183	280.6
印度尼西亚	1300	1245.3	1300	1280.1	1189	1181.5
伊朗	1200	2441.7	2400	2032.4	2300	2192.3
伊拉克	1200	1098.8	1200	1221.3	1200	1404.4
科威特	800	1054.1	1050	1163.0	900	936.3
利比亚	750	1104.9	1100	984.6	990	1023.7
尼日利亚	1300	1235.5	1300	1388.0	1300	1498.9
卡塔尔	300	269.0	300	325.3	280	290.1
沙特阿拉伯	7150	4539.4	5000	4079.1	4353	3175.0
阿联酋	1000	1149.0	1100	1069.0	950	1056.8
委内瑞拉	1500	1564.0	1675	1648.5	1555	1575.5
OPEC 总计	17350	16616.0	17350	15934.8	15863	14921.5

* 数据不包含加蓬的配额和产量。

资料来源：OPEC, *Annual Statistical Bulletin 1992*, Vienna：OPEC, 1992；OPEC, *Annual Statistical Bulletin 2008*, Vienna：OPEC, 2008。

委内瑞拉也对欧佩克的配额分配表达了不满。因此，欧佩克的配额制度在一开始并没有得到严格的遵守。1982 年，欧佩克产量达到 1899 万桶/日，大幅超出欧佩克设定的配额，超产幅度接近 10%[1]。

3. 配额制度确立后欧佩克的油价及产量调整

欧佩克配额制度确立一年后，国际石油市场供过于求的局面并没有得到扭转。1983 年 3 月，在欧佩克第 67 次会议上，欧佩克不得不进一步把标准油价下调至 29 美元/桶。虽然这次会议没有改变欧佩克的配额总量，但欧佩克成员国的配额构成发生了一些变化。在这次会议上，欧佩克其他国家实际上是在瓜分沙特阿拉伯的配额，沙特阿拉伯的隐含配额被缩减至 500 万桶/日。此外，这次会议还做出决定，如果其他国家按配额减产后仍无法保持标准价格，沙特阿拉伯应为保护目标价格承担任何幅度的减产任务[2]。但事实上，欧佩克大多数成员国都存在非常严重的超产问题，大部分减产任务自然

---

[1] OPEC, *Annual Statistical Bulletin 1993*, Vienna：OPEC, 1993.

[2] 杨光、姜明新编著《石油输出国组织》，中国大百科全书出版社，1995，第 84 页。

也就落在了沙特阿拉伯身上。到 1984 年，沙特阿拉伯的产量仅为 400 多万桶/日，这还不到 1981 年的一半。而且，从减产比例来看，除沙特阿拉伯外，利比亚、科威特、阿联酋等其他海湾石油富国也为欧佩克的"限产保价"战略做出了重要的牺牲。

虽然在以沙特阿拉伯为核心的欧佩克富国的努力下，1982～1985 年，欧佩克大多数时间的实际产量都要低于配额，但石油需求的低迷依然没有改善。1984 年 10 月中旬，挪威宣布将油价按照现货市场价格逐月调整。这实际上昭示了新一轮降价的开始。随后，英国也采取了同样的行动。面对石油市场的混乱，欧佩克于 1984 年 10 月在日内瓦召开了一次紧急会议，即欧佩克第 71 次会议。在这次会议上，欧佩克将产量限额降至 1600 万桶/日，而沙特阿拉伯的份额则被进一步压缩至 350 万桶/日[1]。而在此时，沙特阿拉伯、科威特等国依然认为国际石油需求会很快回暖。

不过，石油市场的现实却极为残酷。1985 年，石油需求仍然低迷。当年 2 月，在市场的压力下，欧佩克不得不将其坚守近两年的基准油价下调至 28 美元/桶[2]。虽然欧佩克公开指责非欧佩克国家的削价行为造成了石油价格的持续低迷，但该组织也明白，国际油价的低迷与本组织成员国的超产行为有着很大关系。1985 年，沙特阿拉伯是欧佩克成员国中唯一按官价销售石油的国家，因此，欧佩克维持配额稳定的大部分压力落到了沙特阿拉伯身上。1985 年 6 月，沙特阿拉伯的产量下降到 280 万桶/日。石油产量的不断缩减给沙特阿拉伯经济造成了沉重的负担。严峻的现实迫使沙特阿拉伯向其他欧佩克国家发出了最后通牒，宣称将会按照自己的配额进行生产，如果其他成员国不减产，国际油价将会大幅下跌。1985 年 9 月，沙特阿拉伯兑现了它的承诺，改用净回值方式与阿美石油公司签订了供油合同。这一举措意味着沙特阿拉伯放弃了基准油价、放弃了"机动产油国"的身份、放弃了"限产保价"战略。随后，沙特阿拉伯发动的"价格战"很快引发了第一次反向石油危机。

（二）欧佩克政策评价

从 20 世纪 80 年代初到 1985 年，欧佩克采取了"限产保价"的战略，也就是通过自身产量的削减来抑制国际油价不断下跌的走势。在"限产保

---

[1] Ian Skeet, *OPEC: Twenty-five Years of Prices and Politics*, New York: Cambridge University Press, 1988, pp. 200-203.

[2] 杨光、姜明新编著《石油输出国组织》，中国大百科全书出版社，1995，第 84 页。

价"战略执行之初，减产的任务完全落到了沙特阿拉伯身上。而国际石油市场的低迷却远远超出了沙特阿拉伯等国的预期，为了分摊减产的责任，欧佩克在1982年确立了配额制度，真正成为一个通过划分市场份额来控制产品价格的卡特尔组织。不过，即便是设立了配额体系，在整个"限产保价"阶段，欧佩克影响石油市场的手段仍然以固定价格为主。

因为仍然以价格调整为主，欧佩克石油政策的执行情况依然受到老问题的困扰，那就是不同石油品种之间的差价问题。20世纪80年代前半段，这一问题始终是欧佩克会议争论的焦点。欧佩克差价体制的主要内容是：首先固定沙特阿拉伯34度轻质油的价格，将其作为欧佩克基准油价；其次规定其他石油与基准石油之间的差价。而从石油市场的实际操作来看，因为监督欧佩克各种石油品种的具体销售价格并不现实，欧佩克以基准油价为基础的差价体系实际上仅能固定沙特阿拉伯34度轻质油的价格，对其他石油品种的固定效果十分有限。这样，在"限产保价"阶段，维护欧佩克石油标价的大部分责任就落在了沙特阿拉伯身上，而其他国家却可以根据市场形势调整销售价格，增加自己的石油销售量。另外，国际石油市场上不同品质石油受到的冲击也不相同。例如，尼日利亚的"博尼"轻质油与英国的布伦特石油品质相似。当英国降低石油价格时，尼日利亚受到的价格冲击较其他欧佩克国家大得多，这时，尼日利亚只能置欧佩克的差价体系于不顾，选择降价销售。因此，欧佩克这种僵硬的标价和差价体系，实际上造成了欧佩克成员国承担市场冲击的不公平性。

从产量方面来看，虽然欧佩克确立了配额体系，但配额机制还很不成熟。欧佩克并没有设立一个可以担负起监督成员国配额执行的机构，也不存在任何机制可以对超产成员国进行惩罚。在这一阶段，欧佩克甚至不能获得成员国准确的产量数据。因此，成员国对配额的遵守完全依靠自觉。而欧佩克成员国的经济结构又比较单一，石油是它们国民经济的支柱。在石油价格不断下滑时期再削减石油产量只会给成员国的经济造成严重的负担。因此，当超产不被惩罚时，欧佩克成员国很难抵制超产的诱惑。但是有意思的是，这一时期，欧佩克穷国对配额的遵守程度要高于富国，这主要是因为欧佩克依照配额做出的产量削减中，穷国和富国承担的责任不同，其配额制度实际上给予欧佩克穷国很大的照顾。将欧佩克成员国1984年11月的配额和1978年产量进行对比，可以发现厄瓜多尔1984年11月的配额约占1978年产量的90%，尼日利亚是69%，除去战争中的两伊和产量日益萎缩的阿尔及利亚，欧佩克穷国的配额一般都占1977年产量的70%以上。而在这一数据上，欧佩克富国要低得多，一般是50%左右，科威特更是低至42%。

虽然欧佩克成员国的超产问题很严重，但是到1985年欧佩克产量已经缩减至1490万桶/日。这一产量水平仅是1977年第二次石油危机爆发前的一半。虽然沙特阿拉伯为欧佩克减产做出了巨大牺牲，但仅仅依靠沙特阿拉伯绝对难以将产量削减到这种程度。将欧佩克成员国1984年的产量与1977年进行对比，可以发现几乎所有欧佩克成员国富国的产量都有大幅下降，其中，利比亚产量下降52%、阿联酋产量下降47%、科威特产量下降41%。可以说，欧佩克富国中，除卡塔尔外均为欧佩克的限产保价战略做出了巨大的贡献。从这一点来看，欧佩克确实是一个卓有成效的卡特尔组织。

但是，欧佩克的限产保价战略最终还是失败了，这主要是因为欧佩克对国际石油市场做出了错误的预测。在1982年3月的欧佩克会议结束后，沙特阿拉伯重新将阿美公司的石油产量调低至850万桶/日，并宣布沙特阿拉伯会为捍卫新设定的标准油价随时调整自己的产量[1]。沙特阿拉伯当时预测石油市场供过于求的局面只会持续半年左右，所以它声明此举并不是针对欧佩克成员国的降价行为，而是在为欧佩克成员未来可能做出的提价行为做准备。沙特阿拉伯是要告诉其他成员国，它依然会像第二次石油危机之前那样，捍卫"合理油价"，阻止石油价格的上涨。油价的持续低迷并没有改变欧佩克的乐观态度，1983年7月召开的欧佩克第68次会议上，会议主席迪克（Dikko）再次表示："欧佩克关注的问题不是怎样与非欧佩克国家分占日益萎缩的市场，而是要与非欧佩克国家分享新增市场。"[2] 1984年10月举行的欧佩克第71次会议依然没有改变这种乐观的态度。其实，以沙特阿拉伯为代表的欧佩克富国一直认为石油需求低迷只是暂时现象，国际油价将会很快复苏，因而不愿意低价抛售手中的石油财富。但是，石油市场的低迷远远超出了这些国家的预期。当这些国家的财政因为石油收入的减少而难以支撑时，减产提价也就难以坚持下去。因此，1985年9月，沙特阿拉伯政策转变并不是因为它厌恶了欧佩克内部的欺诈或是非欧佩克产油国的贪婪，而是

---

[1] Avshalom Rubin, "The Double-Edged Crisis: OPEC and the Outbreak of the IRAN-IRAQ War," *Middle East Review of International Affairs*, Vol.7, No.4, December 2003, http://meria.idc.ac.il/journal/2003/issue4/jv7n4a1.html, 2013-11-11.

[2] Gavin Brown, *OPEC and the World Energy Market: A Comprehensive Reference Guide* (Second Edition), London: Longman, 1991, p.623.

因为石油市场需求的回暖遥遥无期,而国内经济再也承受不了减产的压力。

欧佩克"限产保价"战略的失败证明欧佩克影响油价的能力存在一个下限,那就是产油国的财政平衡。当油价下降到国家财政难以承受的额度时,欧佩克国家便会放弃对油价的控制,采取竞争性的策略。

三 "低价保额"战略(1986~2004年)

1985年12月,沙特阿拉伯开始采用净回值的方法出售石油。作为石油市场"机动产油国"的沙特阿拉伯,其采取这一行动标志着欧佩克"限产保价"战略的正式结束。沙特阿拉伯采取净回值方法出售石油后,该国产量迅速回升,这也导致国际石油市场供过于求的局面在短时间内进一步急剧恶化,石油价格开始急速下滑。为了抢占市场份额,其他欧佩克产油国及非欧佩克产油国也开始采取类似手段作为回应。此后一年,欧佩克产油国与非欧佩克产油国的竞争成为国际石油市场的主题。在这场石油价格战中,欧佩克产油国本想凭借成本优势将非欧佩克产油国挤出市场,但非欧佩克产油国的生产成本远比欧佩克设想的低出很多。因此,价格战非但没有将非欧佩克石油挤出市场,反而是难以承受低油价而造成所有产油国的经济困难,低油价甚至让部分欧佩克成员国的国家财政濒临破产。因此,在1986年12月的欧佩克第80次会上,欧佩克宣布从1987年1月1日开始恢复固定价格制。这次会议之后,欧佩克产油国与非欧佩克产油国之间的"价格战"虽然告一段落,但战争远没结束,只不过是战争的性质由欧佩克的对外战争转变为欧佩克成员国之间的内部战争,这场战争从1987年开始持续了数年。直到20世纪90年代初,得益于一系列地缘政治事件的爆发,欧佩克才最终于1993年重新建立配额体系,欧佩克石油政策才正式过渡到"低价保额"战略。

(一)"价格战"与欧佩克市场份额之争

1. 1986年"价格战"

虽然受到伊朗和阿尔及利亚的极力反对,但在1985年12月9日召开的欧佩克第76次会议上,该组织还是正式向外公布了新的市场战略,那就是要"维护欧佩克在国际石油市场上的合理份额,保证欧佩克产油国获得本国经济发展所需的必要收入"[①]。会后,很多欧佩克成员国石油部长表示,

---

① Bernard Taverne, *Petroleum, Industry and Governments: A Study of the Involvement of Industry and Governments in the Production and Use of Petroleum*, US: Kluwer Law International, 2008, p. 101.

欧佩克实行新政的目的是要迫使非欧佩克产油国采取积极的行动，停止侵蚀油价的行为。这实际上就是要求非欧佩克产油国满足欧佩克对市场份额的要求，减少自己的石油产量。会上，一些欧佩克的石油部长还表示，欧佩克已经做好充分准备，不惜为保证自己的合理份额发动一场价格战。不过，在这期间，欧佩克并没有对"合理份额"做出明确的界定和解释。实际上，欧佩克成员国也不知道"合理份额"应该是多少，沙特阿拉伯、科威特、阿联酋等为"限产保价"战略做出过重大牺牲的欧佩克核心国家只是想将产量恢复到20世纪80年代初的水平。

在价格战爆发之初，也就是1985年12月，欧佩克石油产量上升，迅速挤占了非欧佩克产油国的市场份额。据统计，1982年12月，英国的石油产量环比下降了18.4万桶/日，挪威石油产量下降了2.3万桶/日，墨西哥石油产量下降了6.4万桶/日。不过，进入1986年之后，非欧佩克产油国开始做出回应，亦开始通过降价销售来争取市场份额。非欧佩克产油国的减产行动很快取得效果。以英国为例，到1986年1月，该国石油产量不但没有因为欧佩克发起的价格战出现收缩，反而一度超过了1985年11月的水平。欧佩克产油国和非欧佩克产油国的相互竞争导致油价迅速下跌。面对急速下滑的油价，国际石油公司和石油消费国为避免损失，开始释放石油库存。非欧佩克石油产量的增加以及石油公司、石油消费国释放库存的行动很快让欧佩克失去刚刚抢占的市场份额。到1986年年初，该组织的石油产量反而较1985年年底还下降了99.0万桶/日[1]。这也意味着欧佩克发动价格战的初衷并未实现，低油价未将非欧佩克原油逐出市场。为了给非欧佩克产油国进一步施加压力，1986年2月开始，沙特阿拉伯等国为抢占市场份额继续调低石油出口价格，而面对欧佩克一些国家的攻势，非欧佩克产油国也没有退缩，采取了针锋相对的行动。因此，从1986年2月开始，"价格战"进入全面爆发阶段，欧佩克与非欧佩克产油国之间的斗争不可避免地带来国际油价的迅速下滑，到1986年4月份，国际油价跌落至10美元/桶，8月份进一步跌至8美元/桶左右[2]。

油价的下跌给产油国经济带来了沉重的打击。但是与其他产油国相比，

---

[1] Gavin Brown, *OPEC and the World Energy Market: A Comprehensive Reference Guide* (Second Edition), London: Longman, 1991, p.675.

[2] 齐高岱、马运堂编译《中东局势与能源危机——欧佩克30年的发展和政策》，经济管理出版社，1991，第246页。

海合会产油国因为石油产量的反弹，受到的影响要小得多。1987年上半年，科威特的石油出口收入同比仅下降了12%，沙特阿拉伯下降了22%。单就1986年6月而言，沙特阿拉伯石油出口收入同比不但没有下降，反而有所上升①。财政方面的巨大压力迫使非欧佩克产油国以及欧佩克产油国中的强硬派只能放弃强硬立场。1986年7月，在欧佩克第78次会议召开的前夕，挪威开始与欧佩克进行接触，伊朗的态度也开始缓和，同意欧佩克对伊拉克的配额分配。因此，在欧佩克第78次会上，欧佩克成员国终于达成了一份临时减产协议②。会议结束后，国际油价虽然暂时止住了下跌走势，但价格战远未结束。沙特阿拉伯等欧佩克核心国家并没有根据协议的规定大幅削减石油产量。直到1986年年底，在得到非欧佩克产油国的减产承诺（英国并没有承诺减产）后，欧佩克才于当年12月的第80次会议上重新确立配额制度。欧佩克新设定的配额是1660.0万桶/日，比欧佩克1986年的实际产量削减约100.0万桶/日，会议也将18美元/桶作为欧佩克的目标油价。会议结束后，除英国之外的非欧佩克产油国均制定了自己的减产方案③。至此，持续一年的价格战才最终宣告结束。

2. 欧佩克市场份额之争

价格战虽然结束了，但产油国之间的斗争依然继续。不过，战争的性质已经由欧佩克与非欧佩克的"价格战"演变成欧佩克内部的市场份额之争。虽然欧佩克在1986年年底重新确立了配额体系，但沙特阿拉伯、科威特、阿联酋三国不但没有按照欧佩克配额要求削减产量，反而采取了争取市场份额的策略。从1987年到海湾战争前，原本配额遵守率最高的、以沙特阿拉伯为代表的海合会三国实际上成为欧佩克超产最严重的国家。

而与沙特阿拉伯等国相比，其他欧佩克国家早已按照最大产能生产石油，因而在产量提升上十分乏力。面对国际油价的持续低迷，这些国家为了提高本国石油产量，获得更多石油出口收入来支持本国经济发展，纷纷改变了石油工业国有化的策略，陆续向国际石油公司重新敞开石油上游投资的大门。在得到国际石油公司的资金和技术支持后，其他欧佩克国家的石油产量

---

① Bernard Taverne, *Petroleum, Industry and Governments: A Study of the Involvement of Industry and Governments in the Production and Use of Petroleum*, US: Kluwer Law International, 2008, p. 101.
② OPEC, *OPEC Bulletin*, Vol. XVII, No. 7, September 1986, p. 3.
③ OPEC, *OPEC Bulletin*, Vol. XVIII, No. 1, January 1987, pp. 3 – 5.

从1988年开始迅速上涨。因此，1986年价格战结束后，产油国之间的斗争并没有结束，战争的性质只不过是从欧佩克的对外战争转变为欧佩克成员国之间的内战，国际油价只得到暂时恢复就再次陷入低迷。

不过，正当欧佩克市场份额之争愈演愈烈之时，20世纪90年代初发生的一系列政治事件却使"价格战"后的国际石油市场新秩序得以重新确立，欧佩克配额制度随之也重新稳固下来。这种转变的出现首先是因为洛克比空难和海湾战争发生后，利比亚、伊拉克受到联合国的经济制裁，制裁限制了两国石油工业的发展。到20世纪90年代初，连同已与欧美陷入"冷战"的伊朗，欧佩克中最具增产潜能的国家均受制于地缘政治因素，石油生产能力难以提升。

与联合国制裁相比，更重要的是，东欧剧变带来了苏联地区石油产量的大幅下降，从而为欧佩克腾出了充足的市场份额。1989年，苏联的石油产量高达1225.2万桶/日，雄踞世界首位，但在东欧剧变发生后，苏联地区产量迅速下降，到1993年降至815.8万桶/日，较剧变前下降了33.4%。苏联地区产量下滑带来国际石油市场对欧佩克"剩余需求"的大量增加。沙特阿拉伯、科威特和阿联酋在1993年将石油生产提高到自己满意的水平后，也都停止了产量上的扩张。

正是得益于以上一些地缘政治事件，欧佩克最重要的产油国要么不愿意提高产量（沙特阿拉伯、科威特、阿联酋），要么不能提高产量（伊朗、伊拉克、利比亚），欧佩克新的配额制度才得以最终确立，欧佩克石油政策正式进入"低价保额"阶段。

1986年的"价格战"以及随后的欧佩克市场份额之争是产油国之间实力的较量。这场战争的胜利应该归属欧佩克中的海合会国家。其中，沙特阿拉伯和科威特因为产量的大幅上涨抵消了油价下跌带来的石油收入损失。虽然卡塔尔和阿联酋的石油产量增长有限，但两国本就十分富庶。因此，低油价对这四国的冲击远远小于其他国家。其实，海合会建立以后，沙特阿拉伯、科威特、阿联酋三国加强了石油政策的协调。"价格战"期间，三国石油产量占据欧佩克总产量的60%以上。无论是从石油产能还是从产油国的财政状况来看，海合会三国都是欧佩克中最强有力的一派。"价格战"以及随后欧佩克市场份额之争的结果就是欧佩克中的强硬派（包括伊朗、阿尔及利亚和利比亚）不得不接受沙特阿拉伯等国的石油政策。

（二）"低价保额"战略的主要内容

1. 欧佩克目标油价的设立和调整

1986年12月，欧佩克第80次会议将18美元作为欧佩克的目标价格。如果刨去汇率和通胀因素，这一价格相当于1974年的价格。这也是第一次石油危机之后，沙特阿拉伯一直力图捍卫的它所认为的"合理油价"。此后，欧佩克对其目标油价进行过两次调整，分别是1990年的21美元和2000年的22~28美元的价格带。但以真实价格计算，上述两次调整之后的欧佩克目标油价都未远离1974年的油价。

虽然从政策上来看，"限产保价"阶段欧佩克石油政策的核心仍是以固定价格为主，但欧佩克在"价格战"之后确立的目标油价制度与之前实施的基准油价制度完全不同，两者的差别主要有两点。

一是油价构成内容不同。20世纪70年代中期到80年代中期，欧佩克的固定价格制度仅仅是把沙特阿拉伯34°轻质油作为欧佩克的基准油价，然后规定其他石油与基准油价的差额，而在实际操作中，欧佩克油价制度努力维持的主要是沙特阿拉伯34°轻质油的价格。因为缺少监督，欧佩克成员国在其他石油品种的定价问题上往往具有很大的自主性，因此，在"提价保值"阶段和"限产保价"阶段，各种石油品种之间的差价成为欧佩克成员国之间矛盾与争论的源头。尤其是在"限产保价"阶段，更是有一些欧佩克成员国将差价的合理性作为本国增产的理由。与之前的油价体系不同，1986年"价格战"之后，欧佩克确立的目标油价是7种原油的综合价格（所以也被称作一揽子油价）[1]。这样，欧佩克各种石油之间的差价交由市场决定，欧佩克石油政策完全转化成为产量控制，也就是放弃了对油价的直接控制，转而通过产量调整来影响油价。而这一价格政策的转变，实际上意味着沙特阿拉伯将维持欧佩克油价稳定的责任转移到所有欧佩克成员身上。

另外一个差别就是沙特阿拉伯等欧佩克核心国家对目标油价支持力度的不同。在"价格战"之前，沙特阿拉伯一直尽力维护欧佩克的官方价格。

---

[1] 这一综合价格是原油价格的算术平均值，其中包括6种欧佩克主要原油，分别是阿尔及利亚44.1°撒哈拉布兰德原油、印度尼西亚33.9°米纳斯原油、尼日利亚32.47°博尼轻质油、沙特阿拉伯34.2°轻质油、阿联酋32.4°迪拜原油、委内瑞拉32.47°提亚瓜纳原油，以及墨西哥32.8°伊斯玛斯原油。参见杨光、姜明新编著《石油输出国组织》，中国大百科全书出版社，1995，第63页。

在"提价保值"阶段,沙特阿拉伯的行为得到了阿联酋的支持,"限产保价"阶段又得到了科威特的支持。而在1986年之后,欧佩克中的海合会国家,主要是沙特阿拉伯、科威特和阿联酋对欧佩克一揽子价格采取了适度支持的态度,这些国家首先关心的是自己的石油产量。只有在满足自身产量需求的前提下,它们才会借助产量调整来影响国际油价。而且,这些国家对干预油价的承诺也十分有限,大多数时候只是根据欧佩克配额要求调整本国的石油产量。因此,1986~2003年,由于国际石油市场始终呈现供过于求的状态,欧佩克一揽子油价在大多数时候都难以达到欧佩克设定的目标价格。

2. 欧佩克的配额和产量调整

"价格战"期间,遭受沉重打击的欧佩克成员国便积极呼吁重启欧佩克的配额机制,认为这是结束价格战的唯一方法。但是对于产量分配的合理性,欧佩克成员之间存有很大的争论。在欧佩克1986年举行的第77次特别会议上,成员国提出的产量分配的标准就达到20余种[①]。由于在配额分配安排上矛盾重重,直到1988年11月第84次欧佩克会议上,才首次通过了一份被所有成员国认可的配额分配协议。在这次会议上,欧佩克还决定成立部长级监督委员会,以确保成员国能够遵守自己的配额[②]。欧佩克在1988年重新确立的配额体系与"价格战"之前相比,在结构上并未做出太大幅度的调整。除伊朗和伊拉克外,所有成员国的配额都得到了同比例的提高。因此,"价格战"结束后不久,欧佩克重新达成的配额协议,依然照顾了高成本产油国的需求。

不过,即使欧佩克重新达成了配额安排,油价低迷的状况也远未改变。考虑到汇率和通胀的影响,1987年的真实油价尚不到1985年的一半。在这种情况下,欧佩克产油国为了获得国内经济发展所需的资金,大都采取了超额生产的策略。不过,这一时期超产最严重的是富裕的海合会国家。以1989年为例,超产达到二位数的欧佩克国家总共有5国,除了厄瓜多尔和尼日利亚以外,均为海合会成员国,其中阿联酋超产达61.2%、科威特超产达23.2%、沙特阿拉伯超产量也达到了11.9%。而这三国在欧佩克执行

[①] 关于欧佩克成员国对配额制度的争论,参见 Fadhil J. Al-Chalabi: *OPEC at the Crossroad*, New York: Pergamon Press, 1989。

[②] OPEC, *OPEC Bulletin*, Vol. XVIII, No. 9, November/December 1988, pp. 4–5.

"限产保价"战略期间，一直都是配额遵守率最高的国家。这些国家在"价格战"结束后，之所以会成为超产最为严重的国家，主要是因为这些国家的石油政策目标已经由维护石油标价转变为扩大市场份额。

在欧佩克市场配额固定后不久，海湾战争又引发了"第三次石油危机"。不过，在这次危机期间，欧佩克迅速提高石油产量，OECD国家也采取了释放库存的配合行动，加上战事迅速结束，1991年国际石油市场很快恢复平静。欧佩克配额的分配再次成为成员国争论的焦点。不过，因为海合会国家的强硬立场，"第二次石油危机"结束后，欧佩克未能马上建立起得到成员国一致认可的产量分配协议。欧佩克第6次部长级监督委员会分配给沙特阿拉伯的配额为788.7万桶，但是沙特阿拉伯拒绝接受这一安排。此时，沙特阿拉伯已经决定将自己的配额上调至800.0万桶[①]。欧佩克关于配额体系的争论一直持续到1992年年底，直到该年年底召开的欧佩克第92次会议，该组织成员国才就产量分配问题达成一致意见[②]。不过，因为会议没有限制科威特的产量，直到1993年下半年，科威特石油生产恢复之后，欧佩克新的配额制度才得以最终确立。与1982~1989年欧佩克配额制度体系相比，1992年的配额体系实际上满足了富裕的海合会国家对市场份额的要求。虽然在1992年11月的配额安排中，几乎所有欧佩克成员国的配额都有大幅提高，但沙特阿拉伯、科威特和阿联酋配额的增长幅度远远高于其他国家。在1993年10月生效的配额安排中，以上三国配额分别较1988年1月生效的配额增长了76.8%、92.9%和1.19倍（见表3-4）。

1993年10月之后，在整个"低价保额"阶段，欧佩克都没有对成员国的配额结构进行大幅度的调整。欧佩克实际上是根据石油市场"剩余需求"的变化，通过配额调整来协调成员国的产量政策的，进而借助所有成员国在产量上的集体行动来实现影响国际油价，维持欧佩克目标油价稳定的目的。不过，虽然欧佩克在制度上已经成为一个实行市场划分的卡特尔组织，但成员国对本国配额的履行情况并不好，超产是欧佩克经常存在的现象。

[①] OPEC, *OPEC Bulletin*, Vol. XXII, No. 2, February 1992, pp. 4-10.

[②] OPEC, *OPEC bulletin*, Vol. XXXIII, No. 10, November/December 1992, pp. 4-10. 这次配额安排并没有得到伊拉克的认可，但是因为受到制裁，伊拉克在欧佩克内部的影响力有限。在这次会议也没有为科威特制定配额，科威特的石油生产不受配额的限制。

表 3－4 欧佩克配额和产量

单位：千桶／日

国家	1984年11月至1986年6月配额	1988年1~12月配额	1989年产量	1993年10月至1996年6月配额	1994年产量
阿尔及利亚	663	695	727.3	750	747.3
厄瓜多尔	183	230	278.9	—	—
印度尼西亚	1189	1240	1231.0	1330	1327.3
伊朗	2300	2640	2814.1	3600	3425.2
伊拉克	1200	2640	2785.8	400	659.5
科威特	900	1037	1277.5	2000	1881.8
利比亚	990	1037	1129.2	1390	1361.0
尼日利亚	1300	1355	1716.3	1865	1905.2
卡塔尔	280	312	320.2	378	390.3
沙特阿拉伯	4353	4524	5064.5	8000	8047.7
阿联酋	950	988	1593.0	2161	2159.3
委内瑞拉	1555	1636	1747.4	2359	2326.0
OPEC 总计	15863	18334	20685.2	24233	24230.6

资料来源：OPEC, *Annual Statistical Bulletin 1992*, Vienna：OPEC, 1992；OPEC, *Annual Statistical Bulletin 2008*, Vienna：OPEC, 2008。

（三）欧佩克政策评价

"限产保价"战略破产后，产油国之间陷入了旷日持久的斗争。首先，1986年欧佩克产油国与非欧佩克产油国之间爆发的"价格战"导致国际油价暴跌，从而引发了第一次反向石油危机。而"价格战"刚刚结束，欧佩克成员国就马上陷入了市场份额之争，欧佩克的内斗持续数年，直到1993年才宣告结束。1986~1993年，国际石油市场的主题就是"混乱"，欧佩克的配额体系也已名存实亡。此后，得益于一系列地缘政治事件，沙特阿拉伯等欧佩克"鸽派"国家实现了自己的产量目标，而"鹰派"国家受制于地缘政治因素，产量难以提高。只是在这一背景下，欧佩克才于1993年下半年重新恢复了配额体系，欧佩克石油政策才正式进入"低价保额"阶段，否则，欧佩克的市场份额之争大概还会持续很多年。从"低价保额"战略的主要内容来看，欧佩克似乎依然延续着"价格战"之前既固定价格又固定产量的做法。同以前的政策相比，此时，欧佩克的政策更偏向于产量，油价目标则在欧佩克政策中居于次要地位。因此，1994年之后，国际油价的走势基本由石油供求决定。在整个20世纪90年代，石油市场供过于求，国际油价长时间位于欧佩克的目标油价之下。进入2000年之后，石油需求的增长速度开始超过石油产量的增长速度,国际油价也开始上升。

1986 年之后是欧佩克配额制度得到不断完善的时期。在 1988 年 11 月欧佩克第 84 次会议上,欧佩克就产量配额的适用范围做了周密的界定,从而消除了很多成员国超产的借口[①]。1990 年 7 月的欧佩克第 87 次会议上,该组织决定对 1982 年成立的部长级监督委员会的结构和任务进行重新界定。新成立的部长级委员会负责研究油价变化,并且通过研究来自成员国以及成员国之外的产量信息,监督欧佩克成员国的配额执行情况[②]。1993 年 2 月,在欧佩克第 10 次部长级监督委员会会议上,欧佩克决定将部长级监督委员会改组为部长级监督小组委员会。改组后的委员会除了负责监督成员国的石油产量外,还肩负起监督成员国石油出口量的任务[③]。

两伊战争（1980 ~ 1988 年）、"价格战"（1986 年）,以及海湾战争（1991 年）带来的是欧佩克成员国之间力量对比的巨大变化。欧佩克"鹰派"的实力受到严重削弱,而"鸽派"实力异军突起。"价格战"之后,特别是海湾战争结束后,虽然欧佩克成员国在制定石油政策时也存在争议,但以沙特阿拉伯为代表的海合会三国（沙特阿拉伯、科威特、阿联酋）却逐渐掌握了政策主动。从三国的行动来看。保证一定的石油产量是其政策的主导思想,而从欧佩克的目标油价来看,无论是 1986 年的 18 美元、1990 年的 21 美元,还是 2000 年实行的 22 ~ 28 美元的价格带,按照真实价格计算都与 1974 年的真实油价相差无几。这实际上又回到了"第一次石油危机"前沙特阿拉伯一直坚持的"低油价"政策。不过,从欧佩克政策的执行来看,欧佩克并没有刻意维护目标油价,几次目标油价的设定也都是跟随石油现货价格的变化做出的调整。2005 年,面对油价的持续上涨,欧佩克没有坚持对油价的抑制并最终放弃了目标价格的设定。

1986 年,欧佩克向非欧佩克产油国发动"价格战"的效果十分有限。这场战争只是迫使美国一些产量较低的高成本油田（包括如今十分"引人注目"的页岩油田）退出市场,而对其他非欧佩克产油国的石油产量影响

[①] 配额系指：国内消费量,即当地原油和精炼产品的销售量,其中包括向有国旗标志的运载工具销售的船用和航空燃料,对境外净出口的原油和精炼产品；从境外存货中提取的原油和精炼产品储备。参见杨光、姜明新编《石油输出国组织》,中国大百科全书出版社,1995,第 66 页。

[②] OPEC, *OPEC Bulletin*, Vol. XXI, No. 8, August 1990, pp. 4 – 5.

[③] OPEC, *Frequently Asked Questions*, Vienna: OPEC, 2009, p. 9.

有限。由于对非欧佩克石油产量的影响有限，轰轰烈烈的"价格战"自然没有实现提高欧佩克市场份额的目的。不过，"价格战"、欧佩克市场份额之争，以及持续的低油价却给非欧佩克产油国的石油投资活动带来了巨大打击，这也导致20世纪80年代中后期和20世纪90年代非欧佩克石油产量增幅出现停滞[①]。非欧佩克产油国石油投资的不足，也为欧佩克重新获得石油市场的控制权埋下了伏笔。

欧佩克执行"低价保额"战略期间，严重的超产问题并不意味着欧佩克在国际石油市场上无所作为。实际上，"价格战"之后，欧佩克一直通过产量调整影响石油市场。在石油供应中断时，欧佩克就释放剩余产能阻止油价上涨，当经济危机带来石油需求减少时，欧佩克就削减产量抑制油价下跌。不过，沙特阿拉伯等欧佩克国家已经充分认识到自己不能决定油价。"低价保额"阶段，欧佩克产量政策与之前最大的不同是沙特阿拉伯等欧佩克国家放弃了在油价下跌时期对欧佩克目标价格的绝对支持。在"限产保价"阶段，为了抑制油价下跌，沙特阿拉伯曾将产量削减至不足300万桶/日，其他欧佩克富国也在产量上做出了巨大牺牲。而在1986年之后，沙特阿拉伯等国对欧佩克目标油价仅是给予有限的干预，这些国家首先关心的是自己的石油产量和石油收入。只有在满足自己产量需求的前提下，它们才会通过产量调整来影响油价。因此，在需求低迷时，沙特阿拉伯、科威特、阿联酋等欧佩克核心国家，只会根据欧佩克的配额调整承担自己分内的减产任务。因为产量调整有限，20世纪90年代之后国际油价的趋势性变动主要是由石油供求带来的，欧佩克仅通过产量调节在一定程度上缓和了油价的波动。

四 "维持市场适度紧张"战略（2005年至今）

进入21世纪之后，特别是从2003年开始，中国、印度等新兴国家经济的快速发展带动国际石油需求迅速增长，国际油价也开始随之快速攀升。2004年，欧佩克平均油价高达36美元/桶，较欧佩克制定的22~28美元价格带上限高出8美元/桶。迫于市场压力，2005年1月，欧佩克第134次特

---

① 1990~1994年，非欧佩克石油产量出现了负增长，主要是因为东欧剧变导致苏联石油产量的减少，并不代表欧佩克挤占非欧佩克产油国的市场份额。

别会议决定放弃"不现实"的价格带政策①。此次会议也标志着欧佩克的价格政策正式退出历史舞台。此后，欧佩克石油政策完全集中在产量方面，其核心就是维持国际石油市场的适度紧张。

(一)"维持市场适度紧张"战略的主要内容

1. 欧佩克配额体系的逐渐松动

除了不设定目标油价外，2005年之后，欧佩克执行的石油政策实质上是"低价保额"战略的延续，欧佩克通过在成员国之间制定配额来分享国际石油市场的"剩余需求"，并通过配额的调整来影响国际油价。

但是，与"低价保额"时期不同的是，2005年以后，国际石油供求总体较为紧张，在大多数年份，国际石油市场对欧佩克的"剩余需求"都在增加，欧佩克几乎不需要面对配额削减的压力。这样，欧佩克的配额制度也变得松散起来。从1982年配额制度建立到2006年10月，欧佩克每次调整组织产量配额时都会公布每个成员国的具体配额数。但从2006年11月到2007年10月，欧佩克停止公布每个成员国具体配额数，仅在2006年10月的欧佩克协商会议和2006年12月的欧佩克第143次特别会议上公布了每个成员国配额的调整幅度。而在2007年11月到2008年10月期间，欧佩克的配额体系进一步松动，该组织仅公布了欧佩克总体的配额调整规模，甚至不再公布每个成员国的配额调整方案。直到2008年金融危机爆发，石油需求迅速减少引发国际油价下跌之后，欧佩克才在2008年10月的第150次特别会议上重新规定每个成员国的配额调整幅度。但是，欧佩克在这次会议上做出的决定并未得到很好的遵守。因此，2008年12月，欧佩克在第151次会议上组织宣布以2008年9月的实际产量（150次会议召开之前的产量）为基础，削减420万桶的日产量，并以此作为欧佩克的新配额。而欧佩克的这一公告，依旧没有明确规定每个成员国的配额削减幅度②。在此之后，截至2012年年底，即使是面对"阿拉伯之春"带来的利比亚石油供应中断、美欧对伊朗采取石油禁运导致该国石油产量大幅减少等突发情况，欧佩克始终都未再对其配额做出调整。

2. 欧佩克的产量调整

2005年以后，沙特阿拉伯在欧佩克中的作用更为突出。实际上，这一

---

① OPEC, *OPEC Bulletin*, Vol. XXXVI, No. 2, February 2005, pp. 4 – 14.
② OPEC, *OPEC Bulletin*, Vol. XXXX, No. 1, January 2009, pp. 3 – 16.

阶段，国际石油供求持续偏紧。从2007年开始，绝大多数欧佩克产油国已按照最大产能生产石油，欧佩克国家中，只有沙特阿拉伯等极少数国家具备产量调节能力，沙特阿拉伯实际上再度承担起国际石油市场"机动产油国"的角色。而且，科威特、阿联酋也分担了沙特阿拉伯的部分市场责任。每当国际石油市场对欧佩克"剩余需求"增加时，沙特阿拉伯等国就会增加产量，满足市场的新增需求。当国际石油市场对欧佩克"剩余需求"减少时，沙特阿拉伯等国就会削减产量，以抑制国际油价的下跌。例如，2007年6月到2008年6月，面对国际石油市场对欧佩克"剩余需求"不断增加而其他成员国增产能力有限的局面，沙特阿拉伯将其石油产量上调了100万桶/日，科威特、阿联酋也分别将石油产量上调了20万桶/日和10万桶/日。在此之后，国际金融危机爆发导致国际油价快速下跌。当欧佩克在2008年12月的第151次会议做出减产决议时，仅沙特阿拉伯一国的实际减产量就高达298万桶/日[①]。

不过，2005年以后，在欧佩克执行"维护市场适度紧张"战略期间，沙特阿拉伯等国通过产量调整影响油价的意愿进一步降低。与"低价保额"时期相比，弱化主要体现在油价上涨时期。1986~2004年，面对国际石油市场对欧佩克"剩余需求"的增加，沙特阿拉伯等国总会迅速采取行动，通过增产来抑制油价上涨。但是，2005年以后，面对国际市场对欧佩克"剩余需求"增加带来的油价上涨，沙特阿拉伯等国只会满足正常需求的增长，不会满足"超额需求"的增长，而"超额需求"一般反映在石油库存上。就是说，如果石油消费国的石油库存出现超出正常趋势的上涨，沙特阿拉伯就会认为正常需求已经得到满足，将不会为抑制油价上涨增加产量。而在油价下跌时，沙特阿拉伯等国的行动依然延续之前的做法，仅承担欧佩克配额分配给其的减产任务。

3. 欧佩克的产能调整

进入21世纪以后，得益于油价的不断上涨，包括欧佩克成员国在内很多产油国的财政状况都有所改善。随着资金需求的减少，石油国有化运动在产油国中再度蔓延开来。由于石油上游投资的成本和风险不断加大，21世纪以后的油价上涨并没有带来国际石油公司上游投资的繁荣。特别是2003年，伊拉克战争结束，该国陷入混乱，国际市场对其增产希望落空之后，国

---

① OPEC, *Monthly Oil Market Report*, Vienna：OPEC, 2005 – 2012.

际石油市场可能出现的产能不足成为市场参与者普遍担忧的一个问题。这样，相对于配额及产量调整来说，如何调整上游投资，使其既能满足国际石油市场未来新增需求，又要避免出现产能过剩的状况成为欧佩克，特别是沙特阿拉伯等欧佩克核心国家更为关注的一个问题。

从2003年之后欧佩克石油政策的实践来看，沙特阿拉伯、科威特、阿联酋等国实际上承担了"产能机动国"的角色。伊拉克战争结束后，面对石油市场可能出现的产能不足，沙特阿拉伯等国均宣布要实施新的石油上游投资项目。2005年4月，阿联酋阿布哈比国家石油公司（ADNOC）与埃克森美孚签署了合作开发上扎库姆地块的战略合作协议，其中埃克森美孚公司占股28%[①]。科威特也于2005年开始通过"优惠回购合同"的方式吸引外资投入该国的上游业务[②]。2005年4月初沙特阿拉伯石油和矿业大臣阿里·纳伊米对外宣布，未来15年，沙特阿拉伯的石油可探明储量将会增加2000亿桶，达到4610亿桶[③]。面对伊拉克安全局势的恢复、石油产量的迅速提高，以及金融危机后世界经济发展和石油需求增长的不确定性，沙特阿拉伯等国又相继取消或延缓了计划实施的一些上游投资项目。

沙特阿拉伯等国的上述行动表明，2005年以后，这些国家开始在国际石油市场扮演"产能机动国"的角色。不过，这些国家在做出产能扩张的决定时，往往是异常谨慎的。这主要是因为石油生产的特点使得勘探开发等前期投入需要耗费大量资金，而且如果石油资源开发出来，又不进行生产，油田的维护费用也是一笔很大的开支。出于经济方面的考虑，沙特阿拉伯等国在确定国际石油市场现有产能不能满足未来新增需求之前，并不会在上游领域投入过多资金，而是仅向石油市场保证一定的产量调节能力。

（二）欧佩克政策评价

欧佩克"维持市场紧张"战略是在国际石油市场供求持续紧张的状态下制定的。2005年之后的内外环境是欧佩克之前从未遇到过的。一方面是国际油价不断攀升，另一方面是国际石油市场投资不足。在高油价的背景下，包括欧佩克成员在内，很多产油国的资金需求得到缓解，许多产油国开始在本国石油资源的开发中谋求更多的利润分成，资源国有化运动再次流行

[①] Oil & Gas Directory, "Reserch Profile: United Arab Emirates," *Oil & Gas Directory Middle East - 2009*, 2009, http://oilandgasdirectory.com/2009/research/UAE.pdf, 2011-09-22.

[②] 王基铭主编《国外大石油石化公司经济发展战略研究》，中国石化出版社，2007，第87页。

[③] 刘明：《新形势下的沙特阿拉伯石油战略》，《亚非纵横》2005年第4期。

于产油国之间。因此，国际石油公司不得不面对勘探开发风险和成本不断增大的难题，这对国际石油上游投资起到了极大的抑制作用。产能调整成为这一时期欧佩克政策的重要内容。从2005年开始，欧佩克多次提出"合理"的剩余产能是欧佩克产量的10%或15%，这大概就是300~600万桶/日的产量调节能力。300~600万桶/日的产量调节能力虽然能应对一般的石油供应中断，但当发生严重的供应中断时，如伊拉克战争期间日均460万桶/日的供应中断，就会捉襟见肘。因此，2005年之后，欧佩克石油政策的核心是维持国际石油市场的适度紧张。

不过，从欧佩克的政策内容来看，2005年之后，欧佩克对国际石油市场的干预更为弱化。首先，在油价方面，欧佩克明确放弃了目标油价。2005年1月，欧佩克宣布放弃价格带，在这之后，该组织再未提出过旨在影响国际石油市场的指导价格，欧佩克政策的关注点完全放在产量上面。而在产量政策方面，欧佩克对石油市场的干预也开始弱化。作为卡特尔，欧佩克干预市场的手段就是分割市场，但是，2005年以后，欧佩克配额制度变得松散起来，该组织甚至不再明确规定成员国的具体石油产量。从欧佩克政策的执行来看，欧佩克的组织性变得更为松散，欧佩克会议也不再像往常那样充斥着争议。欧佩克成员国批评，甚至拒绝接受组织决议的事件变得十分罕见。

从以上方面来说，2005年以后，欧佩克无论是在影响油价的目标还是其组织行为上，都不太像一个划分市场的卡特尔组织。在这一阶段，欧佩克的政策主要集中在石油产量和产能的调整上。但是，从欧佩克政策的实践看来，无论是产量调整还是产能调整，其大部分任务都落在沙特阿拉伯及其邻国科威特、阿联酋身上，而其他产油国的行为与非欧佩克产油国更为相似。

第四节 欧佩克影响国际油价的手段与效果

1973~2003年，欧佩克的石油政策中都包含明确的油价政策。在1986年之前，欧佩克通过以沙特阿拉伯34°轻质油为基础的标价和差价体系对国际油价实施直接干预。1986年之后，欧佩克虽然放弃了对油价的直接控制，却仍然设定了目标油价。从欧佩克政策的实施效果来看，虽然欧佩克的产量调整在一定程度上能够影响国际油价的波动，但从石油现货价格与欧佩克目标价格之间的长期关系来看，无论是在哪个阶段，欧佩克都没有控制住国际价格的走势，欧佩克目标油价的调整仅是对现货市场做出的反应。到2005

年以后，欧佩克直接放弃了对油价的控制，转而将石油供求平衡作为其产量调整的主要考虑因素。因此，仅就国际油价波动与欧佩克石油政策的关系而言，与其说欧佩克是国际油价的制定者，不如说其是国际油价的跟随者。

一 欧佩克影响油价的手段

国际石油供给可以分为两个部分：非欧佩克的竞争性供给和欧佩克的垄断性供给。在这样的市场上，欧佩克生产的实际上是国际石油市场中的"剩余需求"，这就是世界石油需求和非欧佩克石油供给之间的差额。一般来说，卡特尔可以通过两种途径影响价格：一种是直接固定产品价格；另一种是通过调整产量对价格施以间接影响。但是，无论卡特尔采取何种策略，剩余生产能力都是垄断者影响产品价格的唯一工具。1973年"石油禁运"之后，欧佩克的石油政策经历了四个阶段：20世纪70年代中期到80年代初的"提价保值"阶段、20世纪80年代初到1985年的"限产保价"阶段、1986～2004年的"低价保额"阶段，以及2005年至今的"维持市场适度紧张"阶段。从欧佩克石油政策的演变来看，欧佩克政策中的油价目标经历了一个不断弱化的过程，由最初的直接固定价格，演变为通过产量调整间接影响油价，再到如今的以石油供求平衡为目标，放弃对油价的干预。

（一）直接固定价格（20世纪70年代中期到80年代中期）

欧佩克在"提价保值"阶段和"限产保价"阶段采用了直接固定价格的做法。欧佩克的固定价格制度以沙特阿拉伯34°轻质油作为欧佩克的基准油价，然后以基准油价为标准，规定各种石油之间的差价。以标价为基础的差价体系实际上固定了欧佩克成员国的石油销售价格，差价体系稳定的基础是所有成员国放弃产量调节的自主权。每个成员国都要按照国际石油市场留给自己的"剩余需求"来生产石油。虽然不同种类的原油具有同质性，但由于石油冶炼方面的原因，需要承担不同的市场风险，这就意味着差价体系造成了欧佩克成员国承担市场冲击的不公平性。特定的市场冲击只会影响某些国家的"剩余需求"，对其他国家"剩余需求"的影响却很有限。例如，英国布伦特原油是尼日利亚"博尼"原油的直接竞争者，布伦特原油降价对尼日利亚的冲击要比对其他欧佩克成员国的影响大很多。而在差价体系下，欧佩克并没有设立对受冲击国家的补偿机制。因此，欧佩克成员国很难为维持差价制度放弃产量调节的自主权，而产量调整上的自由裁定自然会带来欧佩克差价体系的扭曲。

其实，作为垄断者，要想控制产品的价格，只需在产量和价格两者中固定其一即可。但是，在"限产保价"阶段，欧佩克采取了既固定价格又固定产量的做法。其实，这一阶段，欧佩克的石油政策仍然是以价格为中心，为维持欧佩克标价，沙特阿拉伯实际上从1982年就担负起"机动产油国"的责任。但是，在石油市场持续低迷的环境中，欧佩克的差价体系变得十分扭曲，很多成员都在以低于官价的价格销售石油。这样，减产的大部分任务落到了沙特阿拉伯以及少数几个石油富国身上。为了让所有成员国都来分担维持基准油价的责任，欧佩克于1982年设立了配额体系，实行固定产量的策略。不过，从欧佩克的政策来看，控制价格依然是该阶段欧佩克影响油价的主要手段。

在整个"限产保价"阶段，以沙特阿拉伯为代表的海合会三国为维护欧佩克基准油价在产量上做出了巨大牺牲。石油出口收入大幅减少给这些国家的财政带来了严重的困难，在国家财政难以为继的压力下，沙特阿拉伯等国最终放弃了对油价的控制并开始采取竞争性行为，通过提高石油产量来改善国家财政状况。至此，欧佩克也结束了直接固定油价的石油政策。

（二）通过产量调整间接影响价格（1986～2004年）

1986年爆发的"价格战"实际上是欧佩克为争夺市场份额采取的行动。以1986年"价格战"为线，欧佩克石油政策的重点由通过固定油价保障产油国利益转变为通过产量调整确保石油收入稳定。"限产保价"战略的失败，让欧佩克认识到自己不具备左右油价的能力。因此，1986年之后，欧佩克虽然也设置了目标油价，但实际上放弃了固定价格的做法，转而开始执行以石油产量为导向的石油政策。

1986年的"价格战"以及随后的欧佩克市场份额之争，让沙特阿拉伯、阿联酋、科威特三个海湾产油国获得了欧佩克政策的主导权，这些国家也成为欧佩克中的核心国家。其实，早在"价格战"之前，沙特阿拉伯、科威特、阿联酋三国在石油政策上就加强了彼此之间的协调。三国政治局势稳定，产量超过欧佩克的一半，并且掌握着欧佩克绝大部分的剩余产能。因此，三国逐渐掌握了欧佩克石油政策的主导权并成为欧佩克核心国家。"低价保额"阶段，欧佩克主要关心的是石油出口收入问题，而石油出口收入的影响因素无非是产量和价格。与控制价格相比，控制产量显然难度更小。因此，1986年"价格战"之后，欧佩克国家，特别是欧佩克核心国家的石油政策都是围绕产量来制定的。欧佩克首先是将产量稳定在保证石油收入的程度，然后再根据市场的变化，通过调整产量来影响国际油价。

（三）以石油供求平衡为目标，放弃对价格的干预（2005年至今）

以石油收入为核心，通过石油产量适度调整间接影响油价的策略一直持续到2004年。2004年以后，面对石油价格不断上涨的局面，该组织于2005年1月正式宣布放弃价格带政策，这也意味着欧佩克完全放弃了对石油价格的干预。从2005年开始，欧佩克不再制定明确的油价政策，仅表示会对由基本面带来的油价波动做出适当干预。也就是说，只有确定国际油价上涨源于供求失衡，而不是源于投机等其他因素，欧佩克才会为抑制油价的上涨增加石油产量[①]。而在这一时期，绝大多数欧佩克国家都是按照最大产能进行生产的，沙特阿拉伯等国的石油产能在很多时候又相当紧张，因此，欧佩克产能调整逐渐成为该时期欧佩克石油政策的核心问题。

二 欧佩克影响油价的效果

石油需求缺乏弹性，在供求平衡的市场上，石油供给的些许变化都会引起油价的大幅波动，因此，即使存在严重的超产问题，当欧佩克对其产量进行调整时，也会不可避免地对国际油价波动产生影响。不过，在很多时候，由于相对于石油供求的变化幅度，欧佩克产量调节能力相对有限，对于市场供求基本面带来的油价波动，欧佩克往往显得无能为力。因此，在很多时候，欧佩克给人的印象更像是国际油价的跟随者，而非国际油价的主导者。

（一）欧佩克对油价波动的影响

石油是一种需求价格弹性很低的商品，因为短期内难以被取代，石油价格的升降并不会带来石油需求的大幅变化。因此，石油供给的少许变化都会引起国际油价的大幅波动。而石油需求的这一特点，恰恰为欧佩克影响油价提供了极大的便利。

1973年至今，从欧佩克的政策实践来看，在很多时候，欧佩克的产量调整都会对油价波动产生直接影响。欧佩克阿拉伯产油国在1973年发动的石油禁运直接引发了第一次石油危机。1986年沙特阿拉伯发动的"价格战"在极短的时间内将国际油价拉低到10美元以下。1999年3月，欧佩克与非欧佩克国家签署的200万桶/日减产协议引发了该年油价持续上涨并于2000

[①] OPEC, *OPEC Annual Statistical Bulletin*, Vienna: OPEC, 1992 – 2008.

年1月达到30美元的水平。2000年3月，欧佩克确定22～28美元的"价格带"后通过连续四次的增产将国际油价保持在"价格带"内。2001年，欧佩克通过三次减产成功地抑制了国际油价的下滑，2002年1月再次通过减产将价格拉回到"9·11"事件之前的水平。2008年，全球金融危机爆发后，欧佩克及时采取的减产行动，对抑制油价的持续下跌起到了重要作用。2010～2011年，中东地区局势动荡中，沙特阿拉伯等国的及时增产成功抑制了由利比亚石油供应中断带来的国际油价快速上涨。

由此可见，虽然欧佩克不能将目标油价维持在合意水平，但在很多时候，欧佩克的产量调整的确能够对国际油价的波动带来一些影响。

（二）欧佩克对油价趋势的影响

欧佩克虽然能够对油价波动施加某种影响，但对于石油供求带来的国际油价的趋势性变化却显得无能为力。从欧佩克目标油价和石油现货价格的关系来看，欧佩克无论是采取控制价格的方法，还是采取控制产量的方法，都不能完全控制国际油价的走势。在图3-2中我们可以看到，1974～1975年，沙特阿拉伯34°轻质原油的价格与WTI油价相差不多，但1976年后，国际石油市场开始回暖，WTI油价开始提高。欧佩克并没能控制住现货市场石油价格的上涨，反而在石油现货价格不断攀升的压力下上调了欧佩克基准油价。"第二次石油危机"爆发之后，欧佩克曾试图通过采取"减产保价"的办法保住欧佩克在1981年设定的34美元/桶的欧佩克标价，但在需求下降的压力下，欧佩克也不得不跟随现货价格下调基准油价，并以1986年的"价格战"结束了固定油价的策略。

自1986年开始，欧佩克对油价的控制完全转变到通过产量调整间接影响油价的道路上。不过，与之前相比，欧佩克影响油价趋势的能力并没有提高。1986年欧佩克将目标油价设定为18美元/桶，1990年将目标油价提高至20美元/桶，2000年则设定了22～28美元/桶的价格带。但是，欧佩克一揽子油价在20世纪80年代中后期和20世纪90年代的大多数时候都低于欧佩克设定的目标油价。欧佩克几次对目标油价的调整也只是对石油现货市场油价变化做出的反应。2003年之后，欧佩克也没能控制住国际油价不断上涨的局面，并于2005年年初最终放弃设定目标价格的策略，而在2005年以后，欧佩克干脆就放弃了制定具体油价的政策。

从国际油价与欧佩克目标油价的关系来看，并不是欧佩克的目标油价的走势决定了国际油价的走势，反而是国际油价的走势决定了欧佩克目标油价

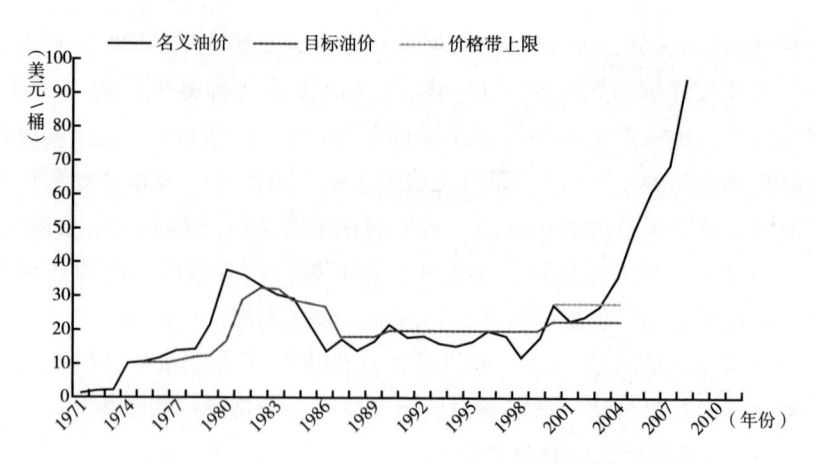

图 3-2 1974~2011 年名义油价与欧佩克目标油价

说明：1974~1985 年，欧佩克采取了固定价格的策略。所以，欧佩克油价并不能很好地代表该时期国际石油的市场价格。为了研究的便利，笔者以 1970~1981 年沙特阿拉伯 34°轻质油价格和 1982~1985 年欧佩克平均油价作为欧佩克的目标油价，而以 WTI 油价代替 1974~1985 年的现货市场价格（其中，1974~1981 年为西德克萨斯中质油标价）。1986~2011 年名义价格为欧佩克一揽子油价。

资料来源：OPEC, *Annual Statistical Bulletin 2011*, Vienna: OPEC, 2011; EIA, *International Energy Statistics*, http://www.eia.gov/cfapps/ipdbproject/IEDIndex3.cfm? tid = 5&pid = 53&aid = 1, 2013 - 02 - 07。

的设定。1986 年之前，欧佩克并没有抵制住来自石油现货市场的压力，不得不跟随石油现货价格频繁调整石油标价。1986 年之后，欧佩克对目标油价的设定和调整也均是以现货价格为基础的。从欧佩克的表现来看，与其说欧佩克是石油价格的"控制者"，不如说欧佩克是石油价格的"跟随者"。正是基于此，很多人认为欧佩克不是一个卡特尔，该组织并不需要具备影响国际油价的能力。

（三）剩余产能与欧佩克政策效果的局限性

从组织结构来看，欧佩克是一个通过分割市场来达到控制市场目的的卡特尔组织。卡特尔控制市场，既可以选择固定价格的方法，也可以选择固定产量的方法，但无论卡特尔做出何种选择，最终还要依靠产量调节达到影响油价的目的，这对欧佩克来说也是一样，"石油禁运"之后，欧佩克一直利用剩余产能来影响油价。剩余产能的意义在于，当国际石油市场对欧佩克的"剩余需求"增加时，欧佩克可以马上释放剩余产能，通过提高国际石油市场的供给量来抑制国际油价的上涨；当国际石油市场对欧佩克的"剩余需求"减少时，欧佩克则要将部分产能封存起来，通过减少国际石油市场的供给量来抑制国际油价的下跌。不过，因为油田的勘探、开发需要数额庞大的资本支出，闲置油田的维护也需要耗费一定费用。因此，欧佩克并不会无限制地保持剩余产能。这就决定了欧佩克产能调节的有限性。假设欧佩克把10%的产量作为剩余产能，当国际石油市场对欧佩克的"剩余需求"增加时，欧佩克最多只能提高10%的产量[①]。当国际石油市场对欧佩克的"剩余产能"减少时，欧佩克成员国并不会根据欧佩克的配额调整进行同比例的减产，而是会根据各自的财政状况独自做出减产决定。这使欧佩克产量调整能力具有局限性。

虽然欧佩克不能按照自身意愿左右国际油价的走势，但凭此就认为欧佩克不具备影响国际油价的能力又过于武断。欧佩克追随实际油价调整目标油价的现象最多只能说明欧佩克影响油价的能力具有局限性，欧佩克不能像其他一些成功的卡特尔那样左右产品价格的走势。不过，卡特尔建立的目的并非是控制价格走势，而是要获得垄断高价。因此，判断卡特尔是否成功的标准应是卡特尔能否获得垄断高价，如果卡特尔获得了垄断高价，就说明卡特尔具有影响价格的能力。虽然抑制油价波动也是欧佩克油价影响力的一个重要方面，但是作为卡特尔，欧佩克油价影响力更应该体现在欧佩克是否能够将油价维持在高位上。不过，卡特尔研究表明，卡特尔影响价格的能力会受到很多因素的制约，因此，只有明确影响欧佩克控制油价能力的各种因素，才能对欧佩克油价影响力做出科学的判断。

---

① 2005 年之后，欧佩克多次声明欧佩克产量的 10% 是"剩余产能"的合理量。参见 OPEC, *Annual Statistical Bulletin*, Vienna: OPEC, 2005–2008。

第四章
欧佩克油价影响力的因素分析

　　1973年"石油危机"之后，欧佩克产油国摆脱了国际石油公司的控制，开始通过制定独立的石油政策来影响国际油价。但是，从欧佩克政策的实施效果来看，欧佩克的产量调整虽然能在一定程度上影响国际油价的波动，但是对于国际油价的走势，总是无能为力。因此，无论理论经济学界，还是能源经济学界，对于欧佩克的市场属性及其影响油价的能力一直都存有争议。欧佩克到底是不是一个卡特尔，是否具备影响国际油价的能力？在回答这些问题之前，我们必须先明确是哪些因素限制了欧佩克影响油价的能力。欧佩克如同其他所有施行市场份额制的卡特尔组织一样，将剩余产能作为影响市场价格的工具。简单来说，就是保留一定的产量调节能力应对"剩余需求"的变化。而"剩余需求"又是市场需求与竞争性供给之间的差额。因此，国际石油需求的变化和国际市场竞争性供给的变化都会影响到欧佩克控制油价的能力，但是，卡特尔并不是对市场的变化无动于衷，卡特尔也可以通过行动影响"剩余需求"。对欧佩克来说，是否能够影响世界石油需求、石油市场的竞争性供给，也会影响到其自身控制油价的能力。因此，本章主要是利用卡特尔理论的相关研究成果，从石油市场和欧佩克内部两个方面来分析影响欧佩克发挥卡特尔作用的各种因素。不过，石油是一种带有政治属性的资源类产品，在分析欧佩克油价影响力的限制因素时，无论如何都不能忽视政治因素的影响。因此，本章研究也特意将政治因素融合进卡特尔理论的分析框架之中。

第一节　政治因素分析

与一般商品相比，石油具有其他商品所不具备的政治属性。正是因为政治属性的存在，石油供给与需求的很多特点也变得与一般商品不同。因此，在对石油市场做出分析时，无论如何都不能忽视政治因素的影响。不过，在石油问题研究中重视政治因素，并不是要一切唯政治论。经济因素仍然是影响石油市场参与各方做出决策的基础，政治因素只能借助经济规律才能发挥作用。不过，正是因为政治因素改变了石油供给和石油需求的许多特点，才使得石油供求的变动与普通商品有所不同。

一　政治因素对石油需求的影响

在需求方面，石油政治属性主要源于石油消费国对于石油供应中断的忧虑。由于现代经济发展高度依赖石油，并且存在石油生产和消费区域错位的现象，有大量石油进口需求的能源消费国无一不对能源安全给予高度重视。这就赋予了石油不同于其他商品的政治属性，并成为国家之间博弈的政策工具和武器。世界经济发展离不开石油，世界主要经济体所需的石油又要依赖进口，而石油资源主要控制在政治环境极不稳定的少数国家手中，石油运输通道也存在不同程度的安全隐患。因此，主要石油进口国不是把石油进口简单地看作经济问题，而是把石油进口安全看作关乎国家命运的政治问题。这也就不可避免地加大了石油市场的复杂性。政治因素对石油需求的短期影响和长期影响有所不同，短期来看，石油消费国、石油公司和投机者囤积石油的行为给石油市场带来"超额需求"，这也会导致国际石油市场对欧佩克"剩余需求"的增加。从长期来看，石油消费国出于国家能源安全的考虑，会积极促进节能技术和替代能源的发展，而节能技术和替代能源的发展又有效降低了石油收入的弹性和世界经济增长对石油的依赖程度。此外，由于政治因素对石油需求的影响主要源于石油消费国保障国内石油供应安全的顾虑，在供求紧张的市场上，政治因素的影响也就表现得更为明显。

（一）短期影响：安全忧虑催生"超额需求"

在供求紧张的市场上，地缘政治因素和突发事件往往会引发恐慌性购买，这样就给石油市场带来了原本不会存在的"超额需求"。石油消费国的"超额需求"一般都会存入石油库存之中，进而带来石油库存的变化。1973

年"石油禁运"之后,国际石油市场共出现过两次供求紧张的局面。一次出现在20世纪70年代中后期到80年代初,另外一次出现在2003年之后。在这两个时期,石油消费国石油库存数量都有大幅度提高。

1. 第二次石油危机中的石油库存囤积

第二次石油危机虽然是由石油供应中断引发的,但与石油消费国的"超额需求"不无关系。其实在危机爆发前,石油枯竭论已经十分流行。1977年4月,美国中央情报局在一份能源报告中宣称:"石油输出国组织和苏联的石油生产将会在1985年达到顶峰,在1985年之后,世界石油供给将不能满足世界石油需求的增长,供求紧张将会成为石油市场未来的必然趋势。"[1] 1978年,洛克菲勒基金会也做出了相似的预测[2]。因此,从1977年开始,OECD国家加强了政府库存的建设,如图4-1所示。在这种氛围下,"恐慌"统治着石油市场,任何突发事件都会使石油市场陷入混乱。

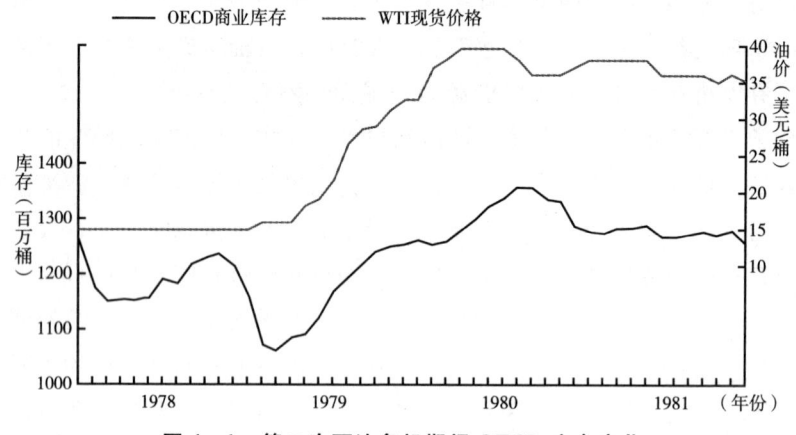

图4-1 第二次石油危机期间OECD库存变化

说明:库存数量为月末值。
资料来源:EIA, *International Energy Statistics*, http://www.eia.gov/cfapps/ipdbproject/IEDIndex3.cfm? tid=5&pid=53&aid=1, 2013-02-07。

1978年11月的伊朗石油工人大罢工立刻引发了市场"超额需求"的增加,11月的OECD商业库存较10月上涨了1200万桶,12月又上涨了600

---

[1] Svante Karlsson, *Oil and the World Order: American Foreign Oil Policy*, Totowa, N. J.: Barnes & Noble, 1986, p. 260.
[2] Paul Kemezis and Ernest J Wilson, *The Decade of Energy Policy: Policy Analysis in Oil-Importing Countries*, New York: Praeger, 1984, p. 124.

万桶。只是因为欧佩克及时增产，石油价格才没有提高。随着石油市场恢复平静，1979 年年初 OECD 商业库存开始快速回落。但之后不久，伊朗伊斯兰革命再次触动了国际石油市场脆弱的神经。西方石油公司为了应对可能发生的供应中断，再次采取囤积石油的行动，导致 1979 年 3 月开始，OECD 商业库存的持续上升。从 1979 年 3 月底到 1980 年 9 月，OECD 商业库存与政府库存总计增加了 3.05 亿桶，相当于石油市场每天出现 55 万桶的新增需求。1980 年，两伊战争爆发后，石油市场出现供应中断的现象，OECD 国家的石油库存略有下降，但库存总量仍维持在高位。第二次石油危机结束后，非欧佩克产油国石油产量的增长和石油需求的下降导致石油市场迅速从供求紧张状态过渡到供过于求的状态。面对国际石油持续供过于求以及国际油价的持续低迷，国际石油公司从 1982 年开始释放库存。

2. 第四次石油危机与石油消费国战略库存扩张

20 世纪 80 年代中后期以及 90 年代，国际油价的持续低迷严重打击了石油上游投资活动。进入 21 世纪之后，在世界经济快速发展的带动下，世界石油需求快速上涨。从 2002 年开始，欧佩克剩余产能不断下降，这也昭示着国际石油市场再次进入供求紧张的状态。2003 年以后，国际油价再次进入快速上升通道。学术界一般将 2003 年之后的油价上涨称作"第四次石油危机"。

尽管这次石油危机爆发期间，国际石油供求持续紧张。但是，与第二次石油危机不同的是，由于此时石油期货市场已经非常发达，石油市场参与者即使不进行石油商品的真实交易，也可以从石油期货等金融衍生品的交易中实现套期保值或者盈利。因此，2003 年伊拉克战争、2005 年卡特里娜飓风等冲击石油供给的突发事件并未在石油市场上引发明显的囤积行为以及商业库存的异常变动。此外，由于 OECD 国家库存的短期波动主要是由商业库存调整带来的，总体来看，2000～2012 年，OECD 国家石油库存的短期变化一直呈现出与商业库存类似的、按季节调整的周期性波动的特点（见图 4-2）。

不过，从 2000～2012 年 OECD 国家石油库存的趋势性变动来看，第四次石油危机爆发期间，"超额需求"的存在依然影响着国际石油市场。与第二次石油危机不同，在第四次石油危机期间，OECD 国家的"超额需求"主要反映在政府的库存变化上。如图 4-2（b）所示，2002 年第三季度以前，OECD 国家政府库存一直在 13.00 亿桶左右的波动，但此后开始快速上涨，2003 年 12 月，OECD 国家政府库存突破 14.00 亿桶，2006 年 12 月底突破

(a) 商业库存与WTI现货价格

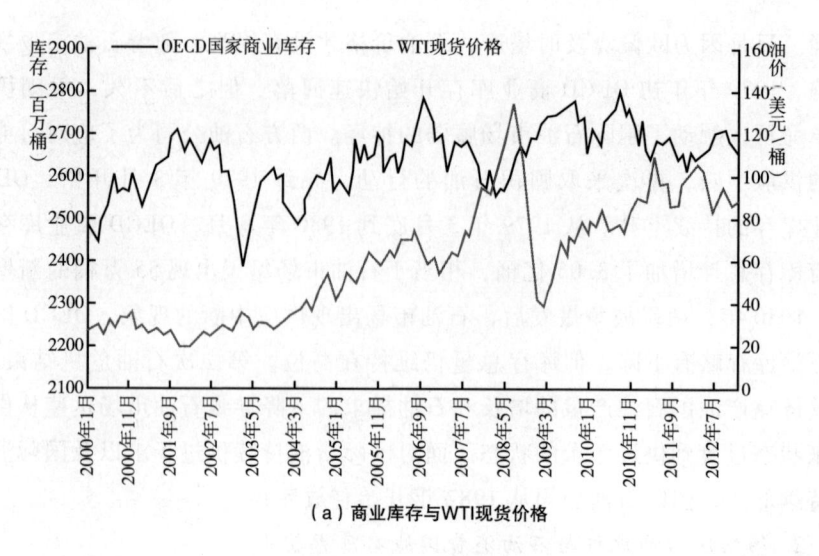

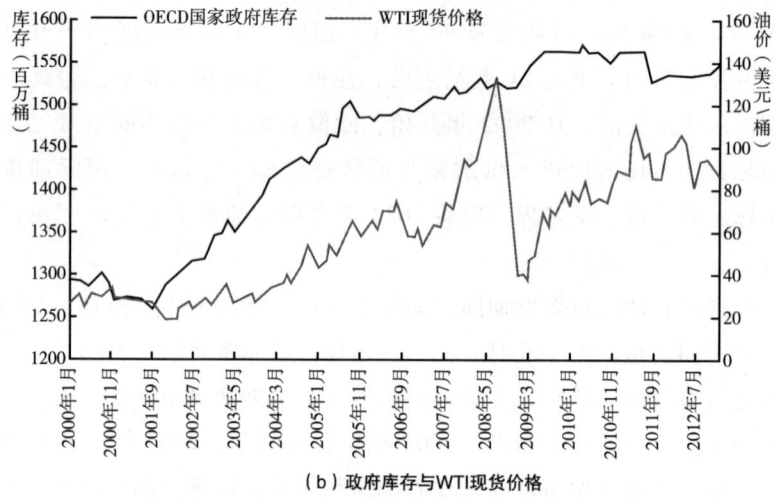

(b) 政府库存与WTI现货价格

图 4-2 第四次石油危机期间 OECD 库存变化

资料来源：EIA, *International Energy Statistics*, http://www.eia.gov/cfapps/ipdbproject/IEDIndex3.cfm?tid=5&pid=53&aid=1, 2013-02-07; OPEC, *Annual Statistical Bulletin 2008*, Vienna: OPEC, 2008, p.177。

15.00 亿桶。2008 年金融危机发生后，石油需求虽然暂时下降，但石油市场依然呈现出供求紧张的状态。OECD 国家不但没有释放库存，反而利用低油价的时机，加大了政府库存补充和建设的力度。2009 年 4 月，OECD 国家政府库存超过 15.50 亿桶。2010 年 3 月，达到观察期最高的 15.69 亿桶。此后，OECD 国家的石油库存才开始逐渐下降。而 2010 年后，OECD 国家石油库存的向下调整是在美国页岩油革命带来石油产量快速上涨、石油安全问题有所缓和的背景下展开的。

从OECD各国政府库存的变动来看，21世纪以后，OECD政府库存的增加主要是美国扩充战略储备带来的[1]，美国战略储备的增加主要源于该国对能源供应中断忧虑的增加。进入21世纪以后，美国的石油产量持续下降。英国石油公司资料显示，2000~2009年，美国石油总产量由773.3万桶/日下降至678.3万桶/日[2]。石油产量的持续下降让美国更为关注石油供应安全问题。因此，从2002年下半年开始，美国开始增加战略储备。2002年6月到2009年12月，美国石油的政府库存由5.76亿桶增加到7.27亿桶，增幅高达1.51亿桶，占同期OECD国家库存增加总量的60.9%。不过，金融危机结束后，页岩油技术革命很快带来了美国石油工业的复苏。英国石油公司资料显示，2008~2012年，美国石油产量由678.3万桶/日增至890.5万桶/日，实现年均5.6%的增幅[3]。石油产量大幅提高后，美国石油供应安全问题也变得不那么尖锐。因此，从2010年开始，美国开始停止政府库存的扩张。EIA资料显示，2012年年底，美国政府库存已降至6.95亿桶。

以上OECD国家和美国政府库存的调整突出反映出供求紧张市场上"超额需求"的存在。只不过与第二次石油危机不同的是，由于期货市场已经非常发达，石油公司等国际石油市场的参与者无须囤积石油，也可通过与石油相关的金融衍生品的交易实现套期保值的目的。因此，维护国家石油供应安全的任务也就完全落在了石油消费国政府身上。2000年以后，从OECD国家及美国政府库存调整的实践来看，当石油消费国石油供应安全问题变得突出时，"超额需求"就会增多，囤积石油的意愿也会变得特别强烈。反之，如果石油供应安全问题得到缓解，囤积石油的意愿也会减弱。

其实，在第四轮石油危机中，石油市场上存在的"超额需求"的数量要远远超过OECD库存的增加量。此时，中国、印度等发展中国家也已经成为重要的石油进口国。为了保障本国的能源安全，这些国家开始建立大规模

---

[1] EIA, "International Energy Statistics", *EIA*, http://www.eia.gov/cfapps/ipdbproject/IEDIndex3.cfm?tid=5&pid=53&aid=1, 2013-02-07; BP, *BP Statistical Review of World Energy June 2013*, http://www.bp.com/statisticalreview, 2013-10-01.

[2] BP, *BP Statistical Review of World Energy June 2013*, http://www.bp.com/statisticalreview, 2013-10-01.

[3] BP, *BP Statistical Review of World Energy June 2013*, http://www.bp.com/statisticalreview, 2013-10-01.

的战略石油储备。2001年,中国在《国民经济和社会发展第十个五年计划》中,就明确提出了建立战略石油储备的计划①。2005年印度政府也批准了建立500万吨战略原油库存工程②。进入21世纪以后,石油市场并未真正出现过石油供应中断的情况,但在石油供求日益紧张的市场上,主要石油进口国建立和补充战略石油储备的行动却大大刺激了石油投机行为,进而带来国际油价的一路上扬。

3. "超额需求"与石油供求平衡

在这两次石油危机的发生和发展过程中,明确反映出的现象是,在供求紧张的市场上,石油进口国为了防止地缘政治因素或突发事件导致本国石油供应的中断,都会采取囤积石油的策略。这给石油市场带来原本不会存在的"超额需求",进而带来国际石油市场对欧佩克"剩余需求"的增加。由于"超额需求"主要源自石油消费国对能源供应中断的顾虑,在石油供过于求的低油价时期,即使特定石油产区发生供应中断,也不会刺激到石油进口国能源安全的神经。因此,与供求紧张、油价攀升的市场相比,"超额需求"一般不会出现在供过于求、油价下跌的市场。例如,在1990年海湾战争引发的第三次石油危机期间,石油消费国和石油公司不但没有囤积石油,反而借油价不断走高之势,抛售石油库存。

欧佩克剩余产能是国际石油市场是否存在供求紧张状态的标志。所谓供求紧张,就是指欧佩克产能调整有限。而在欧佩克产量缺乏弹性的供求紧张的市场上,"超额需求"的出现无疑会进一步加剧国际石油市场的失衡状态。

(二) 长期影响:石油收入弹性降低

政治因素对石油需求的长期影响是刺激了替代能源和节能技术的发展。20世纪70年代中期以后,包括欧佩克在内的很多产油国收回了本国石油资源主权,这也导致国际石油公司与产油国的实力对比出现大幅下降,国际石油公司亦由石油资源的实际控制者转变为油田的租赁人。而沙特阿拉伯、科威特等国则是直接将国际石油公司驱逐出石油上游领域。因为丧失了对石油资源的控制,西方国家开始关注能源供应安全问题。第一次石油危机爆发

---

① 国家计委:《国民经济和社会发展第十个五年计划能源发展重点专项规划》,计规划〔2001〕711号,2001年5月26日。
② 中国化工在线:《印度开始5Mt战略储油工程》,《石油化工技术经济》2005年3期。

后，石油消费国开始通过立法的形式促进替代能源和节能技术的发展。例如，美国在1978年出台了《国家能源法案》，其主要内容包括：对使用太阳能、风能、地热能的居民给予所得税抵免、征收"吃油税"（对高能耗汽车征税）等内容，随后，其他西方国家也都采取了相似的行动。在石油消费国政府的努力下，1973年以后，替代能源和节能技术的发展取得了显著成果，其对石油市场的影响在于降低了石油需求的收入弹性，也就是世界经济增长对石油的依赖程度。

1. 替代能源的发展

石油作为一种自然资源，其用途十分广泛。在现有技术条件下，很多领域都很难被其他能源取代，但是，在发电领域，各种初级能源都存在着较高的可替代性。如图4-3所示，1971~2009年，世界发电业初级能源使用中，石油占有的比例持续下降，由18.1%下降至4.8%；而另外两种化石能源——煤炭和天然气占比则分别由33.2%和10.4%上升至40.4%和21.4%。即使是在1986年到20世纪90年代末漫长的低油价时期，石油在世界电力生产初级能源构成中的占比也没有上升。1991~2001年，石油在世界初级能源构成中占比由10.0%下降至4.0%；而同期煤炭、天然气的占比则分别由37.4%和14.5%上升至38.7%和18.4%。在发电行业，石油的竞争力弱于其他能源品种，在很大程度上是因为煤炭和天然气的分布更为平均，能源进口国进口煤炭或天然气可以降低对不稳定的中东地区石油的依赖。

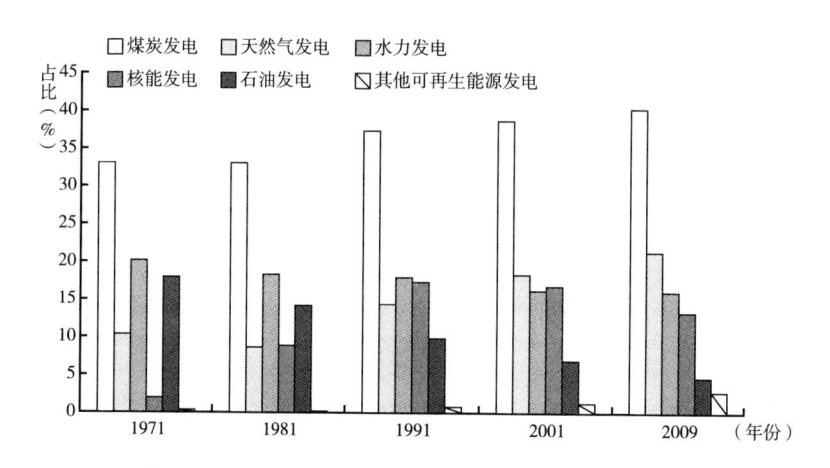

图4-3 1970~2009年世界电力生产的初级能源构成

资料来源：World Bank，WDI Database，February 7, 2012。

由于1973年的石油禁运触动过西方国家能源安全的神经，自20世纪70年代中期以来，西方主要石油进口国为了降低本国石油的对外依赖程度，开始大力发展替代能源。最初，替代能源中发展最快的是核能，从20世纪70年代中期到1985年，全球核能产量一直保持两位数的增长速度，以英国热量单位进行计算，核能产量从1973年的2.15万亿个英热单位迅速发展到1985年的15.30万亿个英热单位[1]。1986年，苏联切尔诺贝利核电站发生事故后，出于安全方面的考虑，西方国家终止了很多核电站建设项目，核能产量增长速度开始放缓。此后，替代能源的发展转移到以风能、地热、太阳能为代表的可再生能源上。20世纪90年代之后，"可持续发展的要求把能源安全与环境安全结合起来。以1992年联合国环境大会为标志，兼顾经济发展和环境保护的可持续发展战略脱颖而出并成为被世界各国广泛采用的发展战略"[2]。不过，由于20世纪80年代中期到2000年前后，国际油价一直维持在低位，市场供过于求，成本高昂的替代能源的发展并不顺利。直到进入21世纪以后，国际油价不断攀升，能源供应安全的忧虑再度紧张之时，太阳能、风能等新能源的发展才再次提速。如图4-4所示，从2002年开始，除水、电以外，世界其他可再生能源发电量的增长速度始终保持在10%以上，并且增长速度一直处于持续上升之中。

2. 节能技术的发展

第二次石油危机之后，主要石油消费国除了加大替代能源发展的力度外，也开始重视节能技术的发展。1978年，作为美国《国家能源法案》组成部分的"吃油税"（Gas guzzler tax）就是通过强制征税的方式激励汽车企业提高产品的能效[3]。根据该法令（1980年生效），能效为14~15英里/加仑的汽车需缴纳200美元（1985年调整至800美元）的"吃油税"，低于13英里/加仑的汽车需缴纳550美元（1986年调整至3850美元）的"吃油税"。1980年，美国联邦贸易委员会发布了《设备标签规则》。此规则要求家电生产厂在产品上加贴标明该产品能耗或能效的标签，以便于消费者进行甄选、购买能耗较低的产品。此后，1987年，美国又通过了《国家设备能源保护法》，进一步明确了对产品能耗的要求。与此同时，欧洲、日本等发

---

[1] EIA, *Annual Energy Review*, 2008-2009, http://www.eia.gov/totalenergy/data/annual/index.cfm, 2011-11-10.

[2] 杨光：《欧盟能源安全战略及启示》，《欧洲研究》2007年第51期。

[3] "吃油税"的征收对象为车重为6000磅以下的乘用车。

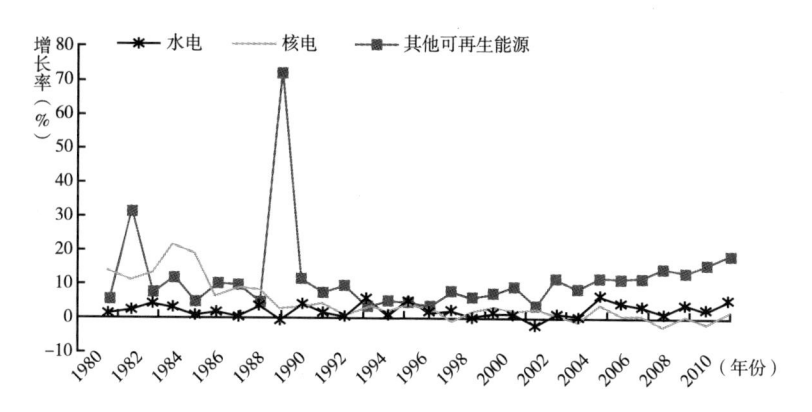

图 4-4　1980~2010 年非化石能源发电量的增长率

资料来源：EIA, *international Energy Statistics*, http://www.eia.gov/cfapps/ipdbproject/IEDIndex3.cfm?tid=5&pid=53&aid=1, 2013-02-07. EIA, *Performance Profiles of Major Energy Producers 2009*, Washington: EIA, 2011。

达国家也都制定了相似的法律。以上一些法律条文的出台，有效促进了西方发达国家能源效率的提高。

西方国家采取的行动对节能技术起到了很好的促进作用。如图 4-5 所示，在"吃油税"推出之前，美国国内汽车的能效一直呈下降趋势，1960 年，美国国内汽车每加仑燃料可行驶 12.4 英里，到 1975 年，却下降至 12.2 英里，1980 年，"吃油税"发布之后，美国国内汽车的能源效率显著提高，每加仑燃料可行驶里程上升至 13.3 英里，到 2010 年，每加仑燃料的行驶里程上升至 17.5 英里，能源效率较 1975 年提高了 43.5%。此外，根据美国能源信息署的资料，美国 1970~1979 年建造房屋的能源使用量为每平方英尺 4.7 万英热单位，而 2000~2009 年建造房屋的能源使用量为每平方英尺 3.7 万英热单位，单位能源使用量下降了 21.3%[1]。

西方国家采取的促进节能技术发展的行动带来了单位 GDP 能耗的持续下降。以按购买力平价调整的 2005 年美元价格计算，1980~2009 年，OECD 国家每千美元的能源消耗量由 224.8 公斤桶油当量降至 146.6 公斤桶油当量，降幅高达 35.2%，美国每千美元的能源消耗量则由 311.3 公斤桶油当量降至 171.2 公斤桶油当量，降幅为 45.0%。

---

[1] EIA, Office of Energy Consumption and Efficiency Statistics, Forms EIA-457 A and C-G of the 2009 Residential Energy Consumption Survey.

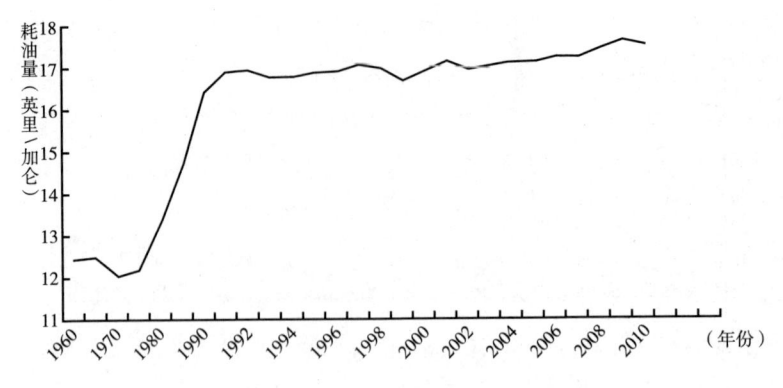

图 4-5　1970~2010 年美国汽车耗油量

资料来源：RITA, 12 March, 2012, http://www.rita.dot.gov/bts/sites/rita.dot.gov.bts/files/publications/national_transportation_statistics/excel/table_04_09.xls, 2013-08-05。

表 4-1　1980~2009 年每千美元 GDP 能源消耗量变化

单位：每公斤桶油当量

国家	1980 年	1985 年	1990 年	1995 年	2000 年	2005 年	2009 年
巴西	123.6	133.1	130.6	129.0	137.1	136.1	131.3
德国	218.7	204.4	170.9	148.4	135.4	132.0	120.9
俄罗斯	—	—	469.6	547.4	491.5	384.1	334.8
法国	171.5	168.9	158.3	157.5	146.6	145.4	135.8
韩国	195.0	173.8	190.8	203.7	213.6	191.6	184.2
美国	311.3	261.1	240.5	229.2	203.7	184.6	171.2
南非	270.3	342.9	334.4	371.7	340.2	321.3	312.2
沙特阿拉伯	93.6	174.7	191.8	244.0	248.7	296.7	293.1
印度	333.2	321.8	299.6	283.7	251.9	213.6	199.0
英国	202.7	184.1	160.1	155.3	130.3	112.8	99.4
中国	1164.1	808.8	690.7	470.0	325.1	316.2	273.2
OECD 国家	224.8	199.9	187.5	182.7	167.4	156.7	145.6
世界	239.3	223.4	236.9	223.5	202.2	194.0	183.2

注：按购买力平价调整的 2005 年美元价格。

数据来源：World Bank, WDI Database, February 7, 2014。

虽然美欧等西方国家能源密集度（单位 GDP 消耗的能源量）的提高与产业转移也有一定的关系，但由于欧美等西方国家又是机器设备和交通运输工具的主要生产者，发达国家节能技术的发展在全球形成了一定的扩散效应。1980~2009 年，由于采用了能效更好的生产设备和交通运输工具，很多发展中国家的能源密度也有大幅下降。例如，印度每千美元的能源消耗量由 333.2 公斤桶油当量下降至 199.0 公斤桶油当量，降幅为 40.3%；中国每千美元的能源消耗量由 1164.1 公斤桶油当量降至 273.2 公斤桶油当量，降幅更是高达 76.5%。而同期世界每千美元的能源消耗量则由 239.3 公斤桶油当量降至 183.2 公斤桶油当量，也实现了 23.4% 的降幅。

3. 替代能源与节能技术发展对石油需求的影响

替代能源和节能技术的发展对石油需求的特点产生了很多重大影响。首先，替代能源的发展降低了石油在初级能源中所占的比例，而节能技术的发展则提高了石油的使用效率。在二者的影响下，石油需求的收入弹性有了大幅降低。也就是说，世界经济发展对石油的依赖程度变小了，世界经济变化带来的油价波动也变小了。

从前文我们可以看到，20 世纪 70 年代至今，世界经济的真实 GDP 增长率并没有发生过显著的变化，但是石油消费的波动却从 20 世纪 80 年代中期趋于平稳。之所以出现这种变化，是因为替代能源和节能技术的发展有效降低了世界经济对石油的依赖程度。

二 政治因素对石油供给的影响

与石油需求一样，石油生产和消费区域错位也是导致石油供给极易受到政治因素影响的重要原因。由于石油资源净出口量主要集中于远离主要石油消费市场的中东、非洲和拉美地区，而这些地区的主要石油出口国又都是发展中国家，其政治发展过程中存在很多不确定因素，包括战争、罢工、恐怖主义事件等，这往往会带来特定石油产区石油生产的中断和受阻，从而给国际石油供给带来冲击。除石油生产和消费区域错位外，政治因素影响石油供给还源于石油资源的所有者多为主权国家，而且大多数是经济严重依赖石油资源的发展中国家，其石油生产决策不同于追求利润最大化的国际石油公司，这一差异又给世界石油上游投资带来了深远的影响。此外，一些国家存在较高的政治风险，也是影响国际石油公司上游投资行为的重要因素。与石油需求一样，政治因素对石油供给的影响也可划分为短期影响和长期影响。短期来看，政治因素对石油供求的影响主要表现在产量方面，即产油国国内爆发的政治事件导致特定石油产区发生石油供应中断，从而导致国际石油供求出现暂时失衡的现象。长期来看，政治因素对石油供给的影响主要表现在石油投资方面，由于经济严重依赖石油的产油国在石油生产上遵循目标收益的规则，并且在石油开发上需要照顾民众对资源主权的需求，这样，产油国的政策选择就给国际石油投资行为带来复杂影响。在高油价下，产油国因为财政状况得以改善，资金需求减少，国际油价的进一步上涨就不一定会带来产油国石油产能的扩张。此外，虽然一些产油国一直都有较大的资金需求，却有着较高的地缘政治风险。高政治风险有效限制了这些国家石油产能的扩张，这在一定程度上发挥了抑制世界石油产能迅速扩张的作用。

（一）短期影响：政治事件带来供给冲击

虽然引发石油供应中断的因素有很多，但从石油市场的历史来看，地缘政治因素是导致石油供应中断最普遍的因素。如表4－2所示，1973年石油危机以来，全球共发生过10次100万桶以上的石油供应中断。在这10次供应中断中，除1999年4月到2000年3月欧佩克减产促价和2005年9月卡特里娜飓风外，都与主要石油产区爆发的政治动荡、国际冲突和战争有关。由此来看，地缘政治因素实际上是导致国际石油供应中断和石油供求短期失衡最重要的因素。

政治因素引发供给冲击主要与石油资源的地理分布有关。世界上最主要的石油出口国大多是位于中东、非洲、拉美及亚欧大陆的发展中国家和转型国家，其中，很多国家存在不同程度的、影响石油生产活动正常进行的政治风险，而这些政治事件的发生又往往十分突然，难以预期。因此，经常性的、突发性的特定石油产区的石油供给中断就成为国际石油市场的常态。

表4－2 世界石油供应中断的重大事件

供应中断时间	最大供应短缺量（万桶/日）	供应中断原因
1973年10月至1974年3月	430	第四次中东战争和石油禁运
1978年11月至1979年4月	560	伊朗伊斯兰革命
1980年10月至1981年1月	410	两伊战争爆发
1990年8月至1991年1月	430	海湾危机和海湾战争
1999年4月至2000年3月	330	欧佩克减产促价
2001年6~7月	210	伊拉克因对联合国"石油换食品"方案不满暂停石油出口
2002年12月至2003年3月	260	委内瑞拉石油工人罢工
2003年3~12月	230	伊拉克战争和战后局势动荡
2005年9月	150	卡特里娜飓风袭击美国
2011年3~8月	150	利比亚战争

资料来源：笔者根据历史数据整理，部分内容参见杨光《新世纪的高油价与中东》，《西亚非洲》2008年第9期。

不过，地缘政治事件带来的、特定石油产区的供应中断是在短期扰动国际石油供给极为重要的因素之一，但在供求紧张与供求宽松的市场上，同样程度的供应中断对石油市场的冲击却明显不同。从表4-2中可以发现，由突发政治事件引发的供应中断往往出现在供求紧张的市场上，这是因为，在供求紧张的市场上，由于欧佩克的剩余产能有限，很难通过产量调整抑制住国际油价的波动。反之，如果石油供求比较宽松，欧佩克剩余产能丰富，欧佩克便有能力通过产能调整影响国际石油供求，特定石油产区发生的供应中断就不会给国际石油市场带来太大影响。其实，"第一次石油危机"之后，在供求宽松的市场上，特定石油产区出现的供应中断和出口受阻的情况也时有发生。例如，东欧剧变发生后，苏联地区的石油产量由1990年的1157万桶/日持续下降至1996年的717万桶/日，降幅超过400万桶/日。2002年年底到2003年3月，委内瑞拉罢工造成日均210万桶的产量损失。2003年3~8月，尼日利亚骚乱造成了日均30万桶的供应短缺[①]。只不过是在供求宽松的市场上，欧佩克产量调整很快让国际石油供求恢复了平衡，这些供应中断才没有引起市场参与者的太多关注，即使是20世纪90年代初的海湾危机和海湾战争引发的"第三次石油危机"也只是一场迅起速落的危机，在强度和持续时间上都难以与其他几次石油危机相提并论。

（二）长期影响：政治风险与石油投资

在长期，政治风险对石油市场的影响主要是投资，政治因素对石油投资的影响主要体现在两个方面：一是产油国石油政策的转变，这与产油国石油生产遵循目标收益规则以及产油国兴起的资源民族主义有着密切关系；二是与投资安全密切相关的地缘政治风险。

1. 目标收益、资源民族主义与国际石油投资

1973年"石油危机"结束之后，很多产油国都陆续收回了本国石油资源主权，并且在与外国石油公司的合作关系中占据主动地位。因此，20世纪70年代中期以后，产油国的石油政策以及这些国家对待外国石油公司的态度就成为影响国际石油投资的重要因素。由于产油国国内投资机会有限，海外投资的技术性要求较高，并且会面临一些安全性风险，因此，产油国的石油生产表现出较为明显的目标收益的特点。也就是说，如果产油国资金需

---

① BP, *BP Statistical Review of World Energy June 2014*, http://www.bp.com/statisticalreview, 2014-10-01.

求较大，他们就倾向于多生产一些，反之，则倾向于少生产一些。不过，大多数产油国早已按照最大产能生产石油，在产量调整上缺乏弹性，目标收益规则更多地表现为产油国上游投资活动的变化：产油国资金需求大的时候，便会增加上游投资力度，进一步挖掘资源潜力，提高本国石油生产能力；反之，则会满足于现状，放弃开发新的石油资源。在石油勘探开发方面，大部分产油国缺少必要的技术与资金，本国资源的开发需要依赖外国石油公司的资金和技术支持，这样，产油国石油生产目标收益的特点就成为影响国际石油公司上游投资活动的重要因素，其表现形式就是资源民族主义。

世界上很多重要的产油国都是发展中国家，国家财政主要依赖石油出口收入。由于大部分产油国的石油生产缺乏弹性，因此，国际油价的变化成为影响这些国家财政状况和资源开发政策的主要因素。一般说来，在国际油价高涨时，产油国财政状况会比较充裕，在本国资源的开发上也会变得保守，资源民族主义就会抬头。反之，在国际油价下跌或持续低迷时，产油国财政状况就会变得捉襟见肘，为了提高本国石油产量和出口量，获得更多的石油出口收入，这些国家就会给予外国石油公司更为优惠的投资条件。从国际石油市场的实践来看，20世纪70年代中期，产油国收回本国石油资源主权后，国际油价的变化对产油国资源民族主义的影响还是比较明显的。1973年至今，国际石油市场总共经历过两次资源民族主义浪潮：第一次是20世纪70年代中期到80年代初；第二次则兴起于2005年前后。产油国出现的这两次资源民族主义浪潮均是在国际油价不断攀升的背景下展开的，反观国际油价较为低迷的时期，产油国资源民族主义也会随之陷入低谷。例如，在1986年"价格战"前后，面对石油出口收入锐减和国家财政困难，除沙特阿拉伯、科威特少数几个欧佩克富国外，很多刚刚经历过石油资源国有化运动的欧佩克产油国均改变了以往的政策，重新实行上游领域"对外开放"的石油政策，积极吸引外国石油公司投资本国上游领域，以便提高本国石油产量，获取更多石油出口收入。

产油国石油生产遵循目标收益的规则及其带来的产油国资源民族主义浪潮给国际石油投资带来了十分深远的影响。一般商品的供求规律是：价格下降，供给减少；价格上涨，供给增加。但是，目标收益规则以及产油国资源民族主义的存在让石油供给变得与一般商品有所不同。对于石油供给而言，油价低迷时期，未必出现石油供给的明显减少，反之，油价高涨时期，也不一定会出现石油供给的明显增加。

首先，由于产油国石油生产目标收益规则以及产油国资源民族主义的存在，国际油价的持续低迷未必会带来石油投资的大幅收缩。在油价持续低迷的时期，产油国石油出口收入的减少会给国家财政平衡带来很大冲击，对于大多数经济严重依赖石油的发展中产油国来说，如果油价长期低迷，想要恢复国家财政平衡唯有加大上游投资力度，进一步提高本国石油产量。因此，面对油价的持续低迷，很多产油国并不会削减产量，反而会给予外国石油公司更为优惠的条件，提高本国的石油生产能力，获得更多石油出口收入。这就是为什么 20 世纪 80 年代中后期，很多实行过"国有化"政策的欧佩克国家又重新开放了本国石油上游的投资。

由于产油国石油生产目标收益规则以及产油国资源民族主义的存在，国际油价的上涨未必会带来石油投资的繁荣。这是因为，对于大多数经济严重依赖石油资源的产油国来说，由于其国内外投资机会十分有限，国际油价上涨带来的超额收益很难完全消化。这样，在油价高涨的时期，大多数产油国就会满足于现有产量，而不会追求产量的进一步提升。所以，1973 年"石油危机"以来，国家石油市场兴起的两波资源民族主义浪潮均是在高油价背景下展开的。

产油国石油生产循序目标收益规则以及与之相关的资源民族主义给国际石油投资带来了十分复杂的影响。与低油价时期相比，这种影响在高油价时期要重要得多。一方面，在高油价时期，因为产油国财政得到了极大的改善，一般不会追求产能上的进一步扩张，而是转向追求从单位石油产量中获取的利润比例，而产油国态度的转变，意味着国际石油公司投资环境的恶化。在高油价时期，由于资源地质条件较为优越的产油国倾向于实行较为"节俭"的资源开发政策，国际石油公司的投资机会也会随之减少，只得将上游投资活动集中于资源地质条件较为恶劣的区域，从而带来上游投资成本的迅速增加。另一方面，由于产油国掌握本国的石油资源主权，并且产油国会向石油公司索取地租收益，国际油价的上涨并不会显著提高石油公司的利润率。如前文图 2-1 所示，资源国掌握石油资源主权后，国际油价上涨并不会转变成石油公司的利润，而是会以石油地租的形式被产油国占有。由于在低成本油田的开发中获得超额利润，而且作为上市公司，管理层又要确保一定的利润率，国际石油公司在开发高成本油田时往往会在资金筹集上遇到一定的困难。因此，得益于产油国收回本国石油资源的主权，高油价时期，国际石油市场不但无须担心石油投资过剩，反而要担心石油投资的不足。

2. 政治风险与石油投资

石油上游投资具有前期投入大、回收周期长的特点。对于任何石油公司来讲，在做出石油投资决策时，都不能不考虑东道国的政治风险。学术界一般将这种政治风险定义为"东道国存在的可能会威胁投资安全、投资收益，以及公司其他目标的各种不稳定因素"。国际石油公司在对产油国进行投资时，所需面对的政治风险大体可以划分为两类：外部政治风险，包括影响国家石油投资的经济制裁、可能将其置于战争风险中的国际关系紧张等；与国内环境相关的地缘政治风险，主要是指战争、政变、革命、起义，以及罢工等影响东道国稳定的各种因素。

(1) 外部政治风险与石油投资

冷战结束后，西方国家，特别是美国更加频繁地使用经济制裁的方法作为推行国家战略目标、抑制敌对国家的手段[①]，而中东一些与美国存在紧张关系的产油国自然也被美国作为经济制裁的对象，美国及其发起的联合国制裁严重影响了这些产油国石油工业的发展。

从 20 世纪 90 年代以来的石油供给的历史来看，外部政治风险对一些产油国石油投资的影响十分明显。欧佩克国家按照国情的不同可以划分为挥霍者和节俭者两类。挥霍者是指那些人口众多、国内经济建设需要大笔资金的国家，这些国家希望开采尽可能多的石油资源，为国家的经济发展募集资金。以人均 GDP 作为标准进行划分，欧佩克国家中除了富裕的海合会四国外，几乎都应算作挥霍者[②]。但是，欧佩克中一些石油储量丰富、资金需求大的国家因为国际关系的紧张使其资源禀赋难以充分发挥。外部政治风险对欧佩克高资金需求资源富国的限制从 1994~1997 年以及 2000~2008 年欧佩克两次上调配额过程中各国产量变化的状况中得到了很好的体现。

20 世纪 90 年代以后，欧佩克产量和配额有两段上升时期。第一段上升

---

① Kimberly Ann Elliott and Gary Clyde Hufbauer, "Same Song, Same Refrain? Economic Sanctions in the 1990's," *The American Economic Review*, Vol. 89, No. 2, Papers and Proceedings of the One Hundred Eleventh Annual Meeting of the American Economic Association, 1999, pp. 403–408.

② 海因丽萨和平狄克是在 1976 年提出了"挥霍者"和"节俭者"的概念，并把利比亚划归为"节俭者"。不过，到 20 世纪 90 年代以后，因为美国对利比亚的制裁和持续的低油价，利比亚国内经济面临着很大的困难。因此，利比亚在 20 世纪 90 年代之后，也应被看作"挥霍者"。关于"挥霍者"和"节俭者"的定义参见 E. Hnyilicza and Robert S. Pindyck, "Pricing Policies for a Two-Part Exhaustible Resource Cartel, the Case of OPEC," *European Economic Review*, Vol. 8, No. 2, 1976, pp. 139–154.

时期出现在 1994～1997 年，第二段上升时期出现在 2003～2008 年（见附录）。在第一段上升时期，欧佩克主要产油国中除了海合会三国（沙特阿拉伯、科威特、阿联酋）外，只有伊朗、伊拉克和利比亚三国产量没有显著的上升，这主要是因为美国或联合国的长期制裁严重限制了三国石油工业的发展，导致上游投资的不足。而在第二轮油价上涨期间，得益于国际关系的缓和，利比亚、伊拉克的石油产量均有大幅度提高。2003～2004 年，联合国和美国相继解除了对利比亚的制裁，利比亚国内石油投资得以恢复，石油产量迅速上涨。2002～2008 年，该国石油产量由 148.5 万桶/日提高至 182.0 万桶/日，增幅高达 22.6%。2003 年，伊拉克战争结束后，石油产量也开始快速增长[1]。而与利比亚、伊拉克形成鲜明对比的是伊朗。就石油储量而言，伊朗是中东地区仅次于沙特阿拉伯的、资源禀赋最为优异的国家。但是，进入 21 世纪以后，"伊核问题"的持续升温导致该国与西方国家关系持续紧张，其石油产量并未如同伊拉克、利比亚那样取得突破性的提高。2002～2008 年，该国石油产量虽然由 400.2 万桶/日提高到 439.6 万桶/日，增幅虽然也接近 10.0%，但其石油资源禀赋依然没有得到充分发挥。2012 年，伊朗石油产量为 368.0 万桶/日，仅为 1974 年产量水平的 60.7%[2]。

通过伊朗、伊拉克、利比亚三个产油国在 1994～1997 年和 2002～2008 年石油产量的调整来看，对于仍然拥有常规供给曲线的石油资源大国，其生产潜力不能得到充分发挥，与美欧对其施加的经济制裁有着密切关系。这些制裁的存在也在很大程度上限制了世界石油生产能力的过度扩张。

（2）内部政治风险与石油投资

虽然一些石油资源富国与世界主要大国建立了良好的关系或者得到了某些大国的支持，但其国内局势的动荡也会限制这些国家石油资源禀赋的充分发挥。从影响石油投资的国内政治因素来看，内战是限制产油国石油投资最为重要的因素。例如，安哥拉和苏丹都是石油资源比较丰富的国家，但内战长期阻碍了两国石油工业的发展。直到两国国内局势得到改善后，其石油资源禀赋才得以充分发挥。

除战争外，大规模的恐怖主义也是抑制产油国石油资源禀赋发挥的重要

---

[1] BP, *BP Statistical Review of World Energy June 2014*, http://www.bp.com/statisticalreview, 2014-10-01.

[2] BP, *BP Statistical Review of World Energy June 2014*, http://www.bp.com/statisticalreview, 2014-10-01.

因素。恐怖主义袭击是一种不对称的斗争方式，发动者往往是宗教极端势力或者反政府武装组织，其目标则是要对抗政府。对于大多数产油国，特别是经济实力较弱的石油出口国来说，石油工业是本国的经济命脉，因此，石油设施自然成为恐怖主义的重要袭击对象。恐怖主义影响石油投资最为显著的例子就是2003年伊拉克战争结束之初的市场环境。2003年的伊拉克战争虽然将伊拉克石油工业从国际制裁的枷锁中解放出来，但战争结束后，该国马上陷入混乱，宗教极端势力迅速渗入，油田和输油管线成为反美武装袭击的目标。此时，急需资金的伊拉克过渡政府呼吁国际石油公司投资本国石油工业，并且对其开出了比较优惠的投资条件。但是，直到伊拉克安全形势有转稳迹象之前，国际石油公司对于投资伊拉克始终裹足不前。除伊拉克外，尼日利亚是受恐怖主义影响较大的产油国。2006年以来，尼日利亚反政府武装在石油主要产区尼日尔三角洲地区频繁发动袭击和进行破坏活动，该国反政府武装组织采取的行动不但导致该国石油产量的下降，还直接影响到国际石油公司对尼日利亚的投资信心。近些年，很多国际石油公司因为惧怕反政府武装发动的袭击和破坏行动，削减或取消了尼日利亚陆上油田的投资行动，将对尼日利亚的油气投资集中在反政府组织无力触及的海上石油资源。

此外，包括政变、罢工在内的其他一些政治事件有时也会带来石油投资的风险。但是，这些因素对石油投资产生的实际影响十分有限。自独立以来，大多数非洲产油国的国内政治局势都不太稳定，但是除了内战及大规模恐怖主义袭击外，其他政治风险因素并没有对这些国家石油工业的发展构成阻碍。

第二节　石油市场因素分析

与其他卡特尔相比，欧佩克市场份额并不高，最多仅占到世界石油产量的50%。作为一个市场份额较小且组织松散的由主权国家组成的卡特尔组织，欧佩克能够影响国际油价主要是得益于石油需求缺乏弹性这一特点。石油是一种需求极为缺乏弹性的商品，在供求平衡的市场上，石油供给的微小变化都会带来价格上的大幅波动。正因为如此，即使市场份额非常有限，欧佩克仍能通过产量调整，进而影响石油市场"剩余需求"的途径来达到影响国际油价的目的。但是，欧佩克产量调整幅度又会受到很多因素的限制，当世界石油市场对欧佩克"剩余需求"的变化超出了欧佩克产量调整的范围时,欧佩克就不能将油价维持在自己合意的水平。石油市场对欧佩克的剩余需求实际上代表了世界石油需求与竞争性供给之间的差额,因而,世界石油需求的变化和石油市场竞争性供给的变化,都会对欧佩克影响油价的能力形成制约。

一 石油需求

卡特尔理论认为,商品需求弹性的特点和商品需求变化的特点都会影响到卡特尔对市场的控制。首先,从需求弹性方面看,商品需求如果缺乏弹性,卡特尔提高价格获得的收益就会很大,因而有利于卡特尔的稳定[1]。从需求变化来看,需求越是稳定,越是呈现周期性波动,就越有利于卡特尔对市场的控制。

(一)石油需求弹性的影响

石油短期价格弹性很小,石油供求的少量变动都会带来价格的大幅波动。虽然长期来看,高油价可以激励替代能源和节能技术的发展,由此在一定程度上降低世界经济对石油的依赖程度,但是,其他能源品种的发展对石油的替代效果十分有限,因为收入效应的存在,节能技术即使在快速发展的时期也很难带来能源消费量的明显减少。因此,与其他商品相比,石油的长期需求对价格也是相当不敏感的。这一点对欧佩克影响油价的能力非常重要,这是因为,如果石油需求对价格十分敏感,高油价就会带来石油需求的明显减少,即会加大欧佩克维持垄断高价的难度。但是,因为石油需求的长期价格弹性较小,即使国际油价长期维持在高位,也不会带来石油需求的明显减少。

埃克博(Eckbo)曾经分析了多个行业中卡特尔垄断力与商品需求之间的关系。埃克博发现,只有在那些商品需求极为缺乏弹性的行业内,卡特尔才能大幅提高商品价格[2]。埃克博的分析虽然并不全面,如钻石是一种需求非常富有弹性的商品,但钻石卡特尔在历史上是最为成功的卡特尔之一,不

---

[1] Robert S. Pindyck, "The Cartelization of World Commodity Markets," *The American Economic Review*, Vol. 69, No. 2, Papers and Proceedings of the Ninety-First Annual Meeting of the American Economic Association, 1979, pp. 154 – 158.

[2] Paul Leo Eckbo, *The Future of World Oil*, Cambridge, Mass: Ballinger Pub. Co., 1976, p. 42.

过，钻石卡特尔的成功与特定的市场环境有关[①]。对于大多数卡特尔而言，商品需求缺乏弹性才是其成功的关键，因此，对于欧佩克这样市场份额极为有限的卡特尔，石油需求缺乏弹性是其发挥卡特尔作用、获取垄断高价的前提条件。如果缺少这一条件，欧佩克就很难将油价维持在高位了。

（二）石油需求波动周期性

产品需求波动的周期性变化会影响卡特尔对产品市场的控制。苏斯洛夫认为，可以预料到的、周期性的需求波动不会影响卡特尔的稳定，但预料不到的需求波动则会影响卡特尔对市场的控制[②]。

石油需求是经济发展的派生需求，石油需求的收入弹性非常大，几乎是1[③]。世界经济快速发展会带来石油需求的迅速增长，世界经济出现停滞或衰退，石油需求的增长速度就会放慢，甚至会下降，因为经济周期存在繁荣——衰退——萧条——复苏四个阶段，世界经济的周期性波动带来了石油需求的周期性波动。

因为经济周期难以把握，对石油需求波动进行预测就变得十分困难。从"价格战"之后国际油价波动的历史来看，大多数经济危机前后都会出现石油价格的大幅波动（见图2-12），之所以会出现这一情况，主要是因为欧佩克通过配额调整来实现影响油价的目的，而这一机制的弊病就是产量调整需要时间。面对国际石油市场对其"剩余需求"的变化，欧佩克很难做出迅速的反应。但是，世界经济从繁荣到衰退的转变往往是突发性的，危机之前经济一般都会经历石油需求快速增长的繁荣阶段，而此时欧佩克供给又不会马上提高，石油投机就变得有利可图，从而带来国际油价的上涨。反之，当经济由繁荣进入危机，石油需求的增长速度就会马上下降，而欧佩克产量削减也需要时间，短期的供过于求就会引发油价的下跌。随着石油期货重要

---

① 钻石卡特尔虽然由多家公司构成，但是作为全球最大的钻石公司，德比尔斯在1994年之前就占有全球80%以上的市场份额，因为该公司的市场垄断度高，并且其他非洲钻石公司无力进军销售领域，钻石卡特尔才获得了巨大的成功。但是在20世纪90年代之后，面对加拿大、俄罗斯、澳大利亚等国在销售渠道方面的竞争，德比尔斯公司最终放弃了对钻石产量的控制。

② Valerie Y. Suslow, "Cartel Contract Duration: Empirical Evidence from Inter-War International Cartels," *Industrial and Corporate Change*, Vol. 14, No. 5, 2005, pp. 705 – 744.

③ Margaret E. Slade, Charles Kolstad and Robert J. Weiner, "Buying Energy and Nonfuel Minerals: Final, Derived, and Speculative Demand," in A. V. Kneese and J. L. Sweeney eds., *Handbook of Natural Resource and Energy Economics*, Vol. 3, Amsterdam: North-Holland, 1993, pp. 935 – 1009.

性的不断提高,市场参与者对未来的预期开始占据前所未有的地位。因为石油期货市场的存在,有关石油供需和世界经济发展的任何信息都会立即反映到国际油价中,这些因素在投资资金的作用下会立即带来油价的大幅波动,而欧佩克几乎不能对这些波动做出反应。

因为石油需求的波动难以预测,欧佩克的产量调整又需要时间,对于世界经济发展带来的国际油价经常性的波动,欧佩克很难通过产量调整将其冲销。因此,欧佩克也没有能力像其他卡特尔组织那样,将国际油价固定在某一特定水平之上。不过,当欧佩克通过产量调整使市场重新恢复平衡状态后,石油价格又会回到欧佩克期望的水平。

(三) 需求波动的幅度

需求波动幅度对卡特尔的稳定和市场的影响力也很重要。一些卡特尔理论对于两者关系的论述主要集中在石油投资方面。例如,罗滕伯格(Rotemberg)和赛龙纳(Saloner)就认为,需求快速增长会导致更多竞争者进入该行业,以及卡特尔现有成员产能的扩张,而产能的过度扩张往往会带来产能过剩,从而威胁到卡特尔的稳定[1]。不过,即使抛开石油投资的影响,石油需求波动幅度也是影响欧佩克市场能力的重要因素。例如,格林(Green)和波特(Porter)就认为,需求的持续下降往往会导致卡特尔成员降价竞争,进而导致勾结协议的破裂[2]。此外,狄克(Dick)、阿什(Asch)等也持有相似的观点。他们认为,与需求增长十分迅速和需求持续减少的行业相比,需求缓慢增长的行业更有利于卡特尔对价格的控制[3]。

石油需求的波动幅度之所以是影响欧佩克市场作用的重要因素,无非是因为欧佩克与其他卡特尔组织一样,影响市场的唯一手段便是借助于剩余产能的调整。但与其他行业不同的是,石油生产具有前期投资资金需求大、闲置油田维护成本高的特点,这就决定了作为市场垄断者,欧佩克保有的剩余

---

[1] Julio J. Rotemberg and Garth Saloner, "A Supergame-Theoretic Model of Price Wars during Booms," *The American Economic Review*, Vol. 76, No. 3, 1986, pp. 390 – 407.

[2] Edward J. Green and Robert H. Porter, "Noncooperative Collusion under Imperfect Price Information," *Econometrica*, Vol. 52, No. 1, 1984, pp. 87 – 100.

[3] Andrew R. Dick, "Identifying Contracts, Combinations and Conspiracies in Restraint of Trade," *Managerial and Decision Economics*, Vol. 17, No. 2, Special Issue: The Role of Economists in Modern Antitrust, 1996, pp. 203 – 216; George Symeonidis, "In Which Industries is Collusion More Likely? Evidence from the UK," *The Journal of Industrial Economics*, Vol. 51, No. 1, 2003, pp. 45 – 74; Peter Asch and Joseph J. Seneca, "Characteristics of Collusive Firms," *The Journal of Industrial Economics*, Vol. 23, No. 3, 1975, pp. 223 – 237.

产能十分有限。因此，当世界石油市场对欧佩克"剩余需求"的增长量超过欧佩克产量调整极限时，欧佩克便会失去阻止油价进一步上涨的能力。此外，又由于欧佩克是由主权国家组建的卡特尔组织，产油国石油生产又要遵循目标收益的规则，当国际石油市场对欧佩克或是特定欧佩克国家"剩余需求"减少，从而导致欧佩克产量下降到国家财政不能承担的地步时，欧佩克成员国便会放弃对价格的控制，转而采取竞争性策略。因此，如果石油需求波动幅度过大，欧佩克就会因为产量调整能力上的限制，很难对国际油价施加影响。故而与石油需求大幅波动相比，石油需求波动幅度的降低更有利于欧佩克对国际油价施加影响。

从图4-6中，我们可以发现，20世纪70年代之后世界石油需求的增长速度呈现出截然不同的两个时期。1984年之前，石油需求增长速度大起大落，1970年和1973年都曾出现高达8.0%的增幅，而在1980年，又曾出现过接近4.0%的降幅。在1984年之后，世界石油需求的波动幅度有了明显降低，大多数时间保持在0.0%~3.0%，最高也仅是2004年达到了4.0%的增幅，2009年出现过1.3%的降幅。因此，以20世纪80年代中期为界，世界石油需求的波动状态由大起大落变化为缓慢增长。这一变化，对于欧佩克影响油价十分重要。

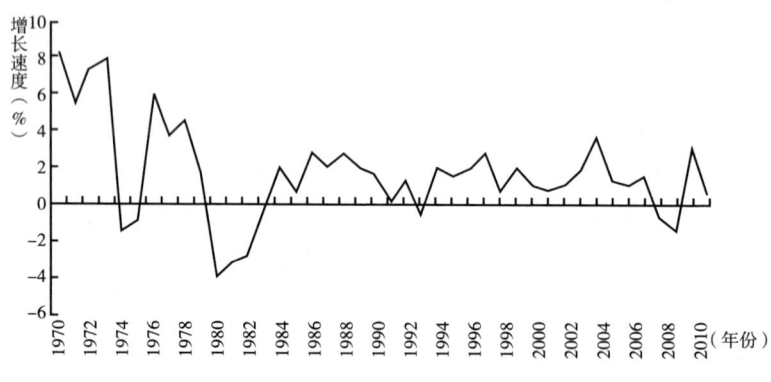

图4-6 1971~2011年世界石油需求的增长速度

资料来源：BP, *BP Statistical Review of World Energy June 2012*, http://www.bp.com/statisticalreview, 2012-10-01。

从欧佩克石油政策的实践来看，20世纪80年代中期以前，正是因为世界石油需求收入弹性过高，欧佩克产量调整跟不上世界石油需求的变化，才导致欧佩克石油政策陷入被动。20世纪70年代中期到80年代中期，作为欧佩克核心的沙特阿拉伯之所以不能实现自己的目标，就是因为石油市场对欧佩克"剩余需求"的变动远远超出了其产量调整的极限。在"提价保值"阶段，沙特阿拉伯虽然联合阿联酋试图通过增产阻止石油价格的上涨，但最终因为增产能力有限，其不得不在市场的压力下提高石油标价。在"限产保价"阶段，沙特阿拉伯虽然尝试通过与科威特、阿联酋等欧佩克石油富国联合减产阻止价格的下落，但石油需求的下降幅度远远超过了这些国家的能力可及，在财政赤字不断增大的压力下，即使沙特阿拉伯、科威特这样的富裕国家也不得不放弃对价格的控制，采取竞争性行为。其实远在欧佩克成立之前，国际石油公司统治石油市场的时候，其市场垄断力甚至较欧佩克还要强出很多，但因为石油需求波动大的特点，国际石油市场一直保持低油价均衡和高油价均衡的交替。

而在20世纪80年代中期以后，得益于石油收入弹性的降低，同样规模的经济波动对欧佩克产量调整提出的要求也有所降低。这样，当世界经济出现衰退时，国际石油市场对欧佩克提出的减产要求也就有所减弱。而正是得益于此，2008～2009年，全球金融危机的严重程度虽然不弱于20世纪80年代初，但却没有带来世界石油需求的持续低迷，也没有激发产油国采取竞争性行为。欧佩克，特别是沙特阿拉伯等欧佩克核心国家，仅是在产量上做出少量牺牲，就又让国际石油供求恢复稳定。

二 石油供给

前文已经多次提到，欧佩克主要是通过产量调整影响"剩余需求"来达到影响石油价格的目的。因而，从石油供给来看，竞争性供给变化的特点是影响欧佩克市场作用的重要因素。石油供给的短期变化主要受产量波动的影响，而石油供给的长期变化主要受石油投资的影响。短期来看，意料不到的供应中断加剧了石油市场的动荡，因而削弱了欧佩克对油价的影响。但从长期来看，在需求缓慢增长和石油生产成本较高的市场环境中，石油公司在上游投资上就会变得十分谨慎，因而有助于欧佩克对油价的控制。

（一）石油供应中断的影响

就国际油价的短期波动而言，突发性的供应中断几乎是石油市场的常态。除了欧佩克主动发起的产量调整外，几乎所有石油产量的波动都是由突发事件引起的供应短缺造成的，笔者在前文已经介绍过政治因素带来的石油产量波动与欧佩克油价影响力之间的关系。其实，石油市场中，除了政治因素带来的产量波动外，还有一些自然灾害，如地震、海啸等带来的石油产量波动。

自然灾害带来的石油供应中断与政治因素带来的供应中断在本质上并无区别，两者都会带来特定石油产区产量的下降，以及国际石油市场对未受影响的欧佩克国家"剩余需求"的增加。如果石油供应中断发生在非欧佩克产油国，则意味着国际石油市场对欧佩克"剩余需求"的突然增加，欧佩克必须增加产量才能阻止价格的上涨。如果供应中断发生在欧佩克国家，就意味着国际石油市场对其他成员国"剩余需求"的增加，未受到突发事件影响的其他欧佩克成员国必须迅速增产来填补欧佩克的产量损失，以便维持石油市场的平衡，阻止石油价格的上涨。

而无论是地震、海啸等自然灾害引发的石油供应中断，还是内战、罢工等政治事件引发的石油供应中断，大都带有突发性，人们难以对其进行准确的预期。因此，在供应中断发生时，由于欧佩克需要时间来调整产量，国际石油市场暂时出现的供求失衡往往会带来国际油价的上涨。

不过，如果带来特定石油产区供应中断的突发事件是欧佩克能够预期到的，该组织便能通过及时调整产量来抑制国际油价的波动。20世纪90年代初的东欧剧变对石油市场的影响很好地证明了这一点。从20世纪70年代以后的世界历史来看，无论哪次地缘政治事件都不能同80年代末到90年代初的东欧剧变相比。这场政治危机不但给世界政治、经济结构带来巨大冲击，也给国际石油市场的发展变化带来了深远影响。在东欧剧变发生前，苏联曾是世界上最大的产油国，1990年，日产达到1157万桶。东欧剧变发生后，苏联地区的石油产量直线下降，到1996年，原来的苏联地区石油产量下降到每天717万桶[1]。如果就单个产油区供应中断而言，无论是持续时间还是产量下降的幅度，没有哪次石油供应中断能与东欧剧变带来的影响相比。苏联地区石油产量的下降固然与其产油成本较高不无相关，但是，很大程度上也是政治因素造成的。从政治方面来看，苏联地区石油产量下降有两个原因：一是因为政治转型期间石油企业管理混乱，"生活困难沉重打击了石油工人的积极性"[2]；二是因为石油设备的短缺，苏联石油设备90%依靠自给，

---

[1] BP, *BP Statistical Review of World Energy June 2014*, http://www.bp.com/statisticalreview, 2014-10-01.

[2] 郑俊章、甘克文：《原苏联解体后的油气形势分析》，《世界石油经济》1992年第2期。

其中60%来自阿塞拜疆共和国,苏联解体后,阿塞拜疆随即陷入民族冲突,直接导致苏联地区石油设备的供应短缺①。不过,东欧剧变期间,国际石油市场处于供求宽松的市场环境中,沙特阿拉伯等欧佩克核心国家掌握了大量剩余产能,这些国家的产量增长很快填补了苏联地区石油产量下降带来的市场短缺。因此,东欧剧变几乎没有对国际石油市场产生任何影响,由于没有引发国际油价的大幅上涨,国际石油史上的这段供应短缺往往被石油研究者忽略②。

因此,从石油供给波动来看,并不是所有的供给波动都会削弱欧佩克影响油价的能力,而是只有那些突发性的、带来石油供应中断的政治事件才会让欧佩克暂时失去平抑油价波动的能力。但是,即使是欧佩克预料不到的政治因素带来的石油供应中断,也仅是带来国际油价的暂时性上涨,当欧佩克产量调整到位后,国际石油市场又会重新恢复供求平衡,国际油价也会回落。

(二) 石油投资的影响

格里芬对54个卡特尔组织所做的研究发现,在所有市场因素中,竞争者进入是导致卡特尔失败最为重要的原因,约占总数的25.9%③。竞争者的进入之所以会给卡特尔带来这么大的影响,主要是因为卡特尔满足的是市场"剩余需求",也就是世界需求与竞争性供给之间的差额。如果行业内有竞争者进入,就意味着竞争性供给的增加和卡特尔"剩余需求"的减少。面对"剩余需求"的减少,卡特尔必须要重新分配配额,这就会引发卡特尔成员之间的矛盾。几乎所有针对卡特尔所做的案例分析都表明,卡特尔成员之间的欺骗和意见差异是除外部因素外,导致卡特尔灭亡的最重要的原因④。

---

① 绿林汉:《苏联能源供给:危机与出路》,《苏联东欧问题》1991年第6期。
② 实际上,沙特阿拉伯等欧佩克核心国家积极介入了利比亚战争,这些国家早已为卡扎菲倒台以及可能出现的市场短缺做好了准备。
③ 在从所有导致卡特尔失败的因素来看,新厂商的进入只能排到第三位,前两位分别是包括政府反垄断法在内的外部冲击(50%)、欺骗和配额协议的不满(33.3%)。参见James M. Griffin: "Previous Cartel Experience: Any Lessons for OPEC," in Lawrence R. Klein and Jaime Marquez eds., *Economics in Theory and Practice: An Eclectic Approach*, Dordrecht: Kluwer Academic, 1989, pp. 179 – 206.
④ Eckbo Paul Leo, *The Future of World Oil*, Cambridge, Mass: Ballinger Pub. Co., 1976, p. 37; Valerie Y. Suslow, "Cartel Contract Duration: Empirical Evidence from Inter-War International Cartels," *Industrial and Corporate Change*, Vol. 14, No. 5, pp. 705 – 744.

欧佩克是实行市场份额制的卡特尔组织，其市场地位也会受到石油市场竞争性供给的威胁，而石油市场的竞争性供给又与国际石油公司的投资行为密不可分。国际石油公司拥有技术优势和资本优势，一直以来都是国际石油勘探开发的主力。从世界石油产量的变动来看，无论国际石油公司走到哪里，都会带来该区域石油产能的迅速提高。进入21世纪之后，随着发展中国家经济实力的壮大和石油对外依赖程度的提高，很多发展中国家的国有石油公司也开始加入全球石油勘探开发的队伍，在国际石油勘探开发领域的影响也在逐渐扩大。

不过，国际石油投资所带来石油市场竞争性供给的增加，以及欧佩克市场份额的下降并不一定会削弱欧佩克影响油价的能力。这是因为，石油是一种需求价格弹性很低的商品，即使欧佩克市场份额不大，仍能够通过左右石油供求来影响国际油价。在供求平衡的市场上，无论欧佩克市场份额是30%，还是40%，欧佩克只要变动100万桶或200万桶的产量，都会带来油价的大幅波动。实际上，很多与卡特尔相关的案例研究也都没有发现市场份额与卡塔尔的垄断地位存在明显关系[①]。因此，只要石油市场竞争性供给的增加不会带来欧佩克产量水平的下降，也就是不会带来国际石油市场对欧佩克"剩余需求"的减少，因此，不会对欧佩克构成威胁。

但是，石油市场竞争性供给一旦侵犯国际石油市场对欧佩克的"剩余需求"，那就要另当别论了。对于欧佩克来说，石油市场的竞争性供给对欧佩克"剩余需求"的蚕食是该组织所需面对的最大威胁之一。因为这种蚕食会使欧佩克产油国石油产量下降，而欧佩克国家的产量调整又存在上限，当欧佩克产油国石油收入因产量下降有所减少，并且给国家预算平衡带来压力时，为了获得国民经济发展必需的资金，欧佩克成员国就会采取竞争性策略。1986年的"价格战"实际上标志着欧佩克作为卡特尔的失败。而这次失败，又与在国际石油公司的影响下欧美地区石油产量增加、蚕食欧佩克的"剩余需求"不无关系。因此，进入石油市场的门槛是否足够高，是

[①] Andrew R. Dick, "Identifying Contracts, Combinations and Conspiracies in Restraint of Trade," *Managerial and Decision Economics*, Vol. 17, No. 2, Special Issue: The Role of Economists in Modern Antitrust, 1996, pp. 203 – 216; Margaret C. Levenstein and Valerie Y. Suslow, "Contemporary International Cartels and Developing Countries: Economic Effects and Implications for Competition Policy," *Working Paper-International Agricultural Trade Research Consortium*, October 14, 2003, http://www.cepr.eu/meets/wkcn/6/6613/papers/Levenstein.pdf., 2011 – 01 – 01.

否足以约束国际石油公司的上游投资活动将会直接影响到欧佩克控制油价的能力。

卡特尔理论认为，商品需求和商品供给的特点都会影响新厂商市场进入的决策。从需求面来讲，与需求快速增长相比，需求缓慢增长更容易抑制住新厂商的投资冲动。在供给方面，投资周期越长、投资成本越大、沉没成本越高，新厂商进入的可能性就越小[①]。进入21世纪后，国际石油供给和国际石油需求出现了一些新变化，这些变化都有助于抑制国际石油市场竞争性供给的扩张。

在需求方面，受替代能源与节能技术发展的影响，石油收入弹性有了一定的降低，石油需求也保持缓慢增长的状态。如前文图4-6所示，20世纪80年代中期以后，世界石油需求波动浮动结束大起大落的状态，总体稳定在0.0%~3.0%。即使是2008~2009年的全球金融危机，也仅让世界石油需求在2009年出现过1.3%的降幅。因此，1984年之后，世界石油需求总体呈现缓慢增长的状态。

在供给方面，进入21世纪以后，国际石油生产成本持续上升。如图4-7所示，全球著名能源研究公司IHS的资料显示，从2000年至2008年第三季度，全球油气上游投资成本指数和上游操作成本指数涨幅高达2.30倍和1.80倍，直到2008~2009年全球金融危机爆发才略有回落，此后又于2011年重新进入高位均衡状态。

在油气上游投资成本中，2000年以后，带有明显沉没成本特点的油气勘探成本的上涨幅度远远高于投资成本的总体涨幅。如表4-3所示，与2000~2002年相比，2006~2008年，美国主要能源公司在美国、全球、海外油气发现成本分别增长了4.39倍、4.16倍和3.81倍。其中，在美国海上与非洲的油气发现成本涨幅更是高达8.68倍和11.00倍。

以上石油需求和供给方面的数据表明，进入21世纪以后，国际石油市场出现了明显有助于抑制上游投资的变化。首先，石油需求总体保持缓慢增长。其次，石油投资成本，特别是带有沉没成本特征的勘探大幅上涨。而以上一些变化，明显影响了国际石油公司的投资行为。

---

① Nicolas Schmitt and Rolf Weder, "Sunk Costs and Cartel Formation: Theory and Application to the Dyestuff Industry," *Journal of Economic Behavior and Organization*, Vol. 36, No. 2, 1998, pp. 197-220.

(a) 上游资本成本指数

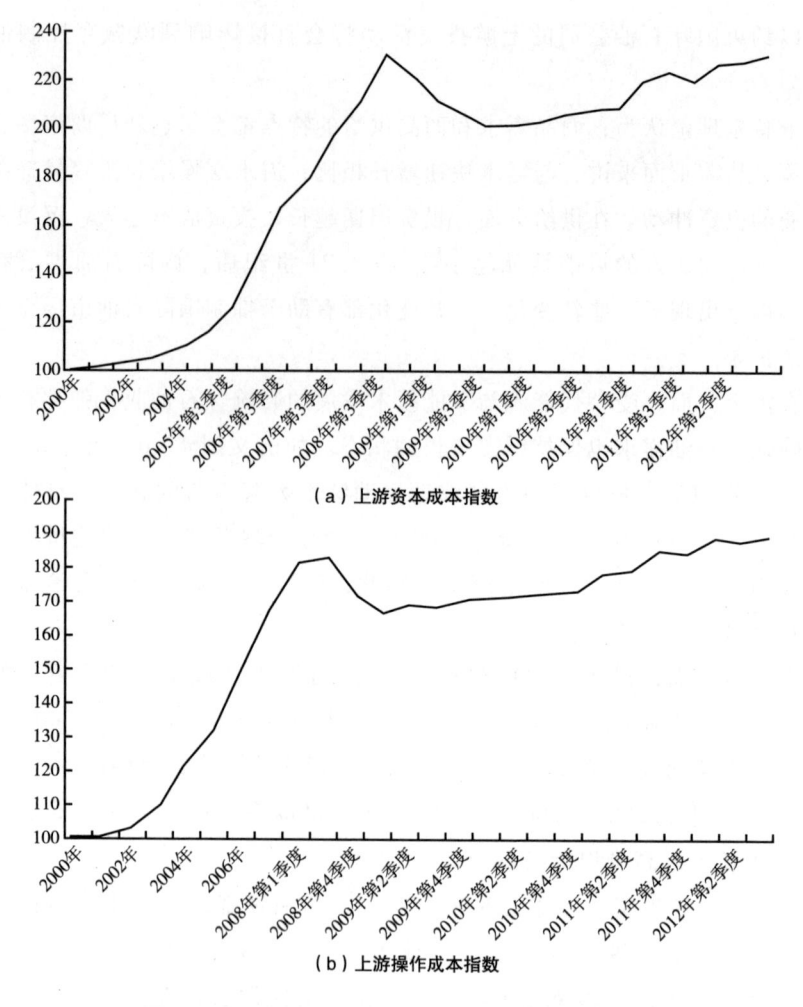

(b) 上游操作成本指数

图4-7 2000~2012年全球油气上游投资成本指数

资料来源：IHS, *Capital Cost Analysis Forum*, http://www.ihs.com/info/cera/ihsindexes/index.aspx, 2013-09-02。

表4-3 2000~2008年美国主要能源公司油气发现成本对比

单位：美元

地区	2000~2002年	2006~2008年	增长（%）
美国	7.61	41.03	439.16
陆上	7.62	36.90	384.25
海上	7.59	73.47	867.98
海外	5.83	28.03	380.79
加拿大	14.83	38.36	158.66

续表

地区	2000~2002年	2006~2008年	增长(%)
OECD欧洲	9.32	—	—
苏联与东欧	3.10	—	—
非洲	3.48	41.83	1102.01
中东	5.94	16.93	185.02
其他东半球	4.61	20.97	354.88
其他西半球	5.18	33.58	548.26
全球	6.65	34.34	416.39

资料来源：EIA，*Performance Profiles of Major Energy Producers 2003*，Washington：EIA，2005，p. 33；EIA，*Performance Profiles of Major Energy Producers 2008*，Washington：EIA，2009，p. 24。

在石油需求增幅减缓和投资成本快速上升的背景下，国际石油公司上游投资活动变得更为谨慎。石油勘探成本是石油项目投资的沉没成本，但对石油公司的可持续发展至关重要。国际石油公司石油勘探费用的支出能够很好地反映国际石油公司石油投资的热情。图4－8为美国主要石油公司全球石油勘探、开发，以及采油成本的支出费用。该图所反映的情况是，2000年以后，国际石油公司在上游三大领域的成本支出都有大幅增加，但勘探成本支出的增长速度远远落后于用于开发和采油方面成本支出的增长速度。2000～2008年，美国主要能源公司开发和采油方面的成本支出分别由214.1亿美元和217.6亿美元增长至898.0亿美元和685.6亿美元，增幅分别高达3.19倍和2.15倍，而同期勘探成本支出则从78.0亿美元增长至174.0亿美元，增幅仅为1.23倍。

由于美国主要能源公司用于勘探方面成本支出的增长速度明显慢于开发成本、操作成本支出的增长速度，所以，该项成本支出在美国主要能源公司上游成本支出中占比持续下降。正如图4－9所示，1998～2008年，勘探成本在美国主要石油公司的上游投资中所占比例持续下降，由17.0%降至9.9%。直到2009年，受全球金融危机影响，原材料价格水平下降拉低开发和采油成本，勘探成本在上游投资中所占比例才略微回升至11.9%。

不过，在此还有一点需要指出，虽然从名义美元价格来看，2008～2009年，美国主要石油公司勘探支出达到了统计区间的历史最高水平，但是，这一最高水平有很大的水分。如果剔除通胀因素，按照2009年的美元价格进行计算，2008～2009年，美国主要能源公司用于勘探方面的支出还没有达

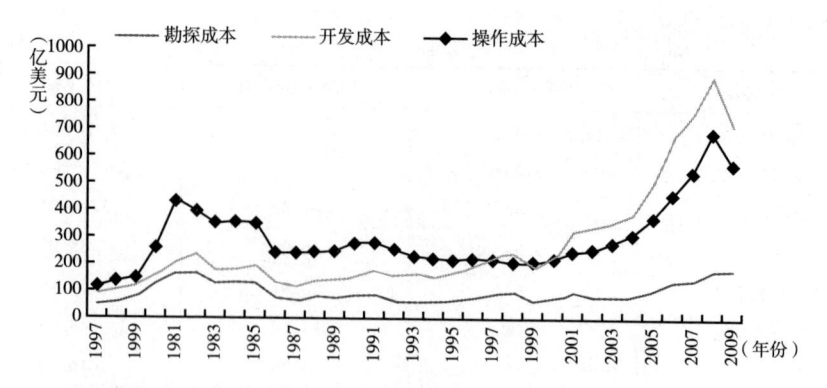

图 4-8　美国主要能源公司全球石油勘探、开发、采油成本支出

资料来源：EIA, *Performance Profiles of Major Energy Producers* [*periodical*], 1993-2009, Washington: EIA。

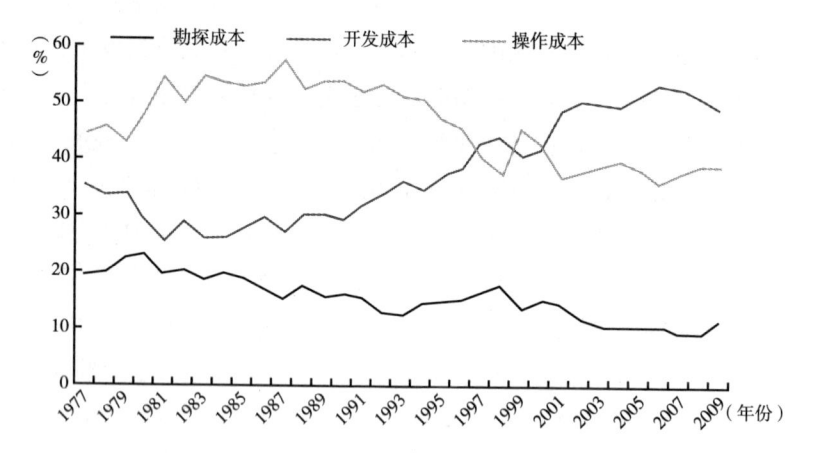

图 4-9　美国主要能源公司全球油气勘探、开发、采油
成本在上游投资中占比

资料来源：EIA, *Performance Profiles of Major Energy Producers 1993-2009*, Washington: EIA, 1993-2009。

到 1986 年"价格战"期间的 200 亿美元的水平[①]。此外，还需要指出的是，2005 年以后，美国石油公司更加重视天然气的开发，天然气在勘探成本中所占比例有了很大上升。因此，单就石油部分来说，21 世纪以后国际石油

---

① EIA, *Performance Profiles of Major Energy Producers 2007*, DOE/EIA-0206（07）, December 2008, p.16.

公司的上游投资热情甚至还不及20世纪90年代①。

图4-8和图4-9反映出的另外一个问题是，只有石油生产的高成本并不能抑制国际石油公司的上游投资行为。20世纪80年代初，国际石油公司的上游投资成本与2003年之后相差不多②，但是因为当时石油需求的波动幅度十分大，国际市场对未来世界石油需求增长的预期很高，国际石油公司上游投资的热情始终保持高涨③。不过，在世界石油需求保持缓慢增长和石油投资成本上升同时存在的情况下，国际石油公司的上游投资活动就会变得谨慎起来。

笔者之前也曾分析过，国际石油公司以及近几年快速发展的石油消费国国有石油公司是石油市场竞争性供给的主要来源。大多数产油国都是缺乏资金和技术的发展中国家，没有国际石油公司的帮助，很难大幅提高国内石油产量。石油公司在石油投资上保持谨慎实际上降低了石油市场竞争性供给对欧佩克剩余需求的冲击。而竞争性供给对欧佩克剩余需求的蚕食又是欧佩克需要面对的重要威胁。因此，石油需求稳定增长，石油上游投资成本，特别是勘探成本的增高带来石油公司的投资谨慎有助于欧佩克维护其配额制度的稳定，从而有利于该组织将国际油价保持在垄断高位。

三 替代能源的发展

欧佩克作为国际能源市场的参与者，不仅需要面对非欧佩克产油国的竞争，还要面对其他能源品种的竞争。因此，替代能源消费量的迅速上涨必然也会带来石油消费量的减少，从而降低国际石油市场对欧佩克的"剩余需求"，削弱欧佩克在国际能源市场中的地位。20世纪80年代初到80年代末，煤炭及核能等替代能源的发展就曾带来过世界石油需求的减少，并给欧佩克的"限产保价"政策带来一定压力。

石油的替代性能源包括两类：一类是煤炭、天然气等化石能源；另一类是核能、水电、太阳能等非化石能源，也就是可再生资源。但以目前的技术水平来看，无论是其他化石能源还是非化石能源，都很难取代对石油的消费。

首先，煤炭、天然气等化石能源也与石油一样，属于不可再生能源，虽

---

① EIA, *Performance Profiles of Major Energy Producers 2007*, Washington: EIA, 2008, p. 27.
② EIA, *Performance Profiles of Major Energy Producers 2007*, Washington: EIA, 2008, p. 27.
③ 1979年以前，国际石油需求一直保持高速增长，1979年石油需求的减少是经济危机带来的。石油公司依然认为危机会很快结束，石油需求仍会保持快速增长。

然变化幅度不同，但这些能源价格的走势与石油较为相似，世界银行全球经济监控（GEM）数据库资料显示，按照2005年不变美元价格计算，1980~2012年，布伦特原油价格由49.8美元/桶上涨至92.8美元/桶，涨幅为86.3%。同期，液化天然气价格由7.5美元/百万英热单位上涨至13.8美元/百万英热单位，涨幅也高达84.0%。澳大利亚煤炭价格则由52.7美元/吨上涨至79.9美元/吨，也实现了51.6%的涨幅[①]。因为在价格波动上与石油保持一致，煤炭、天然气在全球初级能源市场中大幅度侵占石油的市场份额就变得不太可能。

其次，非化石能源的发展必须依靠政府的支持。虽然非化石能源，特别是以太阳能和风能为代表的新能源在最近几年获得了快速发展，但高成本决定了新能源发展的局限性。正是基于此，在替代能源方面，世界最大的石油公司埃克森美孚更重视天然气合成油（GTL）的发展而不是新能源的发展，埃克森美孚甚至公开表示不会在可替代能源方面进行投资[②]。此外，雪佛龙、康菲等国际石油公司对可再生能源的实质性投资也非常少。

不过，石油进口国出于能源安全的忧虑，一直致力于替代能源的发展。只是在目前的技术条件下，新能源因为成本高昂才难以形成对石油的替代。如果新能源发展在技术上取得突破，就会带来生产成本的降低，也会带来石油需求的大幅减少。石油需求减少意味着欧佩克必须要下调产量或通过压低销售价格驱逐非欧佩克石油。而产油国的财政状况是决定其生产行为的重要因素，在国内财政难以为继的情况下，欧佩克成员国采取的竞争性行为必然会带来组织的解体。因此，如果新能源技术取得创新，在规模生产上获得经济性，欧佩克在国际能源市场中的地位就会大幅下降，甚至会导致欧佩克退出国际能源市场。

不过，在当前技术条件下，无论是其他化石能源，还是以风能、太阳能为代表的可再生能源，对石油的替代还十分有限，因而也就不会成为影响欧佩克配额稳定的主要因素。而且，由于替代能源发展在一定程度上降低了世界经济增长对石油的依赖程度，减少了世界石油消费量的波动幅度，在一定程度上降低了欧佩克主要竞争对手——国际石油公司的威胁，这反而更有利于欧佩克国家对国际油价施加影响。

[①] World Bank, *Global Economic Monitor（GEM）Commodities*, January 23, 2013.
[②] 王基铭主编《国外大石油石化公司经济发展战略研究》，中国石化出版社，2007，第55页。

第三节 欧佩克自身因素分析

虽然一系列市场因素会影响卡特尔的稳定及其对市场的控制。但是，卡特尔在市场控制上也存在一定的主观能动性。现代卡特尔理论认为，成功的卡特尔虽然最初在组织上可能解决不了所有需要应对的问题，但仍能通过建立有效的机制、制度上的不断发展来提高卡特尔影响市场的能力。这些机制包括：维持成员国合作的补偿机制和惩罚机制、抑制潜在竞争对手的威慑机制，以及市场信息监测机制等。与其他卡特尔组织一样，欧佩克想要实现影响石油市场的目的也需要建立相应的机制，通过这些机制实现维护成员国合作、抑制非欧佩克产油国石油产能扩张的目的。不过，欧佩克是由主权国家组成的卡特尔，并且拥有国内资源的独占性，这一特点决定了欧佩克与一般卡特尔的不同。

一 欧佩克作为卡特尔的特殊性

经济学教科书总是把欧佩克看作一个通过建立配额制度、划分销售市场来实现利润最大化的卡特尔组织。不过，从欧佩克石油政策的演变以及欧佩克政策对石油市场的影响来看，欧佩克的表现与典型的卡特尔有着巨大差别。1982年之前，欧佩克根本没有建立起旨在划分销售市场的配额制度。此后，虽然欧佩克建立起了配额制度，但超产是该组织始终需要面对的一个严峻问题。从欧佩克政策的实践来看，除在实施"限产保价"政策期间，该组织很少能及时调整足额的产量，捍卫其本该维持的目标油价，国际油价大多也离欧佩克设定的一揽子油价较远。

欧佩克政策实践与经典卡特尔行为存在的巨大差异主要源于欧佩克的特殊性，即欧佩克是由主权国家而非公司厂商组建的卡特尔组织。对于公司厂商来说，尽力降低成本、谋求利润最大化是其所有行动的出发点，而利润最大化绝非主权国制定商业政策时考虑的唯一要素。欧佩克是由主权国家组成的卡特尔组织，作为主权国家，欧佩克成员国在本国石油资源的开发上并不仅以欧佩克整体收益的最大化为目标，也不以国家收益的最大化为目标，而是有着其他许多因素的考虑。对于经济严重依赖石油出口收入的欧佩克各国而言，如何维持国家财政平衡，是其制定本国石油政策时无法绕过的问题。

对于大部分欧佩克产油国来说，其石油生产政策与其他产油国一样，遵循目标收益的规则。简单来说，就是当欧佩克成员国缺少资金时，就倾向于多生产一些，当资金比较富裕时，就倾向于少生产一些。又由于欧佩克产油国绝大多数是缺乏石油勘探开发技术的发展中国家，本国石油产量的提高需要借助国际石油公司的技术支持。欧佩克产油国石油生产遵循目标收益的规则往往也体现在欧佩克成员国对待外国石油公司投资的态度上。欧佩克产油国石油生产遵循目标收益规则的特点在国别对比和历史对比中都有体现。

首先，欧佩克国家石油生产遵循目标收益的特点在国别比较中反映得非常明显。欧佩克中的富裕国家人口少，资源量丰富，国内建设不需要大笔资金，大多采取自主开发的模式。在欧佩克富国中，沙特阿拉伯、科威特在20世纪70年代中后期收回石油资源主权后，一直没有对外开放石油上游投资。阿联酋虽然允许外国石油公司投资，但针对本国石油资源的开发，其占据着完全主动的地位。与这些国家相比，其他欧佩克成员国都是人口众多、国内经济建设需要大笔资金的发展中国家，缺乏石油开发需要的技术和资金。因此，在石油勘探开发方面需要更多地依靠国际石油公司的帮助。

其次，高油价与低油价时期，欧佩克产油国对待国际石油公司的不同态度也能反映欧佩克成员国石油生产的目标收益特点。石油收入是欧佩克国家财政收入的主要来源，油价的高低会影响到欧佩克产油国的财政平衡，进而影响到欧佩克国家的石油开发选择。在高油价时期，石油收入增加，国家财政富裕，产油国就会提高自主开发的程度。低油价时期，产油国石油收入减少，国家财政困难，产油国就会降低自主开发的程度。1973年石油禁运之后，石油价格维持高位，欧佩克产油国都加快了石油工业的国有化，控制了本国的石油资源。但是在20世纪80年代中后期到90年代，低油价带来了欧佩克国家的财政紧张。除了沙特阿拉伯、科威特外，原来实行国有化的欧佩克国家又都向国际石油公司敞开了石油投资的大门。例如，20世纪90年代，委内瑞拉颁布了《外商投资法》，允许外国石油公司以合资公司的方式与国家石油公司合作，进行有条件的油气及矿产资源的勘探、开采等活动。1995年7月4日，委内瑞拉国会通过了《石油对外开放法案》，这项法案以风险自负、利润共享为原则，向外国石油公司开放了一些油田的勘探开发权和经营销售权[1]。而进入21世纪以后，特别是从2003年开始，持续的高油

---

[1] 冯连勇、王建良、刘申奥艺：《对有关国家油气矿权管理制度的思考》，《国际石油经济》2012年第4期。

价又一次叩响了产油国国有化的大门。2006年年初，委内瑞拉查维斯政府宣布了对32个小型油田拥有所有权，并将石油企业的税收由56.6%提高到83.0%[①]。2006年7月，阿尔及利亚规定，国有石油公司要在石油项目中占有51.0%的股份[②]。

生产目标的不同是欧佩克与其他卡特尔组织最大的区别。作为一个由不受约束的主权国家组成的卡特尔组织，欧佩克成员国石油生产的目标并非像其他卡特尔成员那样，完全以本单位或是卡特尔的利润最大化为考虑，而是以国内的资金需求作为最大考虑，而这一特点也就导致欧佩克行为方式与其他卡特尔组织存在巨大差异。

二 成员国的合作

与其他卡特尔组织的核心成员相比，沙特阿拉伯等欧佩克核心国家实力较弱，因而不具备对欧佩克违约国家进行惩罚的能力。因为缺乏对欺骗行为的惩罚，面对国际油价的波动，欧佩克成员国在很大程度上可以按照自己的意愿调整产量，这也带来了欧佩克产量调整的局限性，因为产量调整不能及时到位，欧佩克很难平抑国际油价的短期波动，将其维持在自己满意的水平。不过，在产能合作方面，产油国往往是根据政府预算制定石油政策的，在需求缓慢增长的高油价时期，由于沙特阿拉伯等欧佩克富国能够在市场份额分配方面给予高资金需求产油国一定的照顾，所以，在某种程度上，欧佩克成员国仍能在石油投资方面实现合作，从而避免欧佩克的产能扩张带来国际石油市场的产能过剩，进而激发欧佩克成员国采取竞争性策略。

（一）欧佩克的合作机制

卡特尔研究表明，成功的卡特尔一般会建立维持成员国合作的各种机制，包括照顾高成本厂商的补偿机制、发现欺骗行为的监督机制，以及对欺骗者进行有效惩罚的机制[③]。从卡特尔机制方面来看，欧佩克虽然能够给一些高资金需求产油国一定的照顾，也能了解到成员国履行配额分配的情况，但缺乏行之有效的、对违规成员国进行惩罚的机制。

---

① 江时学：《能源工业"国有化"难成拉美主流》，《中国企业家》2006年第13期。
② 王家枢：《21世纪新一轮石油资源国有化浪潮》，《国土资源情报》2007年第9期。
③ A. F. Alhajj and David Huettner, "OPEC and Other Commodity Cartels: A Comparison," *Energy Policy*, Vol. 28, No. 15, pp. 1151–1164.

1. 补偿机制

在欧佩克国家中，高成本厂商是那些人口众多、资金需求量大的产油国。这些国家需要更多的石油产量，从欧佩克配额制度来看，除1986年"价格战"之后，一个较为短暂的时期内，沙特阿拉伯等欧佩克富国在配额设定上确实给予这些国家一定的照顾。首先，1982年欧佩克配额制度建立的时候，就已经给予高资金需求产油国很大的照顾。例如，在1984年欧佩克的配额安排中，欧佩克穷国的配额一般能占到第二次石油危机爆发前1978年产量的70%以上，富国一般为50%左右，科威特更是低至42%。而在1994~2003年，沙特阿拉伯、科威特、阿联酋等欧佩克富国的配额均比较稳定，这些国家将配额提高的机会让给了其他欧佩克成员国。2003年以后，面对石油需求的上涨和国际油价的不断攀升，欧佩克配额制度逐渐变得松散起来，但沙特阿拉伯等欧佩克富国并不急于提高国内石油产量，而是将新增市场需求让渡给一些高资金需求的产油国，只是等到其他成员国丧失增产动力时，才开始选择增产。对于欧佩克中较为贫困的两个国家——伊拉克和安哥拉，欧佩克至今也未明确它们的市场份额。因此，在一定程度上，欧佩克在制定配额时会给予穷国一定的照顾，而这种照顾正是卡特尔补偿机制的体现。

2. 监督机制

按照影响国际石油市场手段的不同，欧佩克对国际石油市场的影响经历过三个时期：①1973~1982年，固定价格，就是首先固定欧佩克基准石油的价格，其次固定其他石油品种与基准石油的差价；②1982~1985年，价格为主、产量兼顾，就是在固定欧佩克基准石油价格以及石油差价的同时，再通过配额制度固定欧佩克成员国的具体产量；③1986年至今，固定产量，就是通过配额制度规定每个成员国的具体产量，然后通过配额调整来影响国际油价。在对成员国的监督方面，在第一个阶段，欧佩克的监督机制是单一的价格监督机制，即监督欧佩克成员国是否按照欧佩克规定的基准油价和差价向外销售石油；在第二个阶段，欧佩克的监督机制包含价格和产量两个方面，即在监督成员国是否按照欧佩克规定的价格销售石油的同时也要监督成员国是否按照配额生产石油；在第三个阶段，欧佩克的监督机制变为单一的产量监督，即监督成员国是否按照配额要求来生产石油。

从监督机制的实施效果来看，欧佩克的监督机制经历了一个不断完善的过程。1973~1986年，欧佩克没有建立任何有效的监督机制。1973~1982

年，欧佩克虽然要求成员国按照欧佩克会议上确立的价格出售石油，但没有任何机构或组织来监督成员国执行欧佩克政策的情况，因为在国际石油贸易方面，产油国与国际石油公司签订的贸易合同具有很大的隐蔽性，各个成员国往往根据自己的需求任意调整石油出口的官价，欧佩克想要获得成员国石油出口的具体价格几乎不太可能，因为缺少有效监督，欧佩克差价体系后来变得十分扭曲。正是在这一背景下，欧佩克才于1982年建立了配额制度，开始通过产量调整影响国际油价。不过，在配额制度开始执行之初，欧佩克也没有建立用于监督成员国石油产量的有效机制，欧佩克获得的产量信息主要靠各成员国独自上报，因而很难获得成员国产量的准确数字。

在"限产保价"战略失败后，欧佩克认识到成员国的欺骗行为是其面临的一个重要问题，并在此后开始着手建立有效的监督机制。在1986年"价格战"前后，欧佩克开始加强对成员国石油产量的监督。"1985年1月，欧佩克开始以每年300万美元重金聘请荷兰科林美德·克莱因霍夫公司（KKF）负责调查核实成员国配额执行情况。"[1] 在1988年11月的欧佩克第84次会议上，为了更好地监督成员国的配额遵守情况，欧佩克就产量配额的适用范围做了周密的界定。在1990年7月的欧佩克第87次会议上，欧佩克决定对1982年成立的部长级监督委员会的结构和任务进行重新界定。新成立的部长级委员会负责监督油价变化，并且通过研究各种渠道（包括欧佩克成员国政府提供的数据和其他机构统计的数据）获取的成员国产量信息来监督成员国的配额执行情况[2]。1993年2月，在欧佩克第10次部长级监督委员会会议上，其决定将部长级监督委员会改组为部长级监督小组委员会，改组后的委员会除负责监督成员国的石油产量外，还肩负起监督成员国石油出口量的任务[3]。得益于以上政策的实施，20世纪90年代以来，欧佩克能够比较全面地掌握成员国的产量信息，及时了解成员国的配额遵守情况。因此，与其他卡特尔相比，欧佩克的监督机制并不差。

3. 惩罚机制

与补偿机制和监督机制相比，惩罚机制是欧佩克最为薄弱的环节。欧佩克惩罚机制的薄弱并不像很多人认为的那样主要源于成员是主权国家的特

---

[1] 杨光、姜明新编著《石油输出国组织》，中国大百科全书出版社，1995，第67页。
[2] OPEC, *OPEC Bulletin*, Vol. XXI, No. 8, August 1990, pp. 4–5.
[3] OPEC, *Frequently Asked Questions*, Vienna: OPEC, p. 9.

性。尽管主权国家的特征决定了欧佩克石油生产并不是以利润最大化为主要考虑因素，但欧佩克国家多是经济严重依赖石油的发展中国家，石油出口收入是其经济命脉，而且，对于大多数欧佩克成员国来说，石油出口收入的减少不单是一个经济问题，甚至是一个会影响政权稳定的综合性问题。因此，这些国家自然也会畏惧欧佩克制裁所带来的市场萎缩和石油出口收入的减少。

欧佩克缺乏制裁机制的真正原因在于欧佩克核心国家的市场影响力有限。对于一般卡特尔而言，制裁的发起者往往是组织内最具实力的一个核心厂商或者几个核心厂商组建的集团，这对欧佩克也是一样。对于欧佩克来说，该组织核心成员是由沙特阿拉伯、科威特、阿联酋三国组建的海合会国家联盟，而此联盟的石油产量最高仅占到全球石油产量的20%左右，其产量调节能力最多也仅在1985年达到世界总产量的20%。而在1986年"价格战"之后，欧佩克产量调节能力与世界石油总产量之比持续下降，20世纪90年代中后期维持在5%左右，2000年以后在3%左右波动。此外，国际石油出口以签订长期购油合同为主，如果欧佩克核心国家想对违背组织纪律的国家发起制裁，必须有能力对被制裁国家的石油买家做出长期承诺。只有能够满足被制裁国家石油买家的长期需求，欧佩克发起的制裁才能达到侵占被制裁国家的市场份额的目的。但是，欧佩克核心国家产量调整的局限性决定了欧佩克核心国家很难取信于被制裁成员国的主要买家，因而不具备对违约成员实施制裁的能力。虽然有学者将1986年的价格战看作沙特阿拉伯对超产成员国的惩罚[1]，但这种说法十分牵强。因为无论在"价格战"之前还是之后，欧佩克的超产现象都十分普遍。"价格战"之后，沙特阿拉伯等国反而成为欧佩克超产最严重的国家，这也表明它们的目的并非维持组织纪律，而是要满足本国的产量需求。因此，在欧佩克成立至今半个多世纪的时间里，从未出台过任何包含对超产成员国进行惩罚的文件。此举并非无意为之，实为无力为之。

虽然对高成本厂商的照顾有利于卡特尔成员在石油产能上进行合作，但有效的惩罚机制是维持欧佩克产量合作的关键。由于欧佩克很难在制度上规范成员国的行为，所以，欧佩克成员国的产量调整具有很大的自由度，对欧

---

[1] James M. Griffin and William S. Neilson, "The 1985 – 86 Oil Price Collapse and Afterwards: What does Game Theory Add?", *Economic Inquiry*, Vol. 33, No. 4, 1994, pp. 543 – 561.

佩克配额的遵守情况也比较差。

(二) 欧佩克的产量与产能合作

欧佩克成员国的合作可以分为短期合作与长期合作。短期合作是指在面对市场冲击时,欧佩克成员国在产量调整上采取一致行动。长期合作则是产能上的合作,即面对国际石油市场对欧佩克剩余需求的长期变化,欧佩克重新划分成员国的市场份额。

1. 欧佩克的产量合作①

因为不存在对超产行为的惩罚,欧佩克成员国在石油产量的调整上具有充分的自由。自1983年实行配额制度以来,超产一直是困扰欧佩克的一个严重问题。虽然面对市场冲击时,欧佩克大部分成员国也能在行动上实现一定的合作。比如说,1973年之后的几次石油供应中断时期,欧佩克大多数成员国都上调了石油产量;1975年、1983~1985年、1998年东南亚金融危机和2008年金融危机爆发后,面对石油市场的低迷,大多数成员国都能缩减产量;1999年4月到2000年3月,欧佩克减产促价政策还曾成功推动了油价的上涨。但是,从整体来看,大多数成员国不能完全履行自己的义务,欧佩克产量的调整也十分有限,欧佩克基本上不能通过产量调整平抑国际油价的波动。

2. 欧佩克的产能合作

成员国的超产行为毫无疑问会削弱欧佩克对油价的影响,但也不能凭此就说欧佩克不具备影响油价的能力。很多卡特尔研究表明,在成员国合作方面,"讨价还价的战争"(Bargaining War)才是导致卡特尔失败最重要的原因②。所以,莱文斯坦和苏斯洛夫认为在卡特尔成员的合作方面,"与欺骗行为相比,市场冲击下勾结协议的调整才是卡特尔需要面对的最大威胁"③。欧佩克是通过制定生产配额,划分市场来影响油价的。因此,欧佩克的配额

---

① 未表明具体出处的数据,请参见附录。

② "讨价还价战争"是指卡特尔成员对勾结协议的不满而引发的战争,参见 Margaret C. Levenstein, "Do Price Wars Facilitate Collusion? A Study of the Bromine Cartel before World War Ⅰ," *Explorations in Economic History*, Vol. 33, No. 1, 1996, pp. 107 – 137; Bishnupriya Gupta, "Collusion in the Indian Tea Industry in the Great Depression: An Analysis of Panel Data," *Explorations in Economic History*, Vol. 34, No. 2, 1997, pp. 155 – 173; Slade Margaret E, "Strategic Pricing Models and Interpretation of Price-War Data," *European Economic Review*, Vol. 34, No. 2 – 3, 1990, pp. 524 – 537.

③ Margaret C. Levenstein and Valerie Y. Suslow, "What Determines Cartel Success," *Journal of Economic Literature*, Vol. 44, No. 1, 2006, pp. 43 – 95.

制度能否得到所有成员国的认同，并能根据市场环境进行调整才是决定欧佩克是否具备卡特尔特征的关键。

从欧佩克政策的实践来看，自实施配额制度以来，欧佩克也曾发生过"讨价还价的战争"，那就是从1986年"价格战"结束后开始的、历时多年的配额之争。在之前对欧佩克石油政策的分析中，我们已经得出，1986年"价格战"并不是因为沙特阿拉伯厌恶了欧佩克内部的欺诈和非欧佩克产油国的贪婪，而是因为石油市场需求的回暖遥遥无期，沙特阿拉伯国内经济再也承受不了减产的压力。"价格战"实际上意味着欧佩克原有勾结协议的失败。以沙特阿拉伯（或者是包括沙特阿拉伯、阿联酋、科威特在内的欧佩克核心国）为"机动产油国"的欧佩克协议已经不能应对国际市场发生的结构性变化。虽然大多数欧佩克国家都不愿放弃彼此的合作，但"价格战"之后，欧佩克进入漫长而艰苦的勾结协议的重建阶段。沙特阿拉伯、科威特、阿联酋三国从1987年开始实行恢复（限产保价前）石油产量的战略，从1987年到海湾战争前，三国成为欧佩克超产最严重的国家。其他国家为了提高石油产能获得经济建设所需资金，也改变了石油工业国有化的策略，纷纷向国际石油公司重新敞开石油上游投资的大门。除了市场份额上的竞争外，外交上、军事上的恐吓和威胁也成为这场"配额之战"的武器。海湾战争虽然缓和了欧佩克的"配额之战"，但是"配额之战"并没有随海湾战争的结束而结束，在这种形势下，厄瓜多尔于1992年选择退出欧佩克。不过，20世纪90年代初，国际石油市场却出现了有利于欧佩克的变化。先是洛克比空难和海湾战争之后联合国对利比亚和伊拉克的制裁限制了两国的石油生产，再就是东欧剧变后的经济混乱导致苏联地区产量持续下降。正是这种转变，才让欧佩克最终于1993年重新达成了所有成员国一致认可的配额协议。

1993年之后，欧佩克作为卡特尔进入了一个新的合作时期。根据一些卡特尔理论的研究成果，欧佩克合作的稳定将取决于成员国在投资方面的合作，也就是在产能方面的合作[1]。欧佩克成员国在产能上的合作与各国的资

---

[1] Daniel Barbezat, "International Cooperation and Domestic Cartel Control: The International Steel Cartel, 1926 – 1938," *Journal of Economic History*, Vol. 50, No. 2, 1990, pp. 436 – 38; Chaim Fershtman and Muller Eitan, "Capital Investments and Price Agreements in Semicollusive Markets," *RAND Journal of Economics*, Vol. 17, No. 2, 1986, pp. 214 – 226; Switgard Feuerstein and Hans Gersbach, "Is Capital a Collusion Device?", *Economic Theory*, Vol. 21, No. 1, 2003, pp. 133 – 154; Lon L. Peters, "Managing Competition in German Coal, 1893 – 1913," *Journal of Economic History*, Vol. 49, No. 2, 1989, pp. 419 – 433.

金需求有很大的关系。1993~2008年，除伊朗和伊拉克，欧佩克国家中唯有沙特阿拉伯、科威特和阿联酋的产能没有大幅上升。这是因为，沙特阿拉伯、科威特和阿联酋三国石油资源丰富，资金需求较少，所以在石油投资上能够有所克制。而其他国家的石油投资决策具有十分明显的目标收益特点，油价低迷时，这些国家会向外资放开上游投资，希望通过产能的提高增加经济建设所需资金，油价上涨时，资金需求减少，也会相应提高外商投资的门槛。1993~2003年低油价时期，在非欧佩克核心国家中，除受到联合国和西方国家制裁的伊朗、伊拉克、利比亚外，所有国家的石油产能都有大幅提高，而2003年以后，国际油价的上涨改善了欧佩克国家的财政状况，大多数欧佩克成员国都不再追求产能上的提高。

1993年，欧佩克配额制度重新确立以后，沙特阿拉伯、阿联酋和科威特在一定程度上承担起维护配额制度稳定的任务。在欧佩克其他产油国石油投资旺盛时，欧佩克核心国家能够抑制住产能扩张的冲动。东南亚金融危机爆发前，面对东亚经济繁荣带动的需求快速增长，欧佩克产油国（除了受到美国或联合国制裁的伊朗、伊拉克和利比亚）无不加大了上游投资的力度，但是随后发生的东南亚金融危机导致了欧佩克产能过剩。因此，在20世纪90年代末，为了缓解其他国家的经济压力，沙特阿拉伯、科威特和阿联酋向产能有大幅增长的欧佩克产油国让渡了部分市场份额（见附录2）。

进入21世纪以后，当其他产油国不愿意增加产能满足国际石油市场对欧佩克的新增需求时，沙特阿拉伯等国也开始为欧佩克的产能调整做好准备。2004年，面对战后伊拉克石油生产恢复预期落空，国际市场可能出现产能不足的情况时，沙特阿拉伯等欧佩克核心国家纷纷宣布了各自的上游投资计划。2005年4月初，沙特阿拉伯石油和矿产大臣纳伊米宣布沙特阿拉伯在未来15年中将增加近2000亿桶可探明石油储量[1]。同月，阿联酋阿布哈比国家石油公司（ADNOC）与埃克森美孚签署了合作开发上扎库姆地块的战略合作协议，其中埃克斯美孚公司占股28%[2]。科威特也表示可能会邀请国际石油公司参与石油上游投资[3]。此后，因为伊拉克战后重建的进度好

---

[1] 刘明：《新形势下的沙特阿拉伯石油战略》，《亚非纵横》2005年第12期。
[2] Oil & Gas Directory, "Reserch profile: United Arab Emirates," *Oil & Gas Directory Middle East - 2009*, 2009, p. 948, http://oilandgasdirectory.com/2009/research/UAE.pdf, 2012-03-01.
[3] Oil & Gas Directory, "Reserch profile: Kuwait," *Oil & Gas Directory Middle East - 2009*, 2009, p. 960, http://oilandgasdirectory.com/2009/research/Kuwait.pdf, 2012-03-01.

于预期，石油产量迅速恢复，沙特阿拉伯等国才放弃了 2005 年宣布的一系列上游投资计划，将石油市场对欧佩克的新增石油需求让渡给资金需求较大的伊拉克。

产油国石油生产遵循目标收益的特点决定了欧佩克成员国的合作不同于一般卡特尔组织。低油价时期，欧佩克国家因为资金需求大，很难保证产能上的合作，这就会带来国际石油市场产能过剩和不利于欧佩克的低油价均衡。在高油价时期，欧佩克成员国资金需求降低，虽然并非出于集体行动，但很多成员国因为资金需求降低，放弃产量进一步提升的计划，可以让欧佩克在产能调整方面呈现某种形式的合作。这样，国际石油市场就可以避免出现欧佩克自身盲目扩张生产能力所带来的产能过剩的现象，沙特阿拉伯等欧佩克核心国家就可以凭借自身产能调整让国际石油供求处于"适度紧张"的状态，借此维持高油价均衡。

但是，欧佩克目前配额制度的稳定是建立在伊拉克和伊朗两个石油大国受制于地缘政治因素难以大幅提高石油产能的前提下。如果没有地缘政治因素对上述两国石油工业的限制，国际石油市场也不会在 21 世纪迎来高油价时期。实际上，1993 年之后，欧佩克配额制度的稳定是通过沙特阿拉伯等欧佩克核心国家向其他成员国让渡部分市场份额实现的（见附录 2）。这些国家中，除了伊朗、伊拉克，其他国家石油资源都较为有限，但两伊又因为地缘政治的因素难以提高产能，因此，沙特阿拉伯等国仅让渡了少量市场份额就维持了配额制度的稳定。

因此，高油价虽然可以为欧佩克实现产能上的合作提供帮助，但是欧佩克成员国的合作更需依赖地缘政治因素对伊朗、伊拉克两个石油资源大国的石油工业发展进行限制。如果没有这些限制，伊朗、伊拉克两国的资源禀赋得以充分发挥，1986 年"价格战"之后，欧佩克的市场份额之争也不会很快结束，20 世纪 90 年代的低油价时期很可能在 21 世纪继续延续下去。

三 对进入者的威慑

新厂商的进入会对卡特尔的垄断地位构成威胁。因此，卡特尔的成功必须依靠威慑机制，让潜在的进入者知难而退。研究表明，卡特尔对潜在进入者进行威慑的机制有很多，其中一项重要的内容就是保持产量调节能力。温德斯（Wenders）对单头垄断市场的研究表明，剩余产能是垄断者阻止新厂商进入的有效机制[①]。迪克西特（Dixit）通过对成本不变的双头垄断市场进行分析也得出了相似的结论[②]。石油行业与其他行业一样，也要遵守基本的供求规律，价格上涨、新厂商进入，从而带动供给的增加。因此，欧佩克在高油价时期面对潜在进入者的威胁要远远大于低油价时期。而且，博弈论的研究表明，作为垄断者，卡特尔只建立威慑机制是不够的，还应该让潜在进入者知道，威慑是可信的，也就是向潜在的进入者表明，如果它们进入市场，卡特尔就会做出一些"不可理喻"的事情。在国际石油市场上，欧佩克的竞争者主要是国际石油公司，欧佩克威慑机制要想发挥作用就要让国际石油公司在上游投资方面有所顾虑。1973年"石油禁运"后，国际石油市场共出现过两次高油价均衡，分别是20世纪70年代中期至80年代中期的高油价均衡和2005年以后正式形成并持续至今的高油价均衡。而在这两个时期，欧佩克因为采取了明显不同的石油政策，其剩余产能对国际石油公司所起的威慑作用也有着巨大差异。

（一）1975~1985年欧佩克与潜在进入者的博弈

与其他卡特尔组织一样，以剩余产能为表现形式的产量调节能力亦是欧佩克威慑潜在进入者的工具。20世纪70年代中期到80年代中期，欧佩克掌握的剩余产能保持在历史最高水平，此时，欧佩克的剩余产能却没有对国际石油公司构成威慑。在这段时期，受高油价刺激，国际石油公司的上游投资活动十分活跃。由于失去了欧佩克产油国的投资机会，国际石油公司将勘探开发的重点转移至非欧佩克国家，这带来了非洲和拉美地区的非欧佩克产量的持续上涨（见图4-10）。而不断增加的非欧佩克石油产量在20世纪80年代初开始不断侵蚀国际石油市场对欧佩克的"剩余需求"，并最终摧垮了以配额制度为基础的欧佩克勾结协议。

这一时期，欧佩克剩余产能之所以没有对国际石油公司的投资行为形成威慑，主要是因为欧佩克没有表达出惩罚潜在进入者的意愿。20世纪70年代中期到80年代初，欧佩克执行的是"提价保值"战略，20世纪80年代初到80年代中期执行的是"限产保价"的战略。欧佩克当时执行市场战略的重点是支撑高油价均衡，并且为了支撑高油价均衡，欧佩克，特别以沙特

[①] John T. Wenders, "Excess Capacity as a Barrier to Entry," *The Journal of Industrial Economics*, Vol. 20, No. 1, 1971, pp. 14–19.

[②] Avinash Dixit, "A Model of Duopoly Suggesting a Theory of Entry Barriers," *Bell Journal of Economics*, Vol. 10, No. 1, 1979, pp. 20–32.

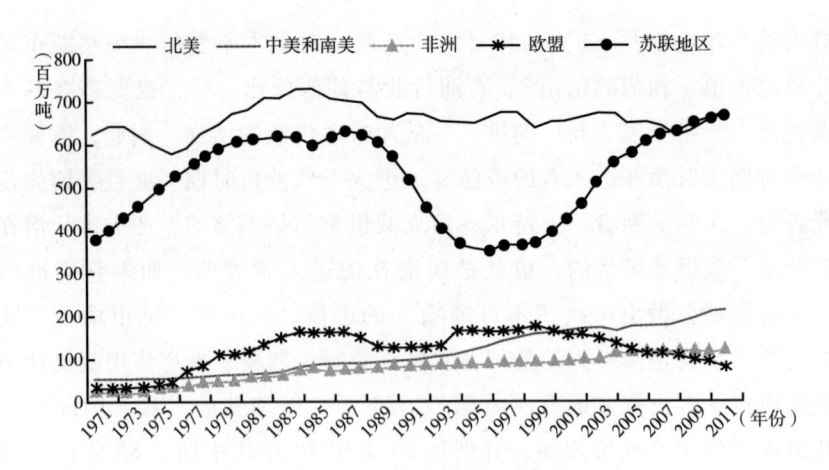

图4-10 非欧佩克国家石油产量

说明：中美和南美地区未涵盖厄瓜多尔、非洲未涵盖安哥拉。
资料来源：BP, *BP Statistical Review of World Energy June 2012*, http://www.bp.com/statisticalreview, 2012-10-01。

阿拉伯为代表的欧佩克富国曾在20世纪80年代前半段在产量上做出了巨大牺牲。而欧佩克的行动无疑消除了国际石油公司投资高成本油田的顾虑。因此，20世纪70年代中期到80年代中期，欧佩克执行的市场战略非但没有对国际石油公司的投资活动形成威慑，反而成为一种纵容国际石油公司投资行为的政策选择，而这种纵容带来了石油市场竞争性供给对欧佩克"剩余需求"的侵蚀，并最终导致欧佩克勾结协议的解体。以上事件也表明，欧佩克仅拥有产量调节能力还不足以对潜在进入者构成威慑。

（二）2003～2012年，欧佩克与潜在进入者的博弈

2003年开始，国际油价再次进入高位均衡状态，但与前一次高油价均衡时期相比，欧佩克执行了明显不同的石油政策。2003年以后，曾经为欧佩克"限产保价"战略做出过重大牺牲的沙特阿拉伯已经不再承担欧佩克"机动产油国"的角色，这也意味沙特阿拉伯仅愿意为支撑高油价均衡承担有限的责任。而且，每当国际石油市场可能出现产能不足时，该国就会向外释放提高产能的信息。因此，在21世纪的高油价时期，欧佩克不但拥有威慑潜在进入者的能力，也具备了威慑潜在进入者的意愿。

在这种背景下，欧佩克的剩余产能终于开始发挥威慑潜在进入者的作用。21世纪之初，在国际油价屡创新高的背景下，国际石油公司的勘探活动并没有变得活跃。如前文图4-8所示，2005年以后，受国际油价

不断攀升的影响,美国主要能源公司的油气勘探活动虽然变得更为活跃,但从资金支出总额来看,美国主要能源公司油气勘探支出最高也仅是在2008年达到170亿美元,与20世纪初接近150亿美元的勘探支出相比,增幅不是很大,与20世纪80年代初超过300亿美元勘探支出相比更是相形见绌。

勘探投资的不足,导致美国主要能源公司石油储量的持续减少。如图4-11所示,20世纪90年代中后期,美国主要能源公司石油储量稳定在300亿桶左右;但在20世纪初,石油储量在经历了连续两年迅速增长以后,便开始下滑;2002~2003年,石油储量的下滑还比较和缓,但从2004年开始加速;2002~2008年,美国主要能源公司石油储量由340.70亿桶下降至278.90亿桶,累计下降18.10%。石油储量的下滑直到金融危机爆发后才结束。美国能源信息署目前还未公布2009年美国主要能源公司的储量数据。但根据一些公司公布的年报,2009年以后,国际石油巨头的石油储量总体保持稳定,一些公司的储量仍在下滑。例如,2009~2012年,埃克森美孚石油储量由73.38亿桶降至69.38亿桶,降幅为5.50%;英国石油公司石油净储量由69.58亿桶降至55.10亿桶,降幅高达20.80%;道达尔石油净储量也由59.87亿桶降至56.86亿桶,略微下降5.03%[①]。

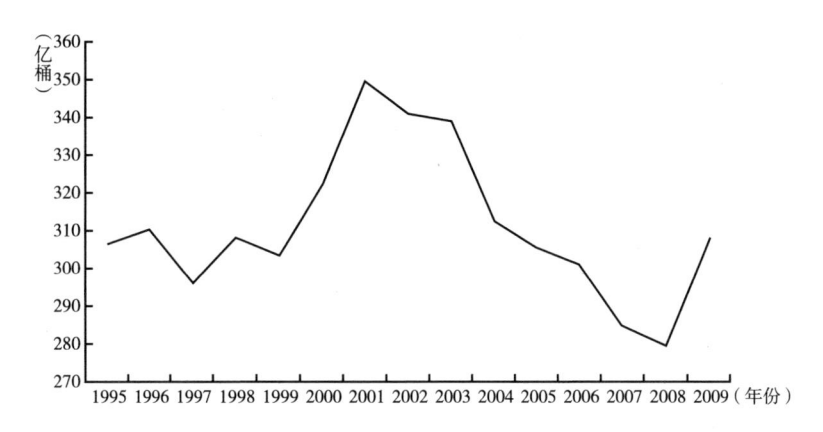

图4-11 1995~2009年美国主要能源公司石油储量的变化

资料来源:EIA, *Performance Profiles of Major Energy Producers 1993 – 2009*, Washington:EIA, 1993 – 2009。

---

① 英荷壳牌公司、埃克森美孚公司、英国石油公司、道达尔公司等公司年报。

石油储量是国际石油公司扩张产能的基础。2003年以后，国际石油公司石油储量的不断下滑也是国际石油供求持续紧张的重要原因。在石油市场上，国际石油公司的上游投资活动一直都是欧佩克最大的威胁。在国际油价不断攀升的背景下，国际石油公司在勘探领域保持谨慎，这大幅度降低了国际石油市场出现产能过剩的可能。这一威胁的解除，自然也有助于降低欧佩克所需面对的潜在进入者的威胁。那么，国际石油公司的投资行为是否受到欧佩克石油政策调整的影响，欧佩克的行动能否对国际石油公司的投资冲动形成威慑呢？

　　从欧佩克政策调整与国际石油公司石油储量变化的关系来看，在石油生产高成本且需求缓慢增长的市场环境下，欧佩克石油政策的调整在某种程度上对国际石油公司的投资行为构成了一定的威慑。国际石油储量加速下滑从2004年开始，在这前后，欧佩克内部发生了一些影响国际石油市场的重大事件。首先，2003年美国发起的伊拉克战争推翻了萨达姆政权，战争结束后，以美国为首的西方国家也撤去了多年来限制伊拉克产量增加的"制裁之锁"。其次，在2005年，面对国际石油市场可能出现的产能不足，沙特阿拉伯等欧佩克核心国家接连公布了产能扩充计划。萨达姆政权的倒台以及沙特阿拉伯等国的产能扩张计划在当时预示着大量成本低廉的中东石油将会涌入市场。对于国际石油公司来说，此时加大高成本油田的勘探活动，很可能会带来"沉没"成本的增加。因此，在国际油价不断上涨的背景下，国际石油公司的石油储量反而开始下降。

　　金融危机以后，国际石油公司石油储量下滑趋势有所减弱，也与沙特阿拉伯等国对合理油价的表态有关。金融危机期间，面对国家油价的大幅回升，特别是当国家油价重新回到100美元/桶以上后，以沙特阿拉伯为代表的欧佩克核心国家并未对国际市场做出公开的干预，并多次表示100美元是供求双方都能接受的"合理"油价，这些信号在某种程度上是对高成本油田的一种默许。在这一背景下，包括美国页岩油、加拿大油砂在内的非常规石油资源在2008年金融危机后才得到充分发掘[①]。

　　国际石油公司上游投资的谨慎有助于防止石油市场竞争性供给的增加对欧佩克市场份额的持续侵占。因此，在高油价下，欧佩克的产量调节能力在一定程度上起到了抑制竞争者进入的作用，而外部威胁的减少则有利于欧佩

---

① EIA, *Performance Profiles of Major Energy Producers 2009*, Washington: EIA, 2011, p.18.

克配额制度的稳定，进而有利于欧佩克维持垄断高价，获得丰厚的地租收益。

欧佩克作为能源市场的参与者，需要面对的竞争不仅来自于非欧佩克产油国，还有替代能源的发展。欧佩克在1975年阿尔及尔会议通过的第一份《庄严声明》中就明确指出："石油价格必须考虑替代能源的可获得性、利用情况以及替代能源的成本。"[①] 此后，其也多次提到石油与其他能源的竞争性问题。但是，由于替代能源的发展并没有真正威胁到石油在初级能源市场中的地位，欧佩克实际上并没有将抑制替代能源作为石油政策制定的主要原则。

四 市场信息的掌握

卡特尔成员的合作与卡特尔对竞争者的威慑虽然对卡特尔的生存非常重要，但卡特尔能否保持自己的垄断地位，还取决于其对市场的了解。就欧佩克来讲，欧佩克想要影响油价，必须要准确掌握与石油供给、石油需求相关的各种信息。

从欧佩克石油政策的演变来看，其政策的失败与市场信息的欠缺有很大关系。1981年，第二次石油危机刚刚结束时，沙特阿拉伯承担了"机动产油国"的角色，沙特阿拉伯做出这样的决定并不是要阻止国际油价的下跌，而是要阻止国际油价的上涨。因为当时沙特阿拉伯认为，石油需求的低迷只会持续半年左右，之后市场将会回暖。其实，在当时，乐观情绪弥漫于欧佩克之中，欧佩克一直期望欧美经济的复苏和石油市场的回暖，而这种期望一直持续到1986年"价格战"之前。对于国际石油需求的盲目乐观最终导致欧佩克执行了错误的政策。欧佩克的"限产保价"政策鼓励了国际石油公司的上游投资，最终带来非欧佩克石油对欧佩克市场份额的侵占以及欧佩克勾结协议的破产。

欧佩克限产保价策略的失败与市场信息的欠缺有很大关系。当时的欧佩克不但没有掌握世界石油需求和非欧佩克石油供给的数据，甚至不能获得成员国产量的准确数值。因此，1986年"价格战"前后，欧佩克加强了信息搜集工作。最初，其信息搜集工作主要集中在石油供给方面，加强了对成员国石油产量的监督，通过各种措施和渠道了解成员国的具体产量。此外，欧

---

① OPEC, *Solemn Declarations*, Vienna: OPEC, 2009, p. 5.

佩克开始与非欧佩克产油国接触,以便协调彼此的石油政策,交换与石油产业相关的各种信息。1988年4月,欧佩克产油国与非欧佩克产油国召开了第一届联合会议,虽然这次会议没有取得实质性成果,但建立了欧佩克和非欧佩克产油国磋商交流的机制。

不过,仅了解石油供给方面的数据是不够的。1997年东南亚金融危机爆发前,面对亚洲经济的持续繁荣和欧美经济的复苏,欧佩克错误地认为石油市场供需结构将会朝着有利于产油国的方向发展,很多成员国也相应加大了上游投资的力度[①]。但世界经济的发展并不像欧佩克预料的那样。1997年7月2日,泰国被迫宣布实行浮动汇率制,当天,泰铢兑换美元的汇率狂跌近20%,从而引发了一场席卷整个东南亚的金融风暴。在这场金融风暴中,东南亚各国(地区)的汇市、股市轮番暴跌,金融系统乃至整个社会经济受到重创。石油又是经济增长的派生需求,金融危机使东南亚地区的石油需求出现1982年以来的首次负增长,欧佩克国家本来为东南亚地区准备的石油投资随之变为过剩产能,石油的供过于求随即带来了长达数年的油价低迷。

石油需求的收入弹性几乎为1,世界经济的变化必然会带来石油需求的同步变化。东南亚金融危机的爆发引发的第二次反向石油危机让欧佩克意识到了解石油需求信息的重要性。2000年,欧佩克在委内瑞拉首都加拉加斯召开的第二届欧佩克峰会上发布了欧佩克第二份《庄严声明》,其中明确提出关注石油需求信息的重要性。2002年4月,欧佩克联合亚太经合组织(APEC)、欧盟国家(EUROSTAT)、国际能源机构—经济合作和发展组织(IEA – OECD)、拉美能源组织(OLADE)、联合国统计署(UNSD)等国际组织发起了石油资料透明化倡议[②]。此后,面对油价的持续上涨,欧佩克还积极与重要的石油消费国、能源组织、国际货币基金组织举行定期的会议,以便更好地了解世界经济增长和石油需求的信息。正是因为对石油供求状况有了更为准确的认识,在2005年油价持续走高的环境下,欧佩克国家在石油投资和国家预算的制定方面才一直保持谨慎,因此,2008年全球金融危机爆发后,石油需求虽然出现了负增长,但石油市场供求"适度紧张"的状态并没有结束。国际油价在经历了短暂的低迷后,又重新恢复到高位平衡

---

① OPEC, *OPEC Bulletin*, Vol. XXXVIII, No. 7, July 1997, pp. 5 – 10.
② OPEC, *OPEC Bulletin*, Vol. XXXIII, No. 5, May 2002, pp. 5 – 10.

状态。

　　1973年"石油禁运"之后，国际石油市场共发生过两次引发国际油价大幅下跌的反向石油危机，而每一次反向石油危机发生之前，乐观情绪都曾主导过欧佩克的石油政策。20世纪80年代初，乐观情绪促使欧佩克制定了"限产保价"政策，这一政策致使欧佩克将市场份额拱手让人。1997年东南亚金融危机带来的"第二次反向石油危机"也在一定程度上与欧佩克对石油市场的乐观预期有关。

　　因此，为避免决策错误危害自身利益，欧佩克不断加强信息搜集工作。最初是掌握市场供给信息，然后是市场需求信息。欧佩克掌握市场信息后，可以对上游投资进行适当控制，从而避免上游投资带来石油市场上的产能过剩。因为在投资上保持谨慎，在石油需求下降时，石油市场产能过剩的情况才不太严重，供过于求带来的油价下跌也会得到一定缓解。这样，油价下跌带来产油国竞争性行为的可能性也会降低。因此，有助于欧佩克维持垄断高价。

第五章
欧佩克油价影响力及其市场属性

第一节 欧佩克的油价影响力

21世纪欧佩克的石油政策分为长期政策和短期政策。长期政策就是通过产能调整让国际石油供求长期处于"适度紧张"的状态。欧佩克长期政策虽然表面不包含油价目标，但其目的却是要将国际油价维持在高成本油田决定的高油价均衡的水平上，欧佩克成员国凭借对优等石油资源的垄断，获取本国石油生产带来的垄断地租和级差地租。欧佩克的短期政策则是对油价的直接干预：在石油需求增加或发生供给中断时，通过增加产量抑制油价的上涨；在石油需求减少时，通过削减产量抑制油价的下跌。不过，国际石油市场原有的、影响油价波动的因素并未消失，欧佩克维持石油供求"适度紧张"的状态又会带来新的国际油价短期波动。因此，欧佩克未来仍然不能平抑油价的短期波动。

一 欧佩克对国际油价长周期波动的影响

1. 国际油价长周期波动及其成因

在长期，国际石油价格存在明显的长周期波动现象，而每个周期性波动都可以划分为快速上升、高位均衡、持续下降，以及低位均衡四个阶段。如果以2011年美元价格进行计算，1861～2011年，国际石油市场总共经历过四次完整的周期性波动，分别是1861～1891年、1892～1915年、1916～1972年、1973～2002年。而从2003年开始，国际油价进入了新一轮的长周期波动，并于2008年正式进入高位均衡状态（见图5-1）。

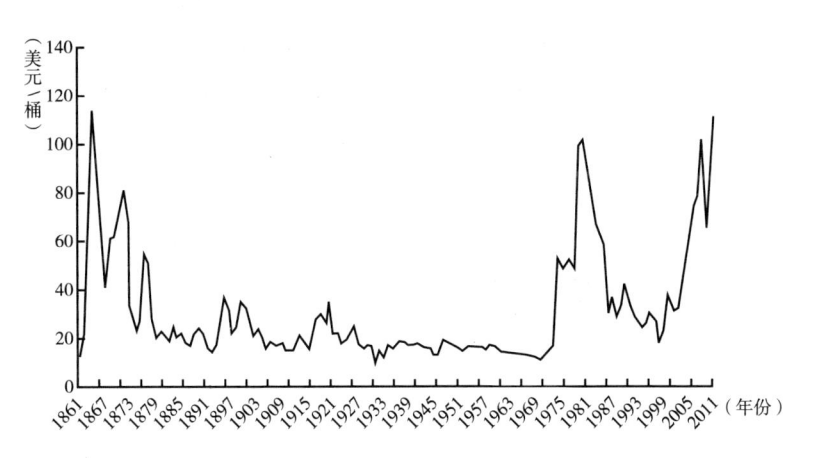

图 5-1　1861~2011 年原油价格走势

数据说明：石油价格为 2011 年美元价格；1861~1944 年为美国均价，1945~1983 年为沙特塔努拉轻质油价格，1983~2011 年为布伦特即期现货价。

数据来源：BP, *BP Statistical Review of World Energy*, June 2012, http://www.bp.com/statisticalreview, 2012-10-01。

国际油价长周期波动首先与石油生产前期资金需求大（勘探成本和开发成本）而操作成本（采油成本）相对较低的特点密不可分。这一特点的存在导致石油开采成为一个高收益与高风险并存的行业。1861~2011 年，国际石油公司在大多数时间都是石油勘探和生产的主力。因此，对于石油投资和石油供给的分析自然也要从国际石油公司的投资行为出发。与其他商业公司一样，追求利润最大化是石油公司的主要目标。但是，石油行业因为前期勘探开发需要投入巨额资金而蕴藏着巨大的投资风险。因此，对于大多数石油公司而言，只有油价上升到可以弥补石油生产成本（包括勘探开发成本和操作成本）并保证一定利润率时，公司才会获得富余资金去寻找新油田，开发新的石油资源。因此，当现有产能不能满足世界石油需求的增长时，石油公司在投资上总会出现滞后，国际石油市场也会长期处于供求紧张的状态，这就带来油价的不断上涨。

但是，当世界石油需求增长即将放缓，甚至收缩时，石油公司又不会马上察觉，它们仍然按照当前油价的变动和需求的增长进行上游投资。在长周期波动的第一个阶段，也就是国际油价快速上升的阶段，石油公司获得的经济利润为其上游投资行为提供了充足的资金支持。因此，当世界经济发展及其带动的石油需求增长出现放缓甚至收缩时，世界石油产能仍在上升。当世界石油产量增长速度超过世界石油需求增长速度时，石油市场就会出现产能过剩和供过于求的现象，石油价格也会下跌。但由操作成本决定的石油生产边际成本很低，只要油价高于操作成本，石油生产就会给石油公司带来利润，石油公司就不会关闭油田，而是通过降价竞争销售石油。这样，国际石油市场就由需求拉动的高油价均衡过渡到石油操作成本决定的低油价均衡。在低油价均衡时期，石油需求的变动只会带来已发现油田的开发和关闭，并不能刺激石油公司寻找新的石油资源。这种情况将一直持续，直到石油市场再次出现现有产能不能满足需求的持续上涨的现象，这时，需求拉动型的高油价均衡会再次出现，国际石油市场就会由低油价均衡再次过渡到高油价均衡。

1973年石油危机之后，产油国收回石油资源主权的行动在一定程度上改变了国际油价长周期波动的某些特点，对此，笔者将在下文做出专门的论述。不过，从1973~2011年国际石油市场的实践来看，虽然产油国石油政策已成为影响国际石油市场和国际油价长周期波动的重要因素，但在20世纪70年代中期到80年代中期的高油价时期，由于欧佩克对国际石油市场的认识并不成熟，在政策选择上也存在失误。2003年以前，国际石油公司的投资行为依然是主导国际油价长周期波动的主要因素。

首先，国际油价在20世纪80年代中期由高油价均衡过渡到低油价均衡主要是由国际石油投资过热带来的。20世纪70年代中期到80年代初，面对不断上涨的国际油价和石油市场对石油供应中断的顾虑，国际石油公司加大了上游投资的力度。此时，欧佩克产油国已经实现了资源国有化。国际石油公司因为这些国家难以获得投资机会，又将石油勘探开发的重点重新放到非洲、美洲的非欧佩克产油国，以及欧美发达国家的高成本油田上。此时的欧佩克政策是坚定地维持基准油价，在高油价的刺激下，成本问题并没有成为国际石油公司上游投资的阻碍。这一时期，如果用不变美元价格计算，国际石油公司用于油田勘探开发方面的支出位于1973年之后的最高水平，支出总额不仅高于20世纪80年代中期到21世纪初的低油价时期，也远远高于2003年以后的高油价时期。而正是由于国际石油公司的投资狂热，20世纪80年代中期国际石油市场才会从需求拉动型的高油价均衡过渡到由石油生产操作成本决定的低油价均衡。

1986年"价格战"之后，国际油价的持续低迷打击了国际石油公司的投资热情。从20世纪中期到2003年，国际石油公司的勘探活动始终都处于低谷，勘探活动的低迷也就为产能不足和21世纪高油价均衡的来临埋下了伏笔。

2. 1973年石油危机对国际油价长周期波动的影响

1973年爆发的石油危机对国际石油市场的影响是十分深远的。以1973年石油禁运为界，国际石油市场由一个以"七姊妹"为代表的国际石油公司控制的市场逐渐演变成一个由产油国与国际石油公司共同参与的市场。1973年石油危机对国际石油市场的影响主要来自供给和需求两个方面：供给方面的影响在于，产油国成为国际市场的重要参与者；需求方面的影响在于，由于石油资源逐渐被远离消费区域的产油国控制，石油供应安全开始成为影响石油消费国能源政策的重要因素。以上两个变化对国际油价的长周期变动亦产生了深远影响。

（1）供给方面的影响

1973年以前，石油资源主要控制在以"七姊妹"为首的西方石油公司手中，石油公司的投资行为是影响国际石油供给的主要因素。而在"石油危机"之后，由于石油资源的控制权转移到产油国手中，产油国石油政策也开始影响国际石油供给。但是，与国际石油公司不同，利润最大化并不是产油国的唯一追求，产油国的石油生产行为带有十分明显的目标收益特点。

对于1973年之后的国际油价波动，目标收益模型尝试从产油国根据国家财政决定石油生产的角度对油价波动的长周期现象进行解释。也就是产油国根据国家财政制定石油生产政策：油价升高，产油国财政状况得到改善，便会倾向于少生产；油价降低，产油国财政出现赤字，便会倾向于多生产。该模型进而提出，因为石油需求缺乏弹性，油价上升时，产油国削减产量，油价将会进一步上升；而油价下跌时，产油国增加产量，油价将会进一步下跌。产油国石油生产的这一特点也导致国际市场上高油价均衡和低油价均衡的交替出现。2000年，著名经济学家克鲁格曼运用目标收益模型成功预测了2000年之后高油价时期的来临[①]。

但是，目标收益模型对国际油价长周期波动的解释也仅对了一半。从国际油价波动的历史来看，国际油价之所以会出现高油价均衡向低油价均衡的过渡，主要是因为需求拉动的油价上涨往往会带来石油投资繁荣，从而给国际石油市场埋下产能过剩的危险种子。当世界经济增长出现停滞，甚至收缩

---

① Paul Krugman, "The Oil-Hog Cycle", *New York Times*, 2001.

时，国际石油需求的增长就会大幅减缓甚至降低，石油市场产能过剩的局面就会全面显现。此时，因为石油生产的操作成本相对较低，石油供过于求带来的油价下跌并不会带来世界石油产量的下降，国际石油公司反而会通过削减价格来争夺市场，从而带来国际油价的进一步下滑。这样，国际油价就会从需求拉动型的高油价均衡过渡到成本推动型的低油价均衡。而资源国获得石油资源主权以后，这一逻辑不但没有被否定，反而得到进一步加强。在需求拉动型的油价上涨阶段，产油国因为财政状况得以改善，反而会降低石油产量，从而导致石油价格的进一步上涨。而在油价下跌时期，产油国因为财政紧张，往往会采取竞争性行为，从而导致大量低成本油田流入市场，进而带来国际油价的进一步下滑。这也是1973年以后国际油价长周期波动的幅度较之前更为剧烈的原因。

不过，尽管1973年以后，产油国开始成为影响国际石油市场的重要力量，但由于最初欧佩克对石油市场的认识不够充分，制定的政策也存在失误，在21世纪高油价均衡形成之前，国际油价的长周期波动并没有背离原有的逻辑，石油投资的特点（前期资金需求大，而操作成本较低）和国际石油公司的行为特点（追求稳定的利润率）依然主导了国际石油市场高油价均衡与低油价均衡现象的交替出现。不过，1973年"石油危机"的最大成果——产油国收回石油资源主权以及由此而生的产油国对石油地租的索取——却通过改变国际石油公司上游投资的特点对国际油价的长周期波动产生十分重要的影响，这种影响才是1973年石油危机给国际石油供给带来的最重要的影响。

1973年"石油禁运"之前，以"七姊妹"为首的西方石油公司控制着国际石油市场，石油生产带来的绝大部分利润都被其攫取。但是，20世纪70年代中期，欧佩克等发展中产油国逐渐收回本国石油资源主权之后，油价上涨的最大受益者已不再是西方石油公司，而是拥有石油资源主权的产油国。因为存在产油国对石油地租的要求，所以，在国际油价长周期波动的第一个阶段，也就是需求拉动下国际油价的快速上涨阶段，国际油价的上涨虽然也有可能提升国际石油公司的利润率，却不再像1973年以前那样，给国际石油公司带来巨额暴利。国际油价上涨带来的绝大多数利润会转变成产油国获得的石油地租，不再是石油企业的经济利润，即使是在国际油价迅速上涨时期，国际石油公司制定上游投资决策时，也依然需要面对资金上的掣肘。

如表5-1所示,2003年以后,国际油价进入新一轮上升周期,并于2008年前后正式进入高位均衡状态。在这一轮周期的起始阶段,国际油价的上涨的确使国际石油公司的利润迅速增加。2003~2005年,国际油价由28.83美元/桶增长至54.52美元/桶,涨幅89.1%。同期,全球5大国际石油公司净利润的增长幅度介于68.0%~113.0%,与同期国际油价的涨幅大体相近。而2005~2008年,国际油价由54.52美元/桶增至97.26美元/桶,涨幅为78.4%,并不逊色于前一个时期。这一阶段,除美国石油公司外,其他石油公司净利润增长却陷入停滞,甚至有所下降。2008~2012年,当国际油价正式进入高位均衡阶段以后,美国石油巨头也如欧洲巨头一样,其净利润的增长陷入停滞。

表5-1 2003~2012年国际大石油公司净利润

单位:亿美元

公司	2003年	2005年	2008年	2009年	2010年	2011年	2012年
埃克森美孚	215.10	361.30	452.20	192.80	304.60	410.60	448.80
英国石油公司	126.18	226.32	211.57	165.78	-37.19	257.00	157.82
壳牌	123.27	262.61	262.77	125.18	201.27	309.18	265.92
雪佛龙	72.30	140.99	239.31	104.83	190.24	268.95	261.79
道达尔	81.57	156.77	155.76	117.82	140.14	170.88	137.40

资料来源:笔者根据各公司年报和季度报告整理。

对2003~2012年全球5大国际石油公司净利润的变化进行分析可以发现,由于石油地租的存在,在国际油价长周期波动的国际油价快速上涨阶段和高油价均衡阶段,国际油价上涨的大部分收益已不可能转换为国际石油公司获取的经济利润,而是转变成产油国获得的租金收益。因为资金流出现断裂,即使在高油价均衡下,国际石油公司的上游投资活动也会因为资金方面的掣肘而有所收敛。这样,在高油价均衡下,国际石油公司盲目投资带来国际石油市场产能过剩的可能性大幅降低。

(2)需求方面的影响

在需求方面,由于产油国从石油公司手中收回了石油资源主权,能源安全问题开始成为主要石油消费国关注的一个问题。石油消费国对"能源安全"问题的关注改变了石油需求的很多特点,而这些改变亦对国际油价的长周期波动产生了一定影响。需求方面,1973年石油危机对国际油价长周期波动最大的影响就是降低了国际油价由高位均衡向低位均衡转变的"临界点"前后国际石油需求的波动幅度。

纵观国际油价的波动历史可以发现，国际油价由高位均衡向低位均衡的转变往往出现在经济危机前后，这是因为石油需求是世界经济增长的派生需求，而在每个经济周期中，导致石油需求快速上涨的繁荣时期和迅速下降的衰退时期又紧密相连。因此，经济危机前后总是出现石油需求的大幅波动。经济危机爆发后，石油市场很快会从供给不足转化为供过于求，国际石油供求失衡也会带来国际油价的快速下跌。而石油的操作成本非常低，国际油价的低迷也不会很快将高成本油田挤出市场。因此，经济危机爆发后，如果国际石油市场产能严重过剩，需求拉动型的高油价均衡很快就会转变为油田操作成本决定的低油价均衡。

不过，需求方面，经济危机是否有能力将国际油价由高位均衡推向低位均衡又与经济危机前后石油需求的变化幅度有关。至于经济危机对石油需求的影响，不但与经济危机本身的严重程度有关，也与石油的收入弹性——世界经济增长对石油的依赖程度有关。也就是说，如果石油需求的收入弹性很高，在同等程度的经济危机前后，石油需求的变化就更为剧烈，"临界点"出现的可能性就更大，国际油价就更容易从高油价均衡过渡到低油价均衡，反之，经济危机爆发时，"临界点"出现的可能相对较小，国际油价由高油价均衡过渡到低油价均衡的可能性也会较小。

1973年以后，产油国收回资源主权的行动，以及连续出现的两次石油危机使石油消费大国提高了能源安全意识，主要石油消费国也开始真正重视替代能源和节能技术的发展。替代能源与节能技术发展所带来的正是20世纪80年代以后，世界经济增长对石油依赖程度的降低。也正是得益于此，20世纪80年代以后，经济危机前后，世界石油需求的变动幅度相比以前才有了很大下降。这样，导致国际油价由高油价均衡向低油价均衡转变的需求变动"临界点"出现的可能性也较以前变小了。

3. 欧佩克与21世纪的高油价均衡

经济学界一般是将欧佩克看作一个通过划分市场来控制价格的卡特尔组织。欧佩克在成立之初，也曾制定过以油价为中心的石油政策并试图将油价控制在合意水平，但这些政策在市场压力下不断松动，以致最后被废弃。而且，从国际油价与欧佩克目标价格的关系来看，欧佩克更像是石油现货价格的跟随者而非引领者。正是欧佩克固定油价政策的失败，才让国际石油市场的参与者对该组织的市场作用充满争议。但是，与其他具有垄断势力的企业或商业集团一样，判断欧佩克是否具有垄断力量，不应仅将目光紧紧聚焦于欧佩克与国际油价短期波动之间的关系上，而是要看欧佩克是否能将国际油价长期维持在垄断高位，毕竟对于任何拥有一定垄断力量的商业团体来说，其根本目标绝非左右商品价格的短期波动，而是要获得远高于一般利润率的垄断收益。从1986年"价格战"以来国际石油市场的实践来看，欧佩克执行的石油政策不仅在一定程度上加速了高油价均衡的提前来临，而且对于支撑21世纪的高油价均衡也起到了重要作用。

（1）欧佩克与21世纪高油价均衡的来临

1986年"价格战"之后，欧佩克很快陷入旷日持久的市场份额之争。国际石油市场长期存在的产能过剩导致国际油价的持续低迷，这一状态直到21世纪初才有所改变。在20世纪80年代中期到21世纪初的低油价时期，虽然国际石油公司的投资行为依然是主导石油市场高油价均衡与低油价均衡交替出现的主要力量，但与之前不同的是，以沙特阿拉伯为首的欧佩克核心国家利用产油国石油生产普遍遵循目标收益的特点引导了21世纪高油价均衡的提前来临。

从欧佩克核心国家的石油政策来看，20世纪90年代初，沙特阿拉伯等欧佩克核心国家将本国石油产量提高到合意水平后，便放弃了本国产能的进一步提升，这些国家开始将石油市场新增需求让渡给资金需求大的欧佩克成员国以及其他发展中产油国，使这些国家的资金需求得以缓解，并开始放弃石油产量的继续上涨，转而追求租金收益的上升。受此影响，国际石油市场优质油田的投资机会不断减少，国际石油公司的上游投资活动只能不断向资源地质条件更为恶劣的地区转移，由此带来的石油生产成本的上升就成为支撑国际油价上涨的新的基本面。

美国主要能源公司向美国能源信息署提交的财务数据很好地反映出2000年以后国际石油公司石油生产成本的快速上升。如表5-2所示，2003～2008年，美国主要能源公司全球范围、美国本土及海外采油成本分别从每桶油当量3.87美元、3.77美元和3.96美元上升至8.54美元、9.76美元和7.44美元，涨幅也分别高达120.7%、158.9%和87.9%。与采油成本相比，发现成本的上涨速度更快。2001～2003年，美国主要能源公司全球范围内油气发现成本为7.35美元/桶油当量，美国本土油气发现成本为9.56美元/桶油当量，海外油气发现成本为5.83美元/桶油当量。到2006～2008年，分别上升至 23.84 美元/桶油当量、29.11 美元/桶油当量和 18.75 美元/桶油当量，涨幅分别高达 224.4%、204.5% 和 221.6%。直到 2008 年全球金融危机爆发后，美国主要能源公司的油气生产成本才结束快速上升的势头。

表 5-2 2001~2009 年美国主要能源公司油气生产自然成本的变化*

a. 美国主要能源公司发现成本的变化

单位：美元/桶油当量

地区	2001~2003 年	2002~2004 年	2003~2005 年	2004~2006 年	2005~2007 年	2006~2008 年	2007~2009 年
美国本土	9.56	10.33	9.79	15.62	17.01	29.11	21.58
美国陆上	9.16	7.18	6.67	11.34	13.38	24.31	18.65
美国海上	10.24	27.66	42.74	63.71	49.54	63.89	41.51
海外	5.83	8.30	11.76	19.51	20.70	18.75	15.13
加拿大	12.26	26.09	16.46	19.39	12.20	27.80	12.07
OECD 欧洲	9.86	12.16	9.66	22.79	31.58	61.37	42.32
苏联和东欧	2.63	4.30	13.00	—	—	10.45	13.92
非洲	5.79	7.55	15.25	25.66	38.24	32.49	35.01
中东	6.22	6.76	4.67	5.26	4.77	5.12	6.99
其他东半球	4.05	6.18	8.98	12.59	20.56	12.45	7.64
其他西半球	3.98	4.98	25.06	42.59	30.30	27.36	20.43
全球	7.35	9.18	10.73	17.23	18.49	23.84	18.31

数据说明：天然气转换为桶油当量的计算公式为 1000 立方英尺天然气 = 0.178 桶油；发现成本 =（勘探成本 + 开发成本）/新增储量，该图数据为发现成本的三年移动平均值，成本按每个计算周期末年美元价格计算。

b. 美国主要能源公司采油成本的变化

地区	2001 年	2002 年	2003 年	2004 年	2005 年	2006 年	2007 年	2008 年	2009 年
美国本土	3.53	3.56	3.77	4.19	5.39	6.83	8.35	9.76	8.50
海外	3.45	3.60	3.96	4.25	4.91	5.25	6.47	7.44	8.03
加拿大	3.92	4.07	5.34	5.15	6.98	8.29	10.02	11.79	14.38
OECD 欧洲	3.51	3.54	4.39	4.54	5.71	6.34	8.48	8.61	8.96
苏联和东欧	3.85	3.21	4.43	5.74	5.21	4.09	3.98	6.78	7.95
非洲	3.58	4.23	3.89	4.06	4.09	4.10	5.66	7.21	7.31

续表

地区	2001年	2002年	2003年	2004年	2005年	2006年	2007年	2008年	2009年
中东	3.05	3.78	3.99	4.36	4.81	4.59	4.08	5.48	5.75
其他东半球	3.21	3.27	2.97	4.26	3.74	4.32	5.39	6.15	6.31
其他西半球	2.75	2.57	2.14	1.88	3.17	3.21	3.87	4.29	4.36
全球	3.49	3.58	3.87	4.23	5.13	5.96	7.34	8.54	8.26

数据说明：天然气转换为桶油当量的计算公式为1000立方英尺天然气=0.178桶油；采油成本为直接采油成本，不包含石油公司缴纳的油气生产税；采油成本按当年美元价格计算。

资料来源：EIA, *Performance Profiles of Major Energy Producers 1993–2009*, Washington: EIA, 1993–2009。

* 美国主要能源公司需要定期向美国能源信息署财务报告（FRS）系统提交 EIA-28 表格的美国最大的能源公司。2009 年，需要向美国能源信息署提交 EIA-28 表格的能源企业总共有 30 家，分别是（按英文首字母排序）：Alenco, Alon USA, Anadarko Petroleum Coporation, Apache Corporation, BP America, Chalmette Refining LLC, Chesapeake Energy Corporation, Chevron Corporation, CITGO Petroleum Corporation, ConocoPhillips, Devon Energy Corporation, El Paso Corporation, EOG Resources, EQT Corporation, Exxon Mobil Corporation, Hess Corporation, Hovensa LLC, Lyondell Chemical Corporation, Marathon Oil Cooporation, Motiva Enterprises, Occidental Petroleum Corporation, Shell Oil Company, Sunoco, Tesoro Petroleum Corporation, The Williams Companies, Total Holding USA, Valero Energy Corp., Western Refining, WRB Refining, XTO Energy。上述能源企业的经营业务范围虽然非常广泛，但其经营利润的 94% 来自与能源相关的业务，而与能源相关的经营利润中，几乎所有利润都来自油气生产。上述能源公司绝大多数都是跨国企业，40% 以上的净投资位于美国境外。

根据地租理论的论述，决定国际油价的并不是世界石油生产的平均成本，而是成本最高的油田。对比高成本油气资源开发成本与国际油价的变化趋势可以发现，正是高成本油田的开发带来了 21 世纪的高油价均衡。图 5-2 是美国主要能源公司发现成本最高油气资源与 WTI 油价的对比图。从图中可以看到，2001~2005 年，美国主要能源公司高成本油气资源的发现成本逐渐与 WTI 油价接近，并于 2004~2006 年反超 WTI 油价。两者的比较反映出，国际油价的上涨带动了高成本油田的开发，高成本油田的开发又进一步支撑了国际油价的继续上涨。美国主要能源公司高成本油气资源生产成本的快速上升一直持续到 2006 年，此后进入高位均衡状态，2009 年受金融危机的影响略有下降。虽然美国能源信息署尚未公布 2010 年及之后美国主要能源公司油气发现成本的变化。但是，由于沙特阿拉伯等欧佩克核心国家在金融危机期间对 100 美元"合意油价"的表态解除了国际石油公司对致密油开采的顾虑，北美地区随即进入致密油资源开发的高潮。尽管笔者至今仍未找到关于致密油生产成本的具体数据，但一些投行和评级机构的报告表明，页岩油等致密油资源的开采已成为支持当前高油价均衡的新的基本面。例如，美林证券（Merril Lynch）2013年5月的一份报告中指出，按10%加权平均资本成本计算，美国部分地区的页岩油开发介于65~90美元/桶[①]，90美元/桶的成本加上合理的利润，也与当前100美元左右的欧佩克油价大体一致。

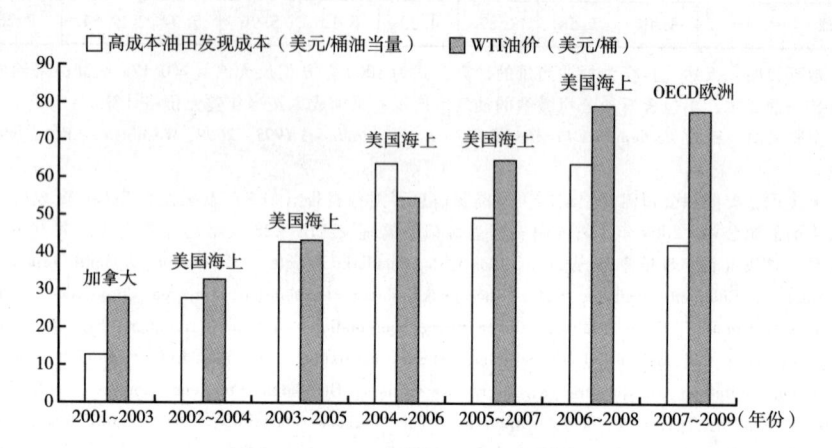

图5-2 2001~2009年美国主要能源高成本油气资源
发现成本与WTI油价对比图

数据说明：高成本油田为计算周期发现成本最高的区域；高成本油田发现成本按每个计算周期末年美元价格计算；WTI年均油价是按当日收盘价格计算的均值。

资料来源：EIA, *Performance Profiles of Major Energy Producers 1993 - 2009*, Washington: EIA, 1993 - 2009。

从以上论述中可以得出，21世纪高油价均衡的再次来临与国际石油公司选择大规模开发欧美地区高成本石油资源以及非常规石油资源有着密切关系。国际石油公司选择开发高成本油田与发展中产油国投资机会减少以及发展中国家石油地租索取水平的提高有关。虽然以上变化亦是在市场力量的推动下完成的，但是，如果不是沙特阿拉伯等欧佩克核心国家在20世纪90年代漫长的低油价时期有意控制上游产能的扩张速度，将国际市场新增石油需求让渡给其他产油国，包括欧佩克国家在内，很多发展中产油国石油生产将依然保持在斜率为正的供给曲线上，资源民族主义也不会在21世纪中期前后重新在发展中产油国内蔓延，进而迫使国际石油公司将上游开发重点重新

---

① *MEES*, Vol. 56, No. 40, 04, October, 2013, p. 16.

聚焦于西方高成本油田和非常规石油资源。从这层意义上来说，正是欧佩克核心国家自20世纪90年代初开始执行的石油政策加速了当下高油价均衡在21世纪的提前来临。

（2）欧佩克对高油价均衡的维持

从1973年之后国际油价的长周期波动来看，经济繁荣和石油需求快速增长带来的产能过剩是导致国际石油市场由高油价均衡向低油价均衡转变的直接原因。因此，欧佩克如果想要长期维持国际石油市场业已形成的高油价均衡，做到一点即可，即阻止国际石油市场出现过度投资的现象。

在国际石油市场上，石油产能的变化主要是受产油国石油开发政策和国际石油公司投资活动的影响。在产油国方面，由于经济依赖石油资源的发展中产油国的石油生产普遍遵循目标收益的规则，在高油价下，产油国带来石油供给过剩的可能性已经大幅降低。这是因为，受益于国际油价上涨，欧佩克内外很多重要的产油国已处于供给曲线向后弯曲或者供给曲线已经相当倾斜的状态。因为资金需求降低，这些国家已不再追求产能上的进一步扩张，转而追求从单位石油产量中获取的利润比例，2004年开始的产油国石油国有化运动就是这种转变的证据。因此，在高油价均衡下，这些国家带来国际石油市场产能过剩的可能性变得很小。这样，欧佩克想要维持高油价均衡，只需满足欧佩克内外一些高资金需求产油国对市场份额的要求即可，而在这些高资金需求产油国中，很多国家受制于有限的资源量，产能提升幅度有限。还有一些重要的产油国，如伊朗、苏丹等，受制于较高的地缘政治风险，也很难充分发挥本国的资源优势。因此，这些高资金需求产油国与低资金需求产油国一样也不太可能带来世界性的石油产能过剩。在高资金需求产油国中，只有伊拉克具有较强的产能扩张能力，它也是唯一有能力冲击当前国际石油供给格局的国家。欧佩克如能通过配额调整，有效地消化未来伊拉克新增产能，国际石油市场就不太可能出现由产油国石油政策调整带来的产能过剩现象。

其次，在国际石油公司方面，在当前高油价均衡下，欧佩克的产能调整也可对国际石油公司构成威慑，抑制国际石油公司带来的产能过剩。与产油国不同，国际石油公司追求的是利润最大化，只要投资能够带来回报，就会选择进行上游投资。不过，21世纪的一些变化，又限制了国际石油公司的投资行为：一是石油上游投资成本不断升高，这主要是因为高油价下，产油国资金需求降低，要求更多的地租收益，而石油地租索求较少的油田，其资源地质条件又越来越恶劣；二是石油需求增幅减缓，石油公司对未来需求也不敢太乐观。21世纪，因为产油国对石油地租的要求，油价的上升更多的是带来地租成本的迅速增加而不是石油公司利润率的大幅提高。因为资金流的断裂，即便是在高油价下，追求稳定收益率的国际石油公司也不得不对石油勘探活动采取十分谨慎的态度。更为重要的是，因为产油国的石油地租要求，国际石油公司在发展中产油国进行投资的回报率已经越来越低，其只能将上游投资的重点移回到欧美地区高成本油田和非常规石油资源。此外，石油需求的缓慢增加和需求增长的不确定性进一步加大了石油公司的投资风险。在石油生产成本不断攀升的背景下，欧佩克核心国家即使在高油价下发动价格战，也可能会给国际石油公司造成巨大损失。因此，面对国际石油公司的投资活动，欧佩克只需加大上游投资力度、恢复剩余产能，国际石油公司就会知难而退。

综上所述，得益于石油地缘政治因素和石油需求的缓慢增长，国际石油市场出现产能过剩的可能性会大幅降低。因此，与之前相比，以沙特阿拉伯为首的欧佩克核心国家维持高油价均衡的难度也大幅降低。因此，当世界经济过热带来国际油价快速攀升时，欧佩克国家只需严格控制自身生产能力，并利用产能调整对国际石油公司的投资行为做出适当干预，就有可能降低国际石油市场出现产能过剩的可能性，经济危机将当前的高油价均衡拉回至低油价均衡的可能性也会大幅降低。这样，欧佩克产油国就可凭借极为优越的资源开发条件，获得丰厚的级差地租收益和垄断地租收益。

二　欧佩克对国际油价短期波动的影响

本章前一部分得出的结论是，20世纪70年代产油国获得石油资源主权改变了国际油价长周期波动的很多特点。得益于石油供给和石油需求等发生的一些变化，欧佩克，主要是以沙特阿拉伯为首的欧佩克核心国家通过石油产能的调整，在一定程度上具备了维持高油价均衡、获得高额级差地租和垄断地租的能力。那么欧佩克的存在以及欧佩克石油政策的调整，又会对国际油价的短期波动带来哪些影响呢？虽然表面来看，维持国际油价稳定是欧佩克石油政策的一项重要内容，但是，从石油市场的真实发展来看，国际市场上影响油价短期波动的传统因素并未消失。欧佩克追求石油市场供求"适度紧张"的策略又加剧了原有的矛盾，因此，与20世纪70年代中期到80年代中期的高油价时期相比，虽然未来欧佩克维持高油价均衡的能力有所提高，但该组织依然难以平抑国际油价的短期波动。

1. 欧佩克仍不能克服主导国际油价短期波动的传统因素

影响国际油价短期波动的传统因素包括两个方面：一是地缘政治因素和突发事件带来的特定石油产区的供给中断；二是经济周期带来的石油需求的周期性波动。以上两个方面的扰动均会导致石油供求的短期失衡以及国际油价的短期波动。

20世纪70年代中期以来，国际石油市场虽然发生了许多重要变化，但是以上两个扰动国际油价短期波动的影响因素并没有消失。首先，地缘政治因素和突发事件的发生依然经常造成特定石油产区石油供应的中断。并且，20世纪70年代以后，越来越多的资源掌握在发展中产油国，特别是安全隐患较多的中东产油国手中，中东和平进程、伊朗核危机、伊拉克战后重建等影响世界石油核心地区政治稳定的系统性问题都会危及世界石油的供应安全。除去以上系统性因素之外，主要产油国国内局势的动荡、世界大国在世界石油主产区的角力、产油国经济问题引发的罢工和骚乱，以及地震、飓风、海啸等自然灾害也会带来石油供应的中断。因此，几乎可以肯定地说，在相当长的一段时期内，地缘政治因素或者其他突发事件导致特定石油产区出现石油供应中断依然是国际石油市场的常态。

影响国际油价短期波动的第二个因素是经济周期带来的石油需求的周期性波动。经济繁荣时，石油需求往往会快速上涨，而经济衰退则会带来石油需求的迅速下降。由于世界经济发展的周期性波动一般会经历繁荣、衰退、萧条、复苏四个阶段，而繁荣、衰退两个阶段又紧密相连，所以，经济危机前后，国际石油市场往往会出现供求失衡以及国际油价的异常波动。20世纪80年代中期以后，虽然得益于石油需求收入弹性的降低，经济周期带来的石油需求的变化幅度较之前有了大幅降低，但这种波动没有从国际石油市场彻底消失。由于经济规律难以把握，经济危机前后，国际石油需求由快速上涨向迅速下跌的转变就变得难以预测。因此，世界经济发展的周期性波动对国际石油市场的冲击在相当长的一段时期内是不可避免的。

当以上因素导致国际石油供求出现短期失衡时，欧佩克若想抑制国际油价的波动，就必须在产量方面做出迅速调整，及时让国际石油供求重新恢复平衡。也就是说，当特定石油产区发展供应中断时，欧佩克必须及时增加产量，抑制国际油价的迅速上涨，反之，面对经济危机带来的需求下滑，欧佩克也必须及时削减产量，抑制住国际油价的下跌。但是，欧佩克的石油政策存在认识时滞、决策时滞和行动时滞。欧佩克判断石油市场是否已陷于失衡状态需要时间，成员国为商讨政策召开的欧佩克会议需要时间，欧佩克配额制度制定后，成员国调整本国石油产量也需要时间。由于欧佩克石油政策发挥效果存在时滞，石油市场出现的供给或需求冲击难免会导致国际石油供求的暂时失衡，进而带来国际油价的短期剧烈波动。此外，由于沙特阿拉伯等欧佩克核心国家仅承诺对国际石油市场施以有限干预，欧佩克内部又存在较为严重的超产问题，所以，欧佩克即使克服了上述时滞，也会因为产量调整不到位而难以让国际油价很快恢复到平衡状态。

综上所述，由于地缘政治事件、自然灾害、世界经济周期性波动等主导油价短期波动的因素并未从国际石油市场消失，所以欧佩克已放弃对国际油价的直接控制，仅承诺对国际油价施以有限干预。当供给冲击或需求冲击扰动国际石油市场时，欧佩克即使在产量方面做出调整，也很难阻止国际石油供求短期失衡带来的国际油价的剧烈波动。

2. 维持市场"适度"紧张的政策有可能加剧国际油价的短期正向波动

维持国际石油市场"适度"紧张是欧佩克当前采用的石油政策，其政策核心是维持一定规模的剩余产能。2000年以后，欧佩克多次公开表示，欧佩克"合理"的剩余产能是该组织总产量的10%或15%，也就是300万至450万桶的产量调节能力。但从欧佩克石油政策的实践来看，当国际石油市场对欧佩克剩余需求的增加导致欧佩克剩余产能低于其"合理"剩余产能目标时，该组织只有确认供求紧张是趋势性变化而非暂时现象，才会采取行动提高生产能力。因此，欧佩克维持市场"适度"紧张的政策实际上很容易让国际石油市场陷入真正的供求紧张状态。

在供求紧张的市场上，石油消费国能源安全的忧虑往往会催生"超额需求"，而石油衍生品市场的参与者又会利用"超额需求"进行投机和炒作，从而推动国际油价的迅速攀升。前文中，本文曾从石油库存的角度就超额需求对国际油价的影响做出过专门的论述。但是，石油库存毕竟是实实在在的需求，库存的建设和保持也需要耗费成本，在金融衍生品交易十分便捷的当代社会，除了主要石油消费国政府以外，其他主要市场参与者，包括油气企业、化工企业、航空公司等并不会增加石油储备，而是会通过购买石油期货、期权等与石油相关的金融产品来实现套期保值的目的。因此，当今社会，在供求紧张的市场上，石油衍生品交易会变得更为活跃，进而带来国际油价在短期内偏离供求基本面。

欧佩克执行的维持市场"适度"紧张的政策极易让国际石油市场陷入供求紧张状态。在供求紧张的市场上,"超额需求"的存在又会推动国家油价不断攀升。因此,欧佩克当前执行的政策非但不能抑制国际油价的短期波动,反而会加大国际油价短期正向波动的幅度。

2007~2008 年国际油价的暴涨很好地反映了欧佩克石油政策对国际油价短期正向波动的影响。在 2007 年 6 月到 2008 年 6 月的短短 13 个月内,WTI 现货价格由 67.49 美元/桶上涨至 133.88 美元/桶,涨幅高达 98.4%[①]。按照石油地租理论,国际油价应当由生产成本最高的油田决定,2006 年以前国际油价的变动的确符合这一逻辑。2000~2006 年,国际油价与石油生产成本同向变动,油价上涨带动了高成本油田的开发,高成本油田的开发则成为支持油价上涨的新的基本面。但是,2007~2008 年的油价上涨与石油生产成本的变动相异。根据美国能源信息署提供的数据,2007~2008 年,美国主要能源公司高成本油气资源的发现成本已结束上涨。在 2004~2006 年、2005~2007 年,以及 2006~2008 年,对于美国主要能源公司而言,世界石油生产成本最高的地区都是美国海上油田,三个阶段滑动平均值分别约为 71.69 美元/桶油当量、57.20 美元/桶油当量和 63.89 美元/桶油当量[②]。从石油需求方面来看,根据美国能源信息署的资料,2007 年,世界石油需求的增速已经开始减缓,较 2006 年仅增长了 0.8%[③]。虽然发现成本对国际油价的影响存在一定的滞后,但从以上数据来看,2007~2008 年,美国海上油田的生产价格(发现成本、开采成本、石油税收与合理利润)最多为 90.00 美元/桶油当量,而当时的油价上涨远远高于这一水平。2007 年下半年到 2008 年上半年,国际油价的走势脱离供求基本面,这在很大程度上源于供求紧张给石油市场带来的超额需求。尽管在当时,国际石油供求支撑油价上涨的力量正在不断减弱,但沙特阿拉伯等掌握剩余产能的欧佩克核心国家或许已经意识到了石油市场的这一变化,上游投资仍十分保守。2005 年

---

① EIA, *International Energy Statistics*, http://www.eia.gov/cfapps/ipdbproject/IEDIndex3.cfm?tid=3&pid=26&aid=2, 2013-12-15.

② EIA, *Performance Profiles of Major Energy Producers* 2004, Washington: EIA, 2006, pp. 33-34; EIA, *Performance Profiles of Major Energy Producers* 2005, Washington: EIA, 2006, pp. 25-27; EIA, *Performance Profiles of Major Energy Producers* 2007, Washington: EIA, 2008, p. 26; EIA, *Performance Profiles of Major Energy Producers* 2008, Washington: EIA, 2009, p. 114.

③ EIA, *International Energy Statistics*, http://www.eia.gov/cfapps/ipdbproject/IEDIndex3.cfm?tid=3&pid=26&aid=2, 2013-12-15.

宣布的一系列上游投资计划也未落实到位，国际石油市场始终笼罩在产能不足的阴影之下。在这一环境下，美国能源信息署曾做出预测，认为2008年欧佩克剩余生产能力为232万桶/天，增产能力不容乐观[①]。国际石油市场供求持续紧张导致市场参与者对国际油价上涨的预期十分强烈，其纷纷加大了对与石油相关的金融衍生品的投入，以期通过在金融市场上的积极行动实现套期保值或赚取暴利。市场参与者的投资热情在期货交易量中得到充分反映，与2006年相比，2007年NYMEX轻质低硫原油期货交易量同比上涨71.0%，达到12153万手[②]。而在当时，正是石油市场参与者购买与石油相关的金融衍生品的热情导致国际油价偏离石油供求的基本面，出现异常上涨。

从以上论述中可以得出以下结论，欧佩克当前执行的维持市场"适度"紧张的石油政策非但不能抑制国际油价的短期波动，反而会在特定条件下，因为催生石油市场的超额需求，进一步扩大国际油价的短期正向波动幅度。

第二节 欧佩克市场属性及其市场地位的脆弱性

一 高油价均衡与欧佩克的市场属性

欧佩克的市场影响力并不体现为对国际油价短期波动的干预，而是体现为对高油价均衡的维持。在欧佩克的引导下，21世纪初，国际油价也再次由低位均衡过渡到高位均衡，欧佩克执行的石油政策也在一定程度上对国际石油市场当前的高油价均衡起到了支持作用。因此，欧佩克并非国际石油市场上的一般参与者，而是具备一定垄断力量的供给方集团。对于高油价均衡的支持，欧佩克主要是借助产能调整实现的。在欧佩克国家中，以沙特阿拉伯为代表的欧佩克核心国家实际上肩负了国际石油市场"产能机动国"的任务，它们表现出石油市场主导厂商的很多特质。

1. 欧佩克市场属性取决于对高油价均衡的维持

表面来看，欧佩克是一个通过划分市场控制价格的卡特尔组织。欧佩克

[①] 《中国石油报》2008年9月18日，http://www.zgsyb.com.cn/100032/108750.html，2013 - 1 - 1。

[②] 张宏民：《石油市场与石油金融》，中国金融出版社，2009，第240页。

根据石油市场对其"剩余需求"的变化调整配额，从而达到影响国际油价的目的。在产量调整方面，虽然大多数欧佩克成员国能够在一定程度上配合欧佩克的配额调整，但成员国的超产问题十分严重，欧佩克的配额调整对国际油价短期波动的影响也十分有限。从欧佩克目标油价的调整来看，欧佩克更像国际油价的追随者，而非引导者。正是基于此，国际石油市场参与者对于欧佩克的属性充满了争论，很多人认为欧佩克产油国与其他国家无异，仅是石油市场的竞争性参与者。

不过，判断欧佩克是否在国际石油市场拥有一定的垄断力量，不应将目光局限于国家油价的短期波动。毕竟，与其他具有一定垄断力量的厂商相似，将产品价格维持在高位均衡，获取垄断利润才是欧佩克更关注的问题。就这层意义上来讲，欧佩克对国际石油市场的影响是比较明显的。

从国际油价波动的历史来看，国际石油市场一直存在着周期性的高油价均衡与低油价均衡的交替出现，欧佩克成立之初也未改变国际油价长周期波动的规律。在1986年的价格战以及随后的欧佩克市场份额之争时期，由沙特阿拉伯、阿联酋、科威特组成的欧佩克中的海湾富国石油集团逐渐成为欧佩克石油政策的引导者。而从20世纪90年代中期开始，这些国家对其石油政策做出了巨大调整。虽然在官方文件中未曾表明，但沙特阿拉伯等欧佩克核心国家已将其石油政策的核心放在产能调整方面，其目标就是在保证自身基础产量的基础上，逐渐消除国际石油市场的过剩产能，将石油供求维持在"适度"紧张的状态。在此期间，以沙特阿拉伯为代表的欧佩克核心国家利用产油国石油生产遵循目标收益的规则，不断向包括欧佩克成员国在内的高资金产油国让渡新增市场份额，使其石油产量和出口收入不断增加，资金需求逐渐得到缓解。正是在沙特阿拉伯等国的努力下，进入21世纪以后，很多产油国重新回到斜率为负的供给曲线上。这些国家开始放弃产量上的进一步提升，转而寻求在石油生产中获得更高比例的地租收益，资源民族主义也开始在产油国重新蔓延。在这一背景下，国际石油公司不得不重新将上游开发重点重新移至欧美地区的高成本油田和非常规石油资源之上，这也使21世纪高油价均衡提前来临。

在沙特阿拉伯等欧佩克核心国家的引领下，2005年前后，国际油价开始了新一轮的长周期波动。2005~2007年是需求拉动型的油价上涨阶段，2008年前后国际油价正式进入高油价均衡时期。20世纪70年代中期到80年代中期，国际石油市场也曾出现过类似的变化，但当时欧佩克执行了坚定支撑油价的错误策略，致使产油国蒙受巨大损失。在新一轮高油价时期，欧佩克核心国家不但放弃了对国际油价的坚定支持，而且通过自身产能的调整对国际石油公司投资高成本油田的行为进行了干预。当沙特阿拉伯等欧佩克核心国家认为国际石油公司的投资行为有可能带来石油市场产能过剩时，就会加大上游投资的力度。而在石油需求缓慢增长和生产高成本的背景下，大量低成本欧佩克原油进入市场，无疑会大大加重国际石油公司开发高成本油田的市场风险。正是出于这种顾虑，进入21世纪以后，即使面对国际油价的不断攀升，国际石油公司石油储量也没有像20世纪80年代那样快速上涨，反而有所下降。因此，进入21世纪以后，得益于欧佩克核心国家上述政策的转变，欧佩克的产量调节能力才真正发挥威慑潜在进入者的作用，从而对当前国际石油市场上存在的高油价均衡起到支撑作用。

从欧佩克石油政策与21世纪出现高油价均衡的关系来看，是欧佩克引导了高油价均衡的提前来临，也是欧佩克执行的政策对高油价均衡起到了一定的支撑作用。因此，从这层意义上说，欧佩克并非是一般意义上的市场参与者，而是具有一定垄断力量的产油国集团。

2. 掌握剩余产能的欧佩克核心国家是石油市场的主导厂商

如前所述，欧佩克的市场能力不是体现在平抑油价短期波动方面，而是体现在抑制石油市场产能过剩、维持高油价均衡方面。欧佩克对于当前高油价均衡的维持，在很大程度上是依靠其产量调节的能力。而在产能调整方面，欧佩克结束市场份额之争后，该组织的成员国似乎形成了某些默契：沙特阿拉伯、阿联酋、科威特三个海湾石油富国先将产能增加的机会让给资金需求大的成员国，等到这些国家现有产能不能满足国际石油市场对欧佩克新增"剩余需求"时，沙特阿拉伯等国才会选择增加产能。从这层意义上来说，沙特阿拉伯等欧佩克核心国家在欧佩克中担任的角色实际上是由之前的"产量机动国"转变为"产能机动国"了。

不过，在产能调整方面，除沙特阿拉伯等欧佩克核心国家外，欧佩克其他国家的行为与经济严重依赖石油资源的非欧佩克产油国十分相似。其产能调整并非是为了配合沙特阿拉伯等国的政策，而是遵循着目标收益的规则。与很多非欧佩克产油国一样，这些国家在资金需求大的时候，往往会给予国际石油公司更多优惠条件，以期提高本国产能，获得更多石油出口收入，反之，则会更加节约地开发本国石油资源。进入21世纪以后，当国际油价的上升改善了本国财政状况时，很多欧佩克产油国也与其他发展中产油国一样，在国内兴起了资源民族主义的浪潮，向国际石油公司索取更多地租收益。因此，2005年以后，面对国际石油市场可能出现的产能不足，很多欧佩克产油国的石油产量却在持续下降，其产量变化趋势与阿曼等低资金需求的非欧佩克产油国十分类似。

因此，严格来讲，除沙特阿拉伯等欧佩克核心国家外，大多数欧佩克产油国石油产能的调整仅仅是根据本国财政需求做出的，而非基于更为长远的考虑。在欧佩克中，只有以沙特阿拉伯为主的欧佩克核心国家才是当前高油价均衡的引领者和维持者。这些国家实际上是国际石油市场上的主导厂商。只是其他欧佩克国家石油生产遵循目标收益规则的特点驱使这些国家在产能调整方面与沙特阿拉伯等国形成了合作，从而使欧佩克表面上看起来像是一个能在产能调整方面促成一定合作关系的卡特尔组织。

二 欧佩克维持下高油价均衡的威胁

欧佩克维持下的高油价均衡是以产油国财政稳定为基础的，这种均衡又是很容易被打破的。任何因为需求持续减少或油价降低带来的产油国财政紧张都有可能诱发产油国的竞争性行为，进而带来高油价均衡向低油价均衡的过渡。目前，欧佩克维持下的高油价均衡需要面对两大威胁：发展中石油消费大国石油需求的持续减少以及国际石油产能的迅速扩张。

（一）发展中石油消费大国石油需求增幅持续下降

20世纪70年代中期以来，国际石油市场的实践表明，面对暂时性的石油需求下降和油价低迷，产油国为避免因贱卖石油而遭受的损失，并不会选择竞争性策略，因此，暂时性的油价下跌并不会对欧佩克构成威胁。不过，石油需求持续低迷的影响就大不相同。在国际石油市场上，许多重要的石油出口国都是经济严重依赖石油资源的发展中国家，石油出口收入是其国民经济的命脉，当石油需求持续下降威胁到产油国财政平衡时，产油国往往会在资金需求的驱动下采取竞争性策略。当这种情绪在很多产油国中蔓延时，国际石油市场便极易出现产能过剩，操作成本决定的低油价均衡也会随之来临。

影响石油需求的因素有很多，节能技术、替代能源的发展都会带来石油需求的持续减少。但以目前的技术条件，其他能源还很难替代对石油的消费，而且节能技术的发展对石油消费的影响也很有限。因此，世界经济增长的发展依然是影响国际石油需求最重要的因素。

2008年爆发的全球金融危机虽然没有导致油价的持续下降和产油国的竞争性行为，但这并不代表未来世界经济的减速或者衰退不会威胁到石油市场现有的高油价均衡。2008年全球金融危机对世界石油需求的影响不大与危机的性质有很大关系。欧美国家是这次危机的重灾区，而以金砖国家为代表的发展中国家所受到的影响非常小。由于欧美地区的石油收入弹性本来就很低，因此，即使没有受到经济危机的影响，这些国家石油需求的增长也十分乏力。所以，2008年爆发的全球金融危机对国际石油市场的影响还算温和。金融危机爆发后，全球石油消费量的降幅也十分有限。据统计，2008年全球石油消费量为8446万桶/日，与2007年相比仅减少42万桶/日，降幅为0.6%。危机期间，大部分石油需求的减少都是OECD国家带来的，2008年，OECD国家石油消费量较2007年下降3.4%，其中美国下降6.4%。而在危机期间，以金砖国家为代表的发展中国家的石油需求不但没有下降，反而继续增长。2008年中国、印度、俄罗斯和巴西的石油需求分别较2007年增长3.3%、4.8%、3.1%和5.1%[①]。

虽然从整体来看，20世纪80年代中期以来，世界石油需求的收入弹性有所降低，但从绝对水平上来看，发达国家与发展中国家的差距仍是十分明显的。与发达国家相比，很多发展中国家能源效率依然很低，经济发展对能源消费的依赖程度也很高。如图5-3所示，2011年，美国、日本及欧盟各国每千美元GDP能耗介于91.2~158.2公斤桶油当量，而同期，除巴西外，金砖国家每千美元GDP能耗则介于187.3~347.1公斤桶油当量，差不多是发达国家的两倍。

由于在能源使用效率上存在巨大差异，与发达国家相比，发展中国家经济收缩对国际石油市场的冲击自然也会更为严重。目前，以金砖国家为代表的主要发展中国家的能源消费强度仍然停留在发达国家20世纪80年代初的水平。但我们不要忘了，在第二次石油危机结束后，西方国家经济的持续萎靡不振正是最终压垮欧佩克配额制度，引发"价格战"及欧佩克市场份额之争的重要因素。因此，如果未来经济出现问题的不是发达国家，而是中、印等发展中石油消费大国，那么，国际石油市场将可能会重现20世纪80年代的场景，产油国之间的恶性竞争很可能再次将高油价均衡拉回到由油田操作成本决定的低油价均衡。

---

① BP, *Statistical Review of World Energy Full Report 2009*, www.bp.com.

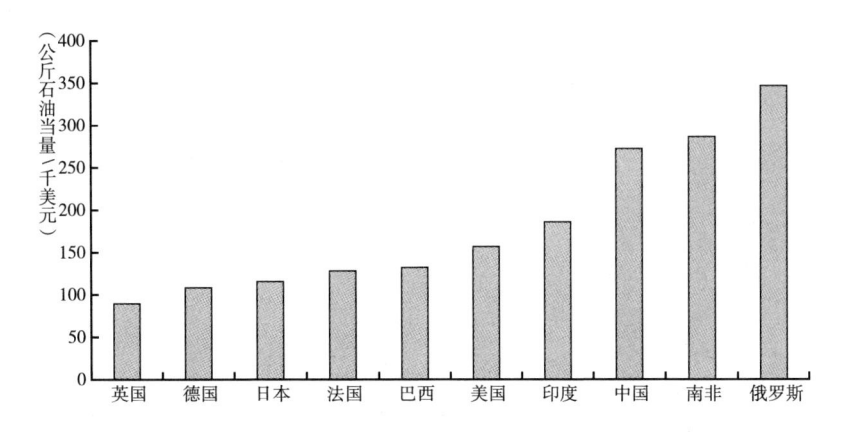

图 5-3　2011 年主要石油消费国能源消费强度

说明：GDP 按 2005 年美元价格计算。
资料来源：World Bank，WDI Database，February 7，2014。

（二）国际石油产能的迅速扩张

从国际油价长周期波动的历史来看，大规模的经济危机往往是带来国际油价由高位均衡向低位均衡转变的"突变点"。这一"突变点"的出现虽然与石油需求增长率的大幅下降密切相关，但也与经济快速增长时期石油产能扩张过快有着重要联系。虽然在当前欧佩克维持的高油价均衡下，产油国提升产能的动力已大幅减弱，国际石油公司的上游投资活动也十分谨慎，但国际石油市场出现产能迅速扩张的可能性仍然存在。其一，油价攀升带来高成本油田的投资狂热；其二，地缘政治风险下降降低了伊朗、伊拉克两国的增产束缚。

1. 油价攀升带来高成本石油资源的开发狂热

受技术进步影响，非常规石油资源及深海油田的开发成本与之前相比有了一定下降，但从这些资源的开发现状来看，它们目前还只能作为常规石油资源的补充。在当前的油价水平和技术条件下，非常规及深海深有资源还很难挤占常规石油的市场份额。

（1）页岩油开发热不会给高油价均衡带来威胁

在各类非常规石油资源中，目前开发最具规模、影响最大的当属美国的页岩油资源。得益于该类资源的开发，金融危机后，美国石油产量止住了下滑的势头，并取得连年增长。2008~2012 年，美国石油产量已由 678.3 万桶/日增至 890.5 万桶/日，累计增幅高达 31.3%。包括国际能源机构、美国能源信息署在内的一些机构甚至认为，借助"页岩油革命"的胜利，不久的将来，美国可能会超越沙特阿拉伯，成为世界上最大的产油国。

不过，即使取得巨大成功，页岩油也会因为自身开发生产的很多特点而难以撼动当前的高油价均衡。不同于常规油田，页岩油的产量不取决于油田的地质构造，而是取决于单体油井的开采条件。即使地理位置十分临近的两个油井，其产量也可能相差很多。而且，与常规石油资源相比，页岩油单体油井的生产周期非常短，单体页岩油井自开采后，只需几个月就能达到峰值，而其产量下滑速度也非常迅速①。能源专家大卫·休斯（David Hughes）在一份报告中指出，美国北达科他州巴肯（Bakken）油田一个典型的页岩油井产量的递减率非常高，前5年的递减率分别为69.0%、39.0%、26.0%、27.0%和33.0%。这就意味着一口日产500桶的致密油井投产后，一年后日产量将会降至155桶左右，两年后降至100桶以下，四年后降至不足50桶，五年后日产量则仅为25桶左右。因为单体页岩油井的衰竭速度非常快，要想确保特定区块页岩油产量不下降，每年都要保证大量的资金投资。以巴肯地区为例，仅为抵消巴肯油田产量的下滑，每年就需要增加820口新油井②。

与生命周期长达十几年、甚至几十年的常规油田相比，页岩油单体油井的开采周期极短，页岩油资源的生产几乎不能像常规油田那样，明显区分出操作成本，面对同样幅度的国际油价的下跌，页岩油田的抗逆性显然远远低于常规油田。对于常规油田而言，其停业点是油田的操作成本，而油田操作成本在总成本中仅占很少的份额，除非油价下跌到操作成本以下才会带来油田产量的明显减少。与常规油田不同，页岩油单体油井生产的高递减率决定了页岩油田的停业点为新建单体油井的初期投资成本。而一些资料表明，单体页岩油井的初期投资并不廉价。例如，巴肯地区Mountrail区块一个年产油10万桶的单体页岩油井，初期投资超过1000万美元，折合100美元/桶③。这就表明，页岩油田的停业点要远远高于常规油田，因而，那些不

---

① Leonardo Maugeri, "The Shale Oil Boom: A U. S. Phenomenon," *Discussion Paper #2013 - 05*, Cambridge: Belfer Center for Science and International Affairs of Harverd Kennedy School, 2013, p. 11.

② David Hughes, *Drill, Baby, Drill: Can Unconventional Fuels Usher in a New Era of Energy Abundance?* USA: Santa Rosa, Post Carbon Institute, 2013, pp. 82 - 87.

③ Leonardo Maugeri, The Shale Oil Boom: A U. S. Phenomenon, *Discussion Paper #2013 - 05*, Cambridge: Belfer Center for Science and International Affairs of Harverd Kennedy School, 2013, p. 11.

会影响常规油田石油产量的油价下跌很可能会导致页岩油田的投资萎缩和产量迅速下滑。这就是为什么20世纪80年代初，国际油价刚开始下跌就已击溃当时的美国页岩油投资热潮[1]，而欧佩克1986年的"价格战"，却难以将欧美高成本常规油田挤出市场。正是出于上述顾虑，曾经在上一轮高油价均衡时期遭受过页岩油开发挫折的埃克森美孚、康菲、雪佛龙等美国最大的石油企业在当前这场"页岩油革命"中，并没有表现出太大兴趣。

页岩油开发难以威胁当前的高油价均衡，除受自身生产特点的制约外，还受制于生产过程带来的环境问题。目前，页岩油开采主要采用的是水力压裂法（Hydraulic fracturing），也就是用水压将岩石层压裂，释放出其中的石油。这种生产方法首先需要消耗大量的水。美国环保署（Environmental Protection Agencya）曾对页岩气生产的用水量做过估计，该机构认为，单体页岩气井的用水量介于0.76万至1.52万吨之间，由此可见使用相同技术的页岩油生产的用水量之大。此外，由于注入地下的水中需要加入氰化钾、乙二醇、碳酸钾等物质，处理不当就很容易污染周边区域的地下水[2]。目前，美国页岩油气产业的繁荣主要存在于科罗拉多州、德克萨斯州等人口稀少、具有油气开发悠久历史的各州。而其他一些人口稠密的州，如加利福尼亚州，虽然也拥有丰富的页岩油资源，但美国对于州内资源的开发并不积极。目前，页岩油开发带来的环境问题也已引发美国各界人士的关注，在美国国会经常引起争论[3]。但是，美国至今仍未使用更为严格的环保条例限制页岩

---

[1] 1974年，美国内政部宣布启动科罗拉多州和犹他州的页岩油开发项目。到20世纪80年代初，几乎所有美国主要石油公司都在这两个地区获得了页岩油开发权。但是，随后出现的国际油价下跌给当时的美国页岩油"革命"带来摧毁性的打击。由于当时的油价过低不能弥补页岩油的开发成本，1982年5月2日，埃克森美孚宣布关闭其位于科罗拉多州加菲尔德县的，曾经为其带来数十万桶石油、价值高达50亿美元的页岩油开发项目。随后，其他美国主要石油公司也效仿这一行动，关闭了自己经营的页岩油田。资料来源：Victor C. Alderson, *Oil Shale*, 2008, http：//emfi.mines.edu/emfi2008/OilShale2008.pdf, 2011 – 05 – 06；Robert Collier, *Coaxing Oil from Huge U. S. Shale Deposits*, September 2006, http：//www.sfgate.com/news/article/Coaxing – oil – from – huge – U – S – shale – deposits – 2489359.php, 2008 – 05 – 14。

[2] EPA, *Draft Plan to Study the Potential Impacts of Hydraulic Fracturing on Drinking Eater Resources*, *EPA/600/D – 11/001/*, February 2011, www.epa.gov/research, 2012 – 08 – 09.

[3] Dianne Rahm, "Regulating Hydraulic Fracturing in Shale Gas Plays: The Case of Texas," *Energy Policy*, Vol. 39, No. 5, 2011, pp. 2974 – 2981.

油产业的发展，这与通过压低国内能源价格，实现制造业复兴的计划有关①。随着美国经济的好转，美国石油企业享有的页岩油开发的种种宽松政策可能不复存在。考虑到单体油井非常高的递减率，美国能源政策一旦向不利于页岩油资源开发的方向发展，很可能会带来页岩油产量的快速下降。在全球范围内，美国页岩油革命的成功实际上也很难复制。与美国不同，世界上其他主要石油消费国大多是人口稠密的国家，页岩油开采的用水需求和潜在的环境风险也是这些国家不能回避的问题。目前，英、法等西方发达国家的页岩油（气）计划已遭到民众的强烈抗议，而中、印等国的脆弱环境是否能够支撑得了页岩油（气）的大规模发展同样需要实践检验。根据 EIA 的统计，截止到 2014 年年底，除美国外，也仅有加拿大和阿根廷实现了致密油资源的商业性开采，2014 年产量分别仅为 40 万桶/日和 2 万桶/日②。

对于石油投资者来说，在高油价和石油生产高成本的前提下，页岩油作为一种快进快出的投资产品无疑是优良的投资品种。与那些前期需要投入巨额资金的高成本常规油田相比，能够快速回笼资金的页岩油田无疑可以有效降低投资者的投资风险，但是，页岩油田的停业点非常高，这一特性决定了页岩油很难成为高油价均衡的终结者，也不会是欧佩克需要应对的严峻威胁。

（2）其他高成本油田的威胁远远大于页岩油开发

与页岩油相比，包括油砂、重油、深海石油在内的其他高成本石油资源的开发更符合传统油田的生产特点。以上一些高成本石油资源的开发和生产具有前期投入大、操作成本低的特点。这些石油资源与传统石油资源一样，一旦获得商业性开发，便会为油田的经营者提供长达十几年，甚至数十年的稳定产量。并且因为操作成本较低，油田的停业点远远低于页岩油等致密油资源，如国际石油市场产能过剩是由上述资源开发带来的，很可能引发产油

---

① 为支持页岩气的发展，2005 年美国《能源政策法案》将水力压裂从《安全饮用水法》中免除，解除了环境保护局对这一过程的监管权力，从而让水力压裂技术很快得到应用。这一豁免制度也为金融危机后美国页岩油产业的发展扫除了制度上的障碍。得益于页岩气和页岩油的发展，金融危机后，美国油价与世界水平的差距不断拉大。2008 年，美国 Henry Hub 天然气价比英国 Heren NBP 天然气价低 18.0%，到 2012 年美国 Henry Hub 天然气价则要比英国 Heren NBP 天然气价低 70.9%。2008 年，美国 WTI 油价较北海 Brent 油价高 2.9%，到 2012 年美国 WTI 油价则较北海 Brent 油价低 15.7%。

② EIA，*Shale Gas and Tight Oil are Commercially Produced in just Four Countries*，February 13，2015，http：//www. eia. gov/todayinenergy/detail. cfm? id = 19991，2015 – 2 – 20.

国之间的竞争，从而将当前欧佩克维持下的高油价均衡推入由油田操作成本决定的低油价均衡。不过，受制于高沉没成本带来的投资高风险，当前的油价水平仍然不足以激励以上一些石油资源的大规模开发。

但是，如果国际油价在现有的基础上进一步提升，对于国际石油公司而言，油砂、重油及深海油田的开发就会变得具有商业价值，更为先进的技术和设备的应用也会解决当前资源开发中遇到的上述问题。这些资源如传统资源一样，具有前期投入大、操作成本低的特点。如果将当前美国的"页岩油革命"复制到以上一些高成本石油资源上，在国际石油需求下降或增长陷入停滞时，国际石油市场存在的产能过剩很可能会将国际油价拉回到由新的高成本油田（油砂、重油、深海石油）操作成本决定的低油价均衡。因此，与页岩油相比，上述一些具有较低操作成本的高成本石油资源才是欧佩克维持下高油价均衡的重要威胁。

2. 地缘政治风险化解带来伊朗、伊拉克石油产量的快速上升

当前国际石油市场存在的高油价均衡之所以较为稳定，与拥有优质资源产油国的石油供给曲线十分倾斜，甚至斜率变为负值有关。因为产油国的石油产量对油价变动已不敏感，在高油价下，这些国家提高产能的动力大幅降低。这一点对于欧佩克维持下的高油价均衡特别重要。不过，在国际石油市场上，仍然存在很多拥有优质石油资源的高资金需求产油国。这些国家只是受制于地缘政治风险，产量难以很快提高。在以上一些高资金需求产油国中，有两个国家的增产潜力足以威胁到现有的高油价均衡，即伊朗和伊拉克。

伊朗和伊拉克拥有丰富的石油资源。2012年，两国石油储量总计占到世界常规石油总储量的18.4%，而其产量仅占到世界常规石油总产量的7.9%。按其资源量来衡量，两国的增产潜力较沙特阿拉伯等欧佩克核心国家大得多。即使采取较为保守的增产策略，以沙特阿拉伯1963年的储采比来生产，伊朗、伊拉克石油的日产量也会在现有基础上增加651.9万桶/日，达到1331.4万桶/日，几乎是2012年实际产量的两倍。而以沙特阿拉伯为首的欧佩克核心国家（沙特阿拉伯、科威特、阿联酋）想要维持现有的高油价均衡，则要将产量压低至1151.8万桶/日。其中，沙特阿拉伯需将产量压低至736.2万桶/日[①]。在欧佩克市场份额之争结束后，沙特阿拉伯曾明

---

① BP, *BP Statistical Review of World Energy*, June 2014, http://www.bp.com/statisticalreview, 2014-10-01.

确表示自己合理的市场份额应该是 800 万桶/日。假若因为政治风险的解除，伊朗、伊拉克产量增长一倍，而沙特阿拉伯等国又不肯放弃产量削减的底线，国际石油市场存在的产能过剩便有可能终结当前国际石油市场的高油价均衡①。实际上，伊朗、伊拉克政治风险降低之后，其产量的增长将会比前文假设的高出很多。根据伊拉克政府公布的文件，该国已计划在 2020 年将产量提高至 900.0 万桶/日②，如果这一目标顺利实现，必然会给欧佩克配额制度的稳定施加压力。如若伊核问题能够同时得到缓解，提出相似的产量扩张计划，那么国际石油市场出现产能过剩的可能性就变得十分大，到那时，即使国际石油需求依然保持缓慢增长，供给迅速增加所带来的结构性产能过剩也很有可能将国际油价拉回至漫长的低油价均衡。

虽然表面来看，无论是伊朗核问题还是伊拉克战后重建都是不易解决的系统性问题，但石油问题从来都不是一个单纯的经济问题。如果美国等主要石油消费国采取积极介入的行动，以上问题也不是寻不到出路。在国际能源市场上，主要石油进口大国，特别是美国，利用非经济手段干预产油国的行动有很多，2003 年伊拉克战争便是一例。这场战争是在美国石油产量开始下降、石油进口规模快速增加、国际石油市场隐现产能不足的背景下展开的，而战争的结果就是消除了伊拉克石油工业发展的外部障碍，虽然国内安全状况、地方政府与中央政府的分歧、复杂的教派、部落纷争依然会对伊拉克的增产潜力形成制约，但战后，伊拉克石油工业获得了快速发展。根据美国能源情报署的资料，2012 年，伊拉克石油产量为 298.7 万桶，创出历史最高水平。虽然伊拉克政府设定的 2020 年日产 900 万桶的目标能否实现值得商榷，但未来伊拉克石油产量持续上涨的趋势不会改变。在这一背景下，伊核问题的走向将会成为影响欧佩克维持下高油价均衡的重要因素。毕竟，即使对于沙特阿拉伯等欧佩克核心国家来说，在石油需求缓慢增长的市场环境中，同时消化伊朗、伊拉克快速增长的产量实际上是十分困难的任务。

---

① OPEC, *OPEC Bulletin*, Vol. XXII, No. 2, February 1992, pp. 4 – 10.
② *MEES*, Vol. 57, No. 6, February 2014, p. 11.

第六章
结束语

1973年第一次石油危机结束后，欧佩克国家逐渐控制了本国石油资源，也开始通过制定石油政策来影响国际油价。欧佩克的产量调整虽然在一定程度上缓解了石油供应中断和经济周期带来的油价波动。但从第一次石油危机以来欧佩克与国际油价之间的关系来看，与其说欧佩克是国际油价的控制者，倒不如说是国际油价的跟随者。

诚然，从组织结构来看，欧佩克是一个通过划分市场实现价格垄断的卡特尔组织。欧佩克设立了完善的配额制度，也建立起完善的产量监督制度。但是，与其他经典卡特尔相比，由于以沙特阿拉伯为代表的欧佩克核心国家实力太弱，难以对违约国家发起制裁，这也就带来欧佩克惩罚机制的缺失。因为不用畏惧来自组织的惩罚，大多数欧佩克国家往往是根据本国需求调整产量，超产也就成为配额制度建立以来，始终都在困扰欧佩克的一个严重问题。而从欧佩克配额调整的效果来看，仅在配额制度建立后的最初几年，得益于沙特阿拉伯等石油富国在产量上做出的巨大牺牲，欧佩克的配额调整尚能发挥固定油价的效果。而在1986年"价格战"后，当沙特阿拉伯等国认清自身实力，开始执行更为现实的石油政策时，严重的超产问题终于开始影响欧佩克石油政策的实施效果，在国际油价短期波动面前，欧佩克的配额调整也往往会显得绵软无力。

进入21世纪以后，国际石油市场虽然发生了很多变化，但欧佩克却依然难以平抑国际油价的短期波动。这是因为，国际石油市场原有的、影响油价短期波动的各种因素，如：地缘政治紧张、石油供应中断、经济周期波动带来的需求变动并没有消失，而欧佩克追求市场"适度紧张"的政策又会加剧石油市场原有的各种矛盾。面对石油需求的增加和国际油价的上涨，欧佩克只有确定国际石油市场未来可能会出现供应短缺或是认为国际油价上涨可能会危害欧佩克的利益时，才会加大上游勘探开发的力度，而在此之前，只会通过释放剩余产能来满足市场的新增需求，而剩余产能又是石油消费国衡量石油市场供求紧张状况的标杆，面对欧佩克剩余产能的持续下降，石油消费国出于能源安全的考虑，又会增加或建立石油库存，从而带来石油市场的"超额需求"。而欧佩克又不会为满足市场的"超额需求"而去扩张产能，这就会带来市场的供求紧张和国际油价的上涨，国际油价上涨则会进一步刺激石油公司的逐利行为，加大对高成本油田的开发。剩余产能紧张、石油生产成本的上升，以及地缘政治因素又会成为市场炒作的题材，推动国际油价不断攀升。而石油市场的狂热，只有等到欧佩克剩余产能回归常态之后，才会逐渐降温。反之，同样是为保持供求"适度紧张"，面对石油市场可能出现的结构性产能过剩，出于威慑潜在进入者、将"过剩"投资挤出市场的目的，欧佩克往往会采取竞争性策略，通过降低石油市场的油价预期来打压国际石油投资行为。这样，石油市场供过于求的状态又会因为欧佩克执行的政策而进一步恶化，国际油价也将承受更大的下行压力。

也正是基于此，很多人开始质疑欧佩克的垄断属性，认为欧佩克产油国与其他产油国类似，只是国际石油市场的竞争性供给者，不过，与其他市场垄断者一样，欧佩克建立的最终目的是要获得垄断高价，而非左右国际油价的短期波动。因此，判断欧佩克是否具备垄断力量的重要标准就是要看该组织能否将国际油价长期维持在高位。

从国际油价波动的历史来看，石油市场存在着稳定的高油价均衡与低油价均衡的交替。一方面，这是与石油生产和国际石油公司的投资特点密不可分。前期投入大、操作成本低、回收周期长的特性决定了石油投资虽能带来丰厚的利润，却也蕴藏着巨大风险。而在另一方面，国际石油公司的投资却要保证稳定的利润率，面对国际石油需求的增加，石油公司只有在油价高于生产成本和基本利润率时，才会留出资金开发新的石油资源，这就会带来投资上的延滞，石油市场产能紧张则会推动油价不断上涨，国际石油市场也会出现需求拉动型的高油价均衡。但是，当石油需求增长开始放缓，甚至收缩时，高油价均衡时期积攒下过多的石油投资则会带来国际石油市场的产能过剩，此时，只要石油价格高于石油生产的操作成本就会给油田所有者带来利润，石油公司也就不会关闭现有油田，而是选择通过降价竞争销售石油，从而推动油价进一步下降，国际石油市场也会出现高成本油田操作成本决定的低油价均衡。20世纪70年代产油国掌握石油资源主权后，产油国石油生产遵循目标收益的规则进一步强化了国际油价的长周期波动。在国际油价长周期波动的油价快速上升和高油价均衡时期，产油国因为财政状况得到改善，因此会更为节约地开发资源，从而进一步加剧国际石油市场的产能不足。而在国际油价下跌和低油价均衡时期，产油国因为财政状况恶化，就会倾向于扩大本国石油产能，获得更多石油出口收入，而这又会使国际石油市场产能过剩的状况更为严重。

对于欧佩克来说，其市场属性恰恰体现在对高油价均衡的引导和支撑上。1973年石油禁运之后，国际石油市场总共出现过两次高油价均衡，第一次是20世纪70年代中期到80年代中期，在这期间，欧佩克采取了固定油价的策略，虽然欧佩克当时执行的政策在一段时期内支撑起国际石油市场高油价均衡，但其副作用却是刺激了国际石油投资和非欧佩克石油产量的迅速增加，国际石油市场对欧佩克提出的"剩余需求"也因此受到侵蚀并最终压垮了欧佩克的配额制度。

1986年"价格战"结束后，欧佩克随即陷入长达数年的市场份额之争，在这场欧佩克产油国的内斗中，以沙特阿拉伯为首的少数国家逐渐成为欧佩克政策的实际主导者。20世纪90年代初，在将石油产量提升至合意水平之后，沙特阿拉伯等国开始有意控制自身产能，将石油市场新增需求让渡给资金需求大的其他欧佩克成员以及其他发展中产油国。得益于这一政策的执行，更多产油国开始拥有斜率高度倾斜，甚或向后弯曲的供给曲线。进入21世纪以后，当国际石油市场产能趋紧时，很多发展中产油国也不急于提高本国产量，而是追求租金收益的上升。受此影响，石油市场优质资源的投资机会不断减少，国际石油公司只得将投资重点移向地质条件更为恶劣的地区，而由此带来石油生产成本的上升也就成为支撑国际油价上涨的新的基本面。因此，从某种意义上来说，正是沙特阿拉伯等国利用产油国石油生产遵循目标收益的规则引导了高油价均衡在21世纪的提前来临。

而且，沙特阿拉伯等欧佩克核心国家在21世纪执行的石油政策对于支撑国际石油市场的高油价均衡也发挥了重要作用。从国际油价长周期波动的原理来看，需求快速增长时期积累的过剩产能往往是将国际油价从高位均衡推入低位均衡的重要原因，正是因为意识到这一点，沙特阿拉伯等欧佩克核心国家才始终都在尽力维持国际石油供求"适度紧张"的状态。在高油价下，产油国带来石油市场产能过剩的可能性大幅降低，威胁主要来自石油公司的投资行为。为了影响国际石油公司的投资行为，沙特阿拉伯等欧佩克核心国家不但放弃了对国际油价的坚定支持，还会国际石油市场出现结构性产能过剩的迹象时，向外界宣布扩张上游产能的决定，以此降低市场参与者对高油价的预期，打击国际石油投资行为，降低石油市场出现结构性产能过剩的风险。作为世界上最优等石油资源的所有者，沙特阿拉伯等欧佩克核心国家发出的威慑也在一定程度上影响了石油公司的投资行为。对于国际石油公司而言，成本低廉的欧佩克原油进入市场，是其经营活动中不能忽视的重要风险。因此，进入21世纪以后，面对石油投资成本不断上升，而石油需求缓慢增长的市场环境，国际石油公司的上游投资活动也一直保持谨慎。21世纪的高油价也没有带来常规石油资源的投资繁荣，反而是催生出具有快进快出特点、能够让石油公司短期内获益的、以"页岩油"为代表的致密油资源的开发"革命"。

由于欧佩克市场影响力主要体现在对垄断高价的维持上，而21世纪高油价均衡的来临与延续又与欧佩克执行的石油政策密切相关。因此，欧佩克并非国际石油市场一般性参与者，而是具有一定垄断力量的产油国集团。但是，欧佩克影响国际石油市场主要依靠的是产量调节能力，在欧佩克中，只有沙特阿拉伯等少数几个国家具备主动调节产量的意愿与能力，而其他国家则与非欧佩克产油国一样，更多的是在遵循目标收益的规则。因此，严格来讲，欧佩克只是在表面上看起来像是一个能在产能调整方面达成一定合作关系的卡特尔组织。就其本质而言，以沙特阿拉伯为首的欧佩克核心国家才是国际石油市场的主导厂商。

欧佩克核心国家维持下的高油价均衡看似稳定，却也是十分脆弱的，任何可能带来国际石油市场结构性产能过剩的因素都会对当前的高油价均衡构成威胁。国际石油市场出现产能过剩的可能性存在于三个方面：①发展中石油消费大国经济减速带来全球石油需求增幅持续下滑；②高油价刺激拥有较低操作成本的高成本油田过度开发；③制约伊朗、伊拉克石油工业发展的政治风险消失，两国石油产能迅速扩张。以上任一情况的发生，都有可能给国际石油供求带来结构性变化，让国际油价重新回到由高成本油田操作成本决定的低油价均衡。因此，欧佩克核心国家未来的石油政策也会主要围绕上述三种可能做出选择。

不过，与上述市场力量相比，欧佩克的市场能力却显得十分渺小。欧佩克无力影响石油消费大国的经济走势,也很难阻止世界强国对伊朗、伊拉克国内事务的干预。在欧佩克国家中,有能力也有意愿影响国际石油市场的主要是以沙特阿拉伯为首的少数海湾石油富国。对于这些国家而言,未来唯一能够做到的,也仅是让国际石油供求继续保持"适度紧张"的状态,在保障国际石油市场不会出现供应短缺的同时,通过自身产能调整来威慑国际石油公司的上游投资活动,尽力降低石油市场出现结构性产能过剩的风险。

沙特阿拉伯等欧佩克核心国家未来的石油政策很可能会表现出如下特征:①面对供求紧张带来的国际油价上涨,最初可能会默许高成本的竞争性供给,以满足石油市场的新增需求,但如果油价高到足以刺激石油市场出现过度投资的地步,或者国际石油市场可能出现结构性的供给不足的情况,欧佩克核心国家便会选择加大上游投资力度、提高石油产能,通过此举威慑高成本油田开发的同时,让国际石油市场重新回归"适度紧张"的状态。②面对供过于求带来的国际油价下跌,欧佩克核心国家尽管会为应对石油供求的暂时性失衡削减产量,但面对结构性供过于求所带来的国际油价持续下滑,这些国家将不会为支撑油价在产量上做出巨大牺牲。毕竟,欧佩克核心国家的剩余产能想要发挥威慑潜在进入者的功能,必须首先表达出愿意承受低油价的意愿和决心。20世纪80年代的经历已然表明,对国际油价的坚定支持,只会进一步刺激石油市场竞争性供给的增加,从而加剧石油市场结构性产能过剩的严重程度。因此,面对石油市场结构性供过于求所带来的国际油价下滑,"不作为"很可能是沙特阿拉伯等欧佩克核心国家执行的石油政策,而且,为打击石油公司的投资活动,沙特阿拉伯等欧佩克核心国家甚至还会逆市加大上游投资规模,提高本国的石油产能。

本书即将出版之际,国际油价正在经历一场颇为壮观的"断崖式"下跌,截至2015年1月12日,北海布伦特油价已从2014年9月的每桶100美元左右降至46.90美元,WTI油价亦从2014年9月的每桶95美元左右降至46.06美元[①]。本轮国际油价的急速下跌主要是与世界石油供给出现结构性产能过剩的风险增大有关,而风险的增大主要还是源于发展中石油消费大国经济增长不确定性的增加。从2014年年中开始,国际货币基金组织已接连多次下调全球,特别是转型与发展中国家的经济增长预期,2014年7月

---

① EIA, *Spot Prices*, January 2015, http://www.eia.gov/dnav/pet/pet_ pri_ spt_ s1_ d. htm, 2015 – 1 – 15.

到 2015 年 1 月，国际货币基金组织将 2015 年全球产出的增长率调低了 0.5 个百分点，将 2015 年转型与新兴市场国家的产出增长率调低 0.9 个百分点。2015 年 1 月，国际货币基金组织亦将 2016 年全球产出的增长率调低 0.3 个百分点，将 2016 年转型与新兴市场国家的产出增长率调低 0.5 个百分点①。由于未来世界经济增长的不确定性主要来自发展中石油消费大国，又由于石油需求是经济增长的派生需求，未来发展中石油消费大国经济增长如若大幅减速，国际石油市场也很可能会陷入结构性产能过剩的局面并将国际油价推入油田操作成本决定的低油价均衡。

发展中石油消费大国经济出现问题是 21 世纪高油价均衡的重要威胁。由于产量调节能力存在限制，欧佩克核心国家几乎很难阻止这一威胁变为事实。不过，这也并不意味着沙特阿拉伯等国只能在危机面前"坐以待毙"。国际石油市场存在的结构性产能过剩是导致国际油价从高位均衡滑落到低位均衡的重要原因，因此，产能过剩的严重程度也就决定了低油价均衡的持续时间。所以，对于欧佩克核心国家而言，即便是不能阻止低油价均衡的来临，也要在"危机"真的到来前，将尽可能多的过剩投资挤出市场，以此缩短低油价均衡的持续时间。这也就是为什么，在 2014 年第三季度开始的国际油价"断崖式"下跌过程中，欧佩克核心国家并没有像 2008 年金融危机发生后那样，为支撑油价大幅削减石油产量，反而是执行了"不作为"的石油政策，始终都不减产，任由国际油价走出"自由落体"式的下跌轨迹，而且，"不差钱"的科威特和阿联酋两国还逆市宣布了产量扩张计划。欧佩克核心国家此举的目的就是要向市场表明承担低油价的意愿和决心，通过降低市场对高油价的预期来打击国际石油投资行为，最大程度挤出国际石油市场存在的过剩投资，以此避免低油价均衡的来临或是尽力缩短低油价均衡的持续时间。

目前来看，沙特阿拉伯等欧佩克核心国家执行的石油政策已经开始对国际石油投资活动产生影响。即便是近些年颇受青睐的北美地区，上游投资活动也因油价低迷而出现收缩，2014 年 9 月中旬至 2015 年 2 月中旬，美国石油钻井平台数量已减少三成，根据贝克休斯在 2015 年 2 月 20 日提供的数

---

① IMF, *WEO Update*, July 2014, http：//www.imf.org/external/pubs/ft/weo/2014/update/02/pdf/0714.pdf, 2015-2-9; IMF, *WEO*, October 2014, http：//www.imf.org/external/pubs/ft/weo/2014/02/pdf/text.pdf, 2015-2-9; IMF, *WEO Update*, January 2015, http：//www.imf.org/external/pubs/ft/weo/2015/update/01/pdf/0115.pdf, 2015-2-9.

据，该周，美国石油钻井平台数量降至 1019 座，创下了三年半以来的新低[1]。不过，国际油价是否会因投资活动的萎缩很快走出低迷，也是一个悬而未决的问题。目前来看，世界经济增长的不确定性，特别是发展中石油消费大国经济增长预期的持续下滑还很可能会给国际油价进一步施加下行压力。不过，在石油市场出现结构性产能过剩的风险消除之后，为防止普通产油国采取竞争性策略，欧佩克核心国家将会及时调转方向，通过适度减产来支撑油价，以此来提高产油国的油价预期，刺激产油国向国际石油公司索取更高的地租收益。

这是因为，如果当前油价低迷拖延时间过长，普通产油国因为采取竞争性策略而将国际油价拖入到低位均衡的风险就会随之增大。与欧佩克核心国家不同，普通欧佩克产油国与经济发展严重依赖石油资源的非欧佩克产油国未来的石油政策仍将会继续遵循目标收益的规则。在经历过"断崖式"下跌之后，国际油价已经远远低于很多产油国的预算平衡点。这也意味着前些年财政状况得到改善的很多产油国重新成为高资金需求产油国，增产动机也变得十分强烈，为提高本国石油产量，包括大多数欧佩克国家在内的普通产油国也将会为国际石油公司开出更具吸引力的投资条件。实际上，近两年来，一些政府预算平衡油价较高的欧佩克普通产油国为吸引外国投资者，早已着手修改本国石油投资条款。例如，2013 年年初，阿尔及利亚议会对该国《碳化氢法》部分条款做出修改，修改后的《碳化氢法》规定，石油收益税征税方法由以营业额为基础改为以项目利润为基础进行计算，此外，非常规石油项目的石油收益税税率也得到进一步削减[2]。2014 年 2 月，伊朗石油部也放风要为吸引外国石油公司投资而推出更具诱惑力的合作模式[3]。2014 年 9 月，伊拉克政府也接受了外国石油公司的意见，对已签订的合同做出修改，内容包括提高外国投资者在合资公司中的占股比例、降低油田的目标产量，延长合同延续时间等内容[4]。可以预期的是，如若当前的低油价

---

[1] Bake Hughes, *US Rig Count*, February 20, 2015, http：//phx. corporate – ir. net/phoenix. zhtml? c =79687&p = irol – reportsother, 2015 – 2 – 24.

[2] EIA, *Country Analysis Brief：Algeria*, July 24, 2014, http：//www. eia. gov/countries/analysisbriefs/Algeria/algeria. pdf, 2015 – 1 – 15.

[3] 新华网：《伊朗酝酿修改石油合同模式》，2014 – 2 – 10, http：//news. xinhuanet. com/fortune/2014 – 02/10/c_ 119258381. htm, 2015 – 1 – 15。

[4] MEES, *BP, CNPC Bag Improved Rumaila Terms as Iraq Slashes State Stake*, Vol. 57, No. 37, 12 September, 2014, pp. 3 – 4.

持续下去，将会有越来越多的产油国加入到争夺国际石油公司投资的斗争中来，产油国为石油公司开出的投资条件也会越来越有诱惑力，到那时，一场逆资源民族主义浪潮也很可能会在普通欧佩克产油国和非欧佩克产油国中蔓延，产油国争夺市场份额的斗争亦很可能会带来国际石油市场结构性产能过剩和低油价均衡来临。

不过，在21世纪的高油价均衡持续期间，国际石油公司的上游投资活动都始终保持谨慎，沙特阿拉伯等欧佩克核心国家也能提前采取行动，尽力将国际石油市场存在的"过剩投资"挤出市场。虽然目前国际石油市场出现结构性产能过剩的风险正在增大，但市场上存在的"过剩"投资却要远远低于20世纪80年代初的水平。因此，即便是21世纪形成的高油价均衡最终被打破，油价低迷的持续时间也将会明显短于上一次低油价均衡（20世纪80年代中期到21世纪初）。

附 录

欧佩克配额和产量
（1991~2011 年）

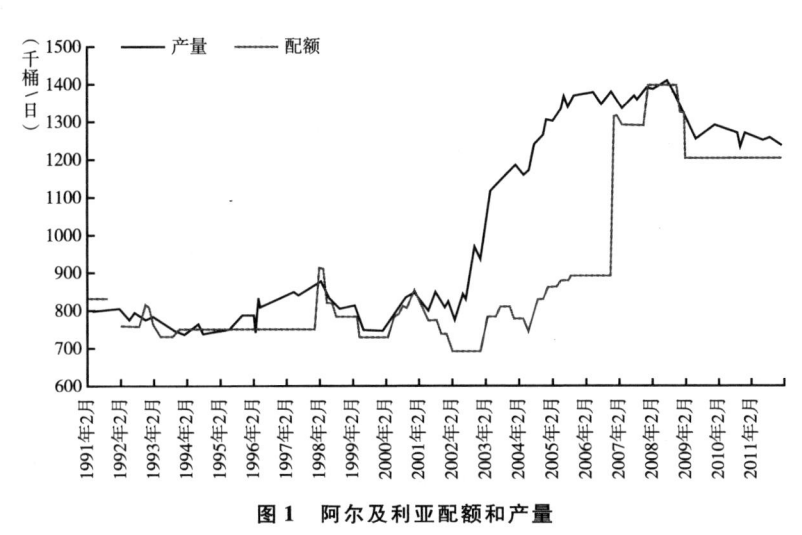

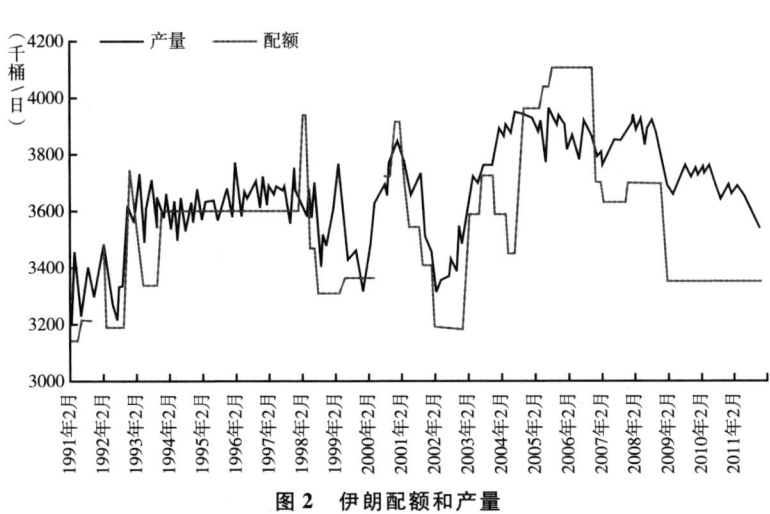

图1 阿尔及利亚配额和产量

图2 伊朗配额和产量

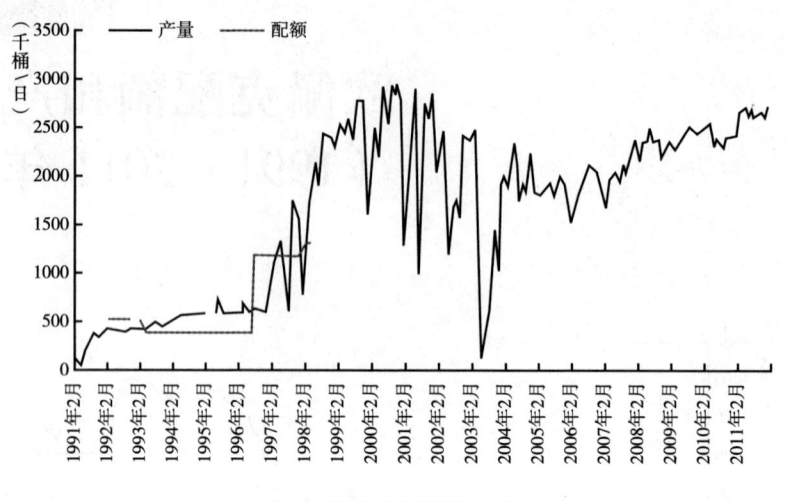

图 3 伊拉克配额和产量

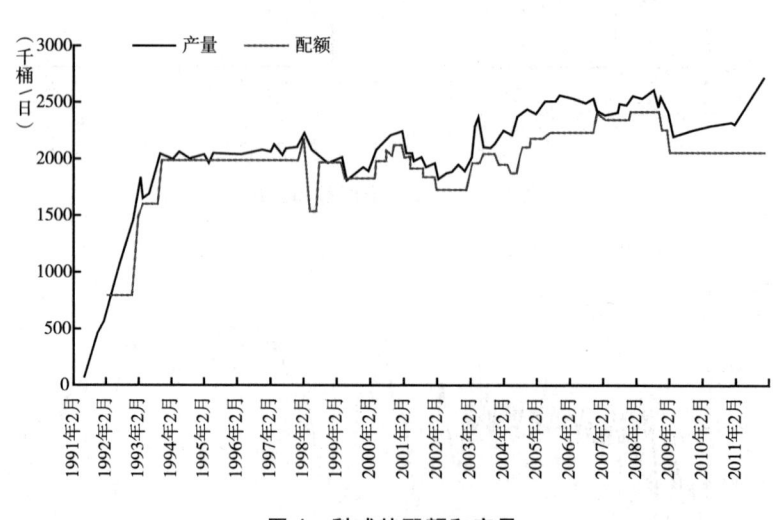

图 4 科威特配额和产量

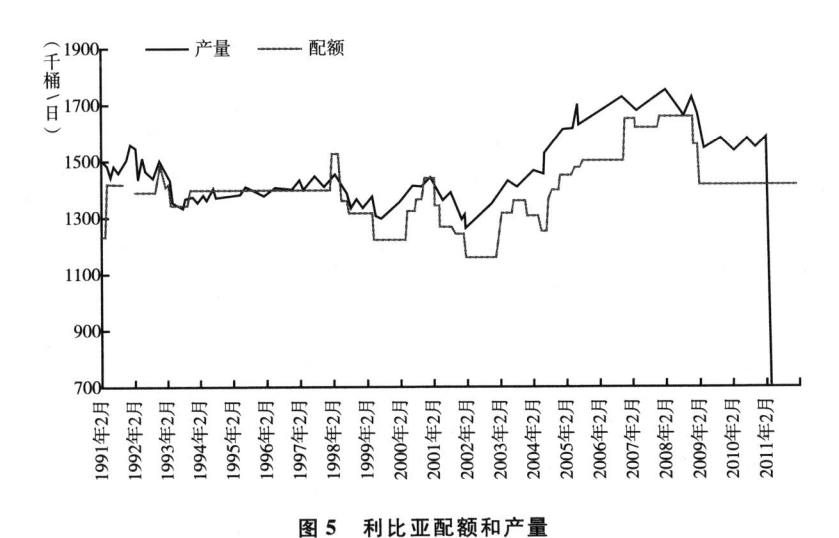

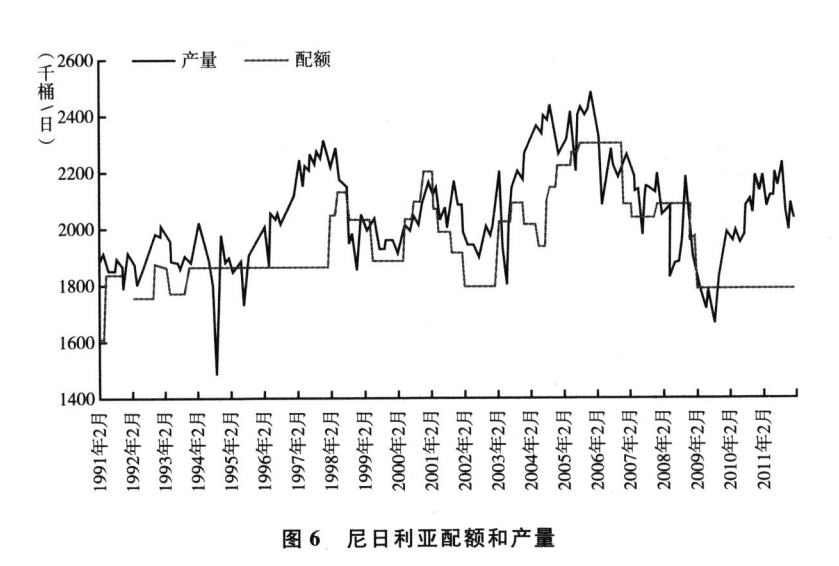

图 5　利比亚配额和产量

图 6　尼日利亚配额和产量

石油卡特尔的行为逻辑

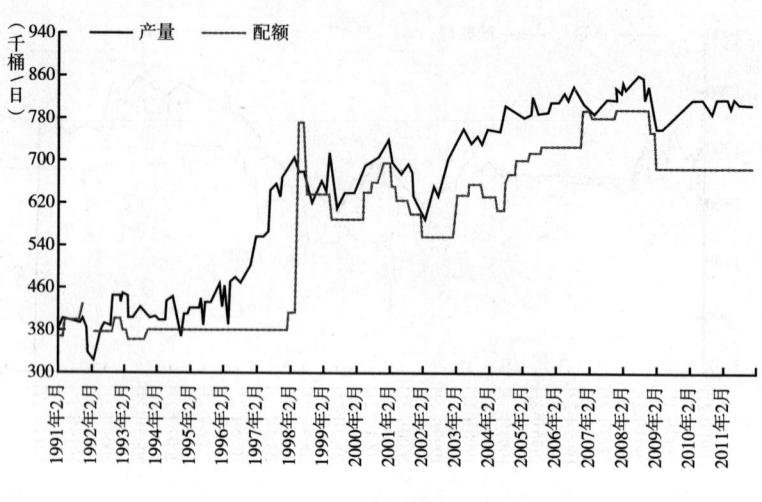

图 7　卡塔尔配额和产量

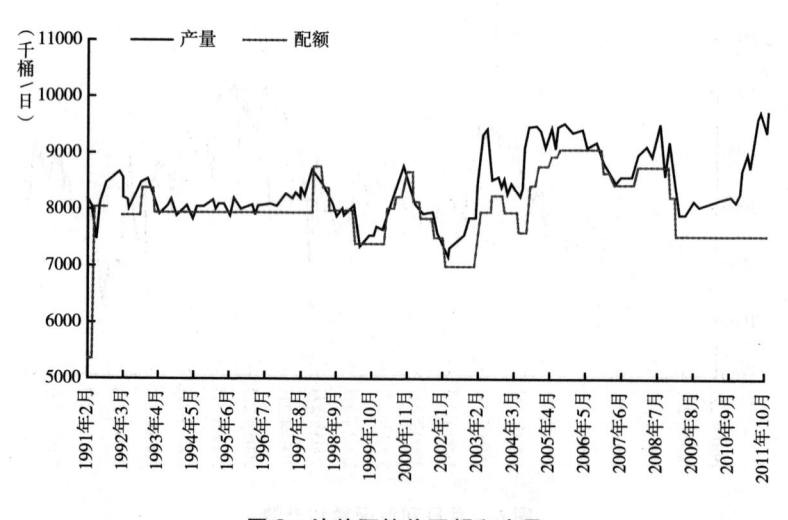

图 8　沙特阿拉伯配额和产量

附录 欧佩克配额和产量（1991~2011年）

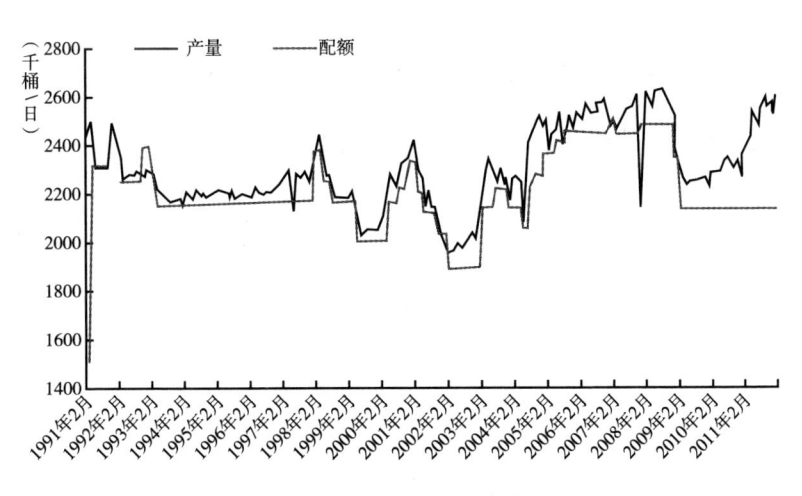

图 9　阿联酋配额和产量

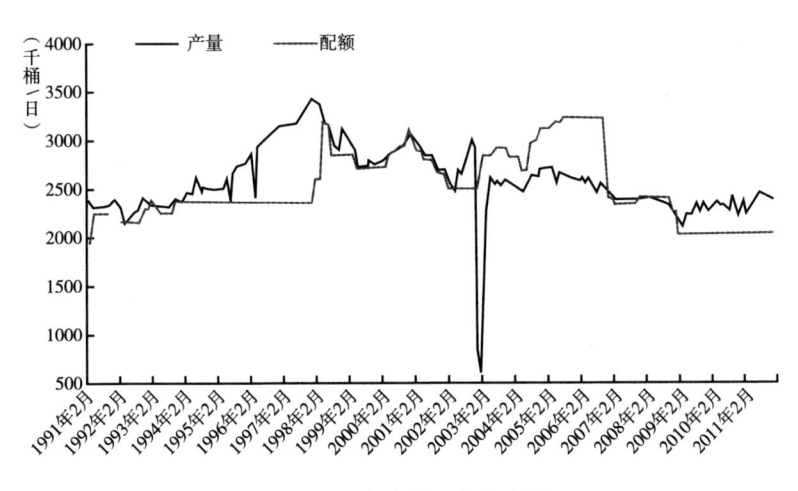

图 10　委内瑞拉配额和产量

205

石油卡特尔的行为逻辑

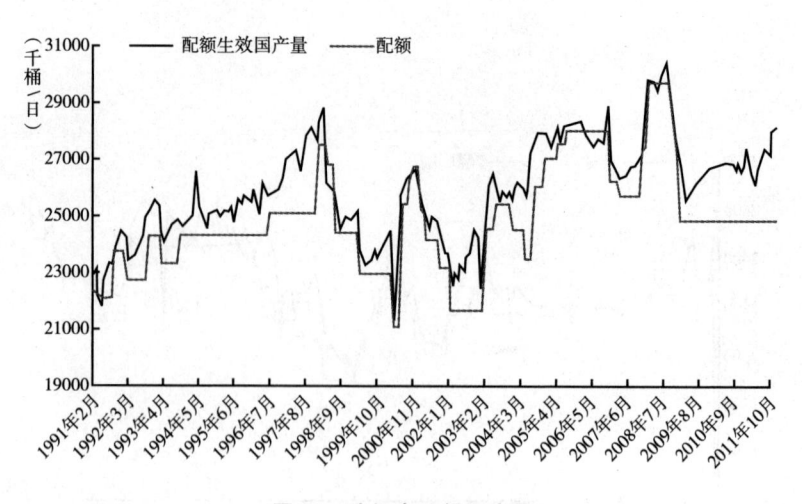

图 11 欧佩克配额和产量

说明：1998 年 4 月至 2004 年 7 月不包括伊拉克数据。
2006 年 11 月至 2008 年 12 月配额为目标产量。
2004 年 8 月至 2007 年 12 月不包括安哥拉、厄瓜多尔、伊拉克数据。
2008 年不包括伊拉克和印度尼西亚数据。

资料来源：OPEC, *OPEC Bulletin*, 1989 - 2009；OPEC, *OPEC Annual Statistical Bulletin*, 2012。

参考文献

中文部分

1. 〔美〕George E. Koronman, Don B. Felio, Thomas E. O'Connor 编著《国际油气风险投资商务要素分析》，王玉普、冯志强、孙国昕编译，石油工业出版社，2005。
2. 〔美〕Guy F. Caruso：《21 世纪的能源地缘政治》，《国土资源情报》2001 年第 7 期。
3. 〔意〕阿尔伯托·克劳著《石油经济与政策》，王国梁等译，石油工业出版社，2004。
4. 安维华、钱雪梅编著《海湾石油新论》，社会科学文献出版社，2000。
5. 陈凤英、赵宏图主编《全球能源大棋局》，时事出版社，2005。
6. 陈楷：《福兮祸兮——反思新一轮石油国有化浪潮》，《社会观察》2008 年第 2 期。
7. 陈沫：《欧佩克的油价政策与中国能源安全》，《西亚非洲》2005 年第 4 期。
8. 〔美〕丹克沃特·拉斯托、约翰·马格诺著《石油输出国组织》，佟志广、蔡天长等译，中国财政经济出版社，1980。
9. 〔美〕丹尼尔·耶金：《石油、金钱、权利》，钟菲译，新华出版社，1992。
10. 〔美〕丹尼斯·W. 卡尔顿：《现代产业组织》，胡汉辉、顾成彦、沈华译，中国人民大学出版社，2009。

11. 丁峰：《收入冲击和石油价格波动：1998~2000》，硕士生学位论文，北京大学，2001。
12. 〔英〕多纳德·海、德理克·莫瑞斯：《产业经济学与组织》，钟鸿钧、王勇等译，经济科学出版社，2001。
13. 法迪勒·J.查拉比：《石油输出国组织的石油价格抉择问题》，《中东石油问题》，1983年6月。
14. 范英、焦建玲：《石油价格：理论和实证》，科学出版社，2008。
15. 〔法〕菲利普·赛比耶·洛佩兹：《石油地缘政治》，潘革平译，社会科学文献出版社，2008。
16. 冯红霞、曾唯一、幕庆涛：《国内外油气成本对比分析和油田成本控制方法探》，《石油化工技术经济》2002年第4期。
17. 高鸿业主编《西方经济学》（第三版：微观部分），中国人民大学出版社，2004。
18. 谷晋：《主要石油生产区生产成本上涨》，《中国石油石化》2009年第12期。
19. 顾文文、李文：《委内瑞拉重油资源开发现状与前景》，《国际石油经济》2006年第5期。
20. 管清友：《石油价格波动：市场、权力与安全》，博士学位论文，中国社会科学院研究生院，2004。
21. 关增森、李剑编著《非洲油气资源与勘探》，石油工业出版社，2007年10月。
22. 郭海涛：《拉美地区的经济发展与油气资源国有化研究》，《世界经济与贸易》2008年第4期。
23. 国家计委：《国民经济和社会发展第十个五年计划能源发展重点专项规划》，计规划［2001］711号，2001年5月26日。
24. 郭熙保、何玲编著《微观经济学》，中国社会科学出版社，2002。
25. 韩冬炎：《中国石油价格的形成机理及调控机制的研究》，博士学位论文，哈尔滨工程大学，2004。
26. 黄佳音编译《IEA：世界油气上游成本变化趋势》，《国际石油经济》2008年第12期。
27. 黄振编著《列国志——阿拉伯联合酋长国》，社会科学文献出版社，2003。
28. 江时学：《能源工业"国有化"难成拉美主流》，《中国企业家》2006年第 13 期。

29. 江时学：《拉美向何处去》，《观察与思考》2007 年第 4～5 期。

30. 〔美〕杰奎斯·克莱默、德贾瓦德·沙雷西 – 伊斯法哈里：《石油市场模型》，王芳译，北京大学出版社，2004。

31. 金枫：《非常规石油资源的开发和利用前景》，《中国石油化工经济分析》2007 年第 6 期。

32. 林雪：《2003～2007 年主要石油公司财务数据对比》，《国际石油经济》2008 年第 9 期。

33. 刘宝和主编《中国石油勘探开发百科全书——综合卷》，石油工业出版社，2008。

34. 刘明：《新形势下的沙特阿拉伯石油战略》，《亚非纵横》2005 年第 4 期。

35. 李慧：《阿拉斯加魅力不再》，《中国能源报》2009 年 11 月 23 日，第 B06 版。

36. 绿林汉：《苏联能源供给：危机与出路》，《苏联东欧问题》1991 年第 6 期。

37. 〔美〕杰弗里·罗宾逊：《亚马尼与欧佩克》，雷甲钊等译，中国对外贸易出版社，1992。

38. 〔美〕罗伯特·基欧汉、约瑟夫·奈：《权力与相互依赖》，北京大学出版社，2004。

39. 吕肖东、张涛：《油藏效益产量的确定方法》，《油气田地面工程》2007 年第 9 期。

40. 〔德〕马克思：《资本论》（第三卷），中共中央马克思、恩格斯、列宁、斯大林著作编译局译，人民出版社，1975。

41. 〔德〕马克思、恩格斯：《马克思恩格斯全集》，中共中央马克思、恩格斯、列宁、斯大林著作编译局译，人民出版社，1973。

42. 马秀卿主编《石油 发展 挑战：走向 21 世纪的中东经济》，石油工业出版社，1995。

43. 〔美〕马修·R. 西蒙斯：《沙漠黄昏》，徐小杰主译，华东师范大学出版社，2006。

44. 梅孝峰：《国际市场油价波动分析》，北京大学硕士学位论文，2000。

45. 欧佩克：《石油输出国组织部长级会议有关石油长期战略问题报告书》，

《中东石油问题》，1981年3月。

46. 〔英〕彼罗·斯拉法主编《李嘉图著作和通讯集》，郭大力、王亚南译，商务印书馆，1962。

47. 蒲志忠：《国际油价波动长周期现象探讨》，《国际石油经济》2006年第6期。

48. 齐高岱、马运堂编译《中东局势与能源危机——欧佩克30年的发展和政策》，经济管理出版社，1991。

49. 齐铁健：《石油成本：怎一个"涨"字了得》，《中国石油石化》2008年第13期。

50. 齐中英、朱彬、鞠晓峰：《欧佩克行为对石油价格波动的影响分析》，《哈尔滨工业大学学报（社会科学版）》2006年第1期。

51. 〔美〕乔治·斯蒂格勒：《价格理论》，施仁译，北京经济学院出版社，1990。

52. 单卫国：《欧佩克对油价的影响力极其政策取向》，《国际石油经济》2001年第1期。

53. 尚艳丽、彭正心：《加拿大油砂资源开发的机遇与风险》，《国际石油经济》2006年第3期。

54. 〔美〕唐·E. 沃德曼、伊丽莎白·J. 詹森：《产业组织理论与实践》，李宝伟、武立东、张云译，机械工业出版社，2009。

55. 唐宝才主编《伊拉克战争后动荡的中东》，当代世界出版社，2007。

56. 〔美〕汤姆·泰坦伯格：《环境与自然资源经济学》，严旭阳译，经济科学出版社，2003。

57. 王基铭主编《国外大石油石化公司经济发展战略研究》，中国石化出版社，2007。

58. 王家枢：《21世纪新一轮石油资源国有化浪潮》，《国土资源情报》2007年第9期。

59. 王京烈：《伊朗核问题与中东地缘政治》，《阿拉伯世界》2009年第4期。

60. 王月、冯连勇、牛燕：《全球海上石油物探市场新动向及发展趋势》，《国际石油经济》2008年第9期。

61. 〔英〕威廉·配第：《配第经济著作选集》，陈冬野、马清槐、周锦如译，商务印书馆，1981。

62. 杨光:《级差地租与欧佩克市场战略》,《西亚非洲》2001 年第 2 期。
63. 杨光:《从能源联系看中国与中东国家的互利合作》,《西亚非洲》2004 年第 5 期。
64. 杨光主编《中东非洲发展报告:防范石油危机的国际经验》,中国社会科学出版社,2005。
65. 杨光:《欧盟能源安全战略及启示》,《欧洲研究》2007 年第 51 期。
66. 杨光:《新世纪的高油价与中东》,《西亚非洲》2008 年第 9 期。
67. 杨光、马秀卿、陈沫:《安全的依赖——防范中东石油进口风险的国际因素》,中国社会科学院重点课题报告,2004 年 3 月。
68. 杨光、姜明新编著《石油输出国组织》,中国大百科全书出版社,1995。
69. 杨光、温伯友主编《中东非洲发展报告:可持续发展问题》,中国社会科学出版社,2003。
70. 殷晓红、孟亮:《OPEC 石油战略对世界石油价格的影响》,《辽宁工业大学学报》2008 年第 5 期。
71. 余建华:《世界石油供需态势与油价高位问题》,《社会科学》2008 年第 5 期。
72. 张宏民:《石油市场与石油金融》,中国金融出版社,2009。
73. 郑俊章、甘克文:《原苏联解体后的油气形势分析》,《世界石油经济》1992 年第 2 期。
74. 中国化工在线:《印度开始 5Mt 战略储油工程》,《石油化工技术经济》2005 年 3 期。
75. 〔英〕朱迪·丽丝:《自然资源:分配、经济学与政策》,蔡运龙等译,商务印书馆,2005。

英文部分

1. Adelman, Morris A. (1972), "Is the Oil Shortage Real: Oil Companies as OPEC Taxcollector," *Foreign Policy*, No. 9 (Winter 1972 – 1973), pp. 69 – 107.
2. Adelman, Morris A. (1980), "The Clumsy Cartel," *The Energy Journal*, Vol. 1, No. 1, 1980, pp. 43 – 53.
3. Adelman, Morris A. (1982), "OPEC as a Cartel," in James M. Griffin and David D. Teece eds., *OPEC Behaviour and World Oil Prices*, London: Allen &

Unwin. Verleger, 1982, pp. 37 – 63.

4. Adelman, Morris A. (1985), "An Unstable World Market," *The Energy Journal*, Vol. 6, No. 1, pp. 17 – 22.

5. Alhajji, A. F. and Huettner, David (2000a), "OPEC and Other Commodity Cartels: A Comparison," *Energy Policy*, Vol. 28, No. 15, pp. 1151 – 1164.

6. Alhajji, A. F. and Huettner, David (2000b), "OPEC and World Crude Oil Markets from 1973 to 1994: Cartel, Oligopoly, or Competitive," *The Energy Journal*, Vol. 21, No. 3, pp. 31 – 59.

7. Al-Chalabi, Fadhil J. (1980), *OPEC and the International Oil Industry: A Changing Structure*, London: Oxford University Press.

8. Al-Chalabi, Fadhil J. (1989), *OPEC at the Crossroad*, Oxford, England; New York: Pergamon Press.

9. Al-Otaiba, Mana Saeed (1975), *OPEC and the Petroleum Industry*, London: Groom Helm Ltd.

10. Al-Yousef, Nourah Abdulrahman (1998), *The Role of Saudi Arabia in the World Oil Market 1974 – 1997*, Thesis (Ph. D.), The Unversity Surrey Department of Economics.

11. Asch, Peter, Seneca Joseph J. (1975), "Characteristics of Collusive Firms," *The Journal of Industrial Economics*, Vol. 23, No. 3, pp. 223 – 237.

12. Büyük ahin Bahattin, Michael S. Haigh, Jeffrey H. Harris and James A. (2008), Overdahl and Michel A. Robe, "Fundamentals, Trader Activity and Derivative Pricing," *EFA 2009 Bergen Meetings Paper*, 2008, http://www.cftc.gov, 2009 – 12 – 30.

13. Baldwin, Nick and Richard Prosser (1988), "World Oil Market Simulation," *Energy Economics*, Vol. 10, No. 3, pp. 185 – 198.

14. Barbezat, Daniel (1990), "International Cooperation and Domestic Cartel Control: The International Steel Cartel, 1926 – 1938," *Journal of Economic History*, Vol. 50, No. 2, pp. 436 – 438.

15. Berkmen, Pelin, Ouliaris, Sam and Samiei Hossein (2005), "The Structure of the Oil Market and Causes of High Prices," *IMF*, September 21, http://www.imf.org/external/np/pp/eng/2005/092105o.htm, 2013 – 01 – 01.

16. Bockmen, S. (2004), "Cartel Formation and Oligopoly Structure: A New

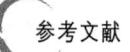

Assessment of the Crude Oil Market," *Applied Economics*, Vol. 36, 2004, pp. 1355 -1369.

17. Brown, Gavin (1991), *OPEC and the World Energy Market: A comprehensive Reference Guide* (Second Edition), London: Longman.

18. CFTC (2008), *Written Testimony of Jeffrey Harris, Chief Economist and John Fenton, Director of Market Surveillance Before the Subcommittee on General Farm Commodities and Risk Management, Committee on Agriculture*, Washington DC: Office of External Affairs (CFTC), May 15, http://www.cftc.gov/ucm/groups/public/@newsroom/documents/speechandtestimony/harris-fenton05 1508.pdf, 2013-11-11.

19. CFTC (2008), *Interim Report of the ITF*, http://www.cftc.gov/ucm/groups/public/@newsroom/documents/file/itfinterimreportoncrudeoil 0708.pdf, p. 28.

20. Commission of the European Communities (1977), *The Energy Situation in the Community: Situation 1976, Outlook 1977*, Brussel-Luxembourg: Commission of the European Communities.

21. Cooper, Richard N. (1972), "Economic Interdependence and Foreign Policy in the Seventies," *World Politics*, Vol. 24, No. 2, pp. 159 -181.

22. Cremer, J. and Salehi-Isfahani D. (1989), "The Rise and Fall of Oil Prices: A Competitive View," *Annales d'économie et de Statistique*, No. 15/16, Dynamiques des marchés et structures industrielles / Market Dynamics and Industrial Structure, pp. 427 -454.

23. Cremer, J., and Weitzman M. L. (1976), "OPEC and the Monopoly Price of World Oil," *European Economic Review*, Vol. 8, No. 2, pp. 155 -164.

24. Dahl C. and Yucel M. (1991), "Testing Alternative Hypothese of Oil Producer Behavior," *The Energy Journal*, Vol. 12, No. 4, pp. 117 -129.

25. Daly, G. and Griffin J. M. and Steele H. B. (1982), "Recent Oil Price Escalations: Implications for OPEC Stability," in James M. Griffin and David D. Teece eds., *OPEC Behaviour and World Oil Prices*, London: Allen & Unwin. Verleger, 1982, pp. 145 -174.

26. Danielsen, Albert L. (1982), *The Evolution of OPEC*, New York: Harcourt Brace Jovanovich.

27. Danielsen, Albert L. and Selby E. B. (1980), "World Oil Price Increases:

Sources and Solutions," *The Energy Journal*, Vol. 1, No. 4, pp. 59 −74.

28. Daoudi, M. S. and Dajani M. S. (1984), "The 1967 Oil Embargo Revisited," *Journal of Palestine Studies*, Vol. 13, No. 2, pp. 65 −90.
29. De Santis, Robert A. (2003), "Crude Oil Price Fluctuations and Saudi Arabia's behaviour," *The Energy Journal*, Vol. 25, No. 2, pp. 155 −173.
30. Dick, Andrew R. (1996), "Identifying Contracts, Combinations and Conspiracies in Restraint of Trade," *Managerial and Decision Economics*, Vol. 17, No. 2, Special Issue: The Role of Economists in Modern Antitrust, pp. 203 −216.
31. Dixit, Avinash (1979), "A Model of Duopoly Suggesting a Theory of Entry Barriers," *Bell Journal of Economics*, Vol. 10, No. 1, pp. 20 −32.
32. Eckbo, Paul Leo (1976), *The Future of World Oil*, Cambridge, Mass: Ballinger Pub. Co.
33. Kimberly Ann Elliott and Gary Clyde Hufbauer (1999), "Same Song, Same Refrain? Economic Sanctions in the 1990's," *The American Economic Review*, Vol. 89, No. 2, Papers and Proceedings of the One Hundred Eleventh Annual Meeting of the American Economic Association, pp. 403 −408.
34. Erickson Edward W. (1980), "Developments in the World Oil Market," in R. K. Pachauri eds., *International Energy Studies*, New Delhi: Wiley Eastern.
35. EIA (1993 −2009), *Performance Profiles of Major Energy Producers [periodical]*, Washington: EIA.
36. Ezzati A. (1976), "Future OPEC Price and Production Strategies as Affected Its Capacity to Absorb Oil Revenues," *European Economic Review*, Vol. 8, No. 2, pp. 107 −138.
37. Fershtman, Chaim and Eitan Muller (1986), "Capital Investments and Price Agreements in Semicollusive Markets," *RAND Journal of Economics*, Vol. 17, No. 2, pp. 214 −226.
38. Feuerstein, Switgard and Gersbach Hans (2003), "Is Capital a Collusion Device?" *Economic Theory*, Vol. 21, No. 1, pp. 133 −154.
39. Feygin, M. and Satkin R. (2004), "The Oil Reserves-to-Production Ratio and Its Proper Interpretation," *Natural Resources Research*, Vol. 13, No. 1, pp. 57 −60.

40. Fattouh, Bassam (2007), "How Secure are Middle East Oil Supply," *Oxford Institute for Energy Studies*: WPM 33.
41. Gately, D. (1983), "OPEC: Retrospective and Prospects 1972 – 1990," *European Economic Review*, Vol. 21, No. 3, pp. 313 – 331.
42. Gately, D. (1984), "A Ten-Year Retrospective: OPEC and the World Oil Market," *Journal of Economic Literature*, Vol. 22, No. 3, pp. 1100 – 1114.
43. Gately, D. and Huntington Hillard G. (2002), "The Asymmetric Effects of Changes in Price and Income on Energy and Oil Demand," *Energy Journal*, Vol. 23, No. 1, pp. 19 – 55.
44. Gately, D., Kyle, John F. and Fisher Fietrich (1977), "Strategies for Opec's pricing dicisions," *European Economic Review*, Vol. 10, No. 2, pp. 209 – 230.
45. Geroski, P. A., Uplh, A. M. and Ulph D. T. (1987), "A Model of the Crude Oil Market in Which Market Conduct Varies," *The Economic Journal*, Vol. 97, Supplement: Conference Papers, pp. 77 – 86.
46. Gilbert, Richard (1978), "Dominant Firm Pricing Policy in a Market for an Exhaustible Resource," *Bell Journal of Economics*, Vol. 9, No. 2, pp. 385 – 395.
47. Gordon, Richard L. (1981), *An Economic Analysis of World Energy Problem*, Cambridge and London: The MIT Press.
48. Green, Edward J. and Porter Robert H. (1984), "Noncooperative Collusion under Imperfect Price Information," *Econometrica*, Vol. 52, No. 1, pp. 87 – 100.
49. Griffin, James M. (1985), "OPEC Behavior: A Test of Alternative Hypotheses," *The American Economic Review*, Vol. 75, No. 5, pp. 954 – 963.
50. Griffin, James M. (1989), "Previous Cartel Experience: Any Lessons for OPEC," in Lawrence R. Klein and Jaime Marquez eds., *Economics in Theory and Practice: An Eclectic Approach*, Dordrecht: Kluwer Academic, 1989, pp. 179 – 206.
51. Griffin, James M. and Neilson William S. (1994), "The 1985 – 1986 Oil Price Collapse and Afterwards: What does Game Theory Add?" *Economic Inquiry*, Vol. 33, No. 4, pp. 543 – 561.
52. Griffin, James M. and Steele H. B. (1980), *Energy Economics and Policy*,

New York: Academic Press.

53. Griffin, James M. and Teece D. (1982), *OPEC Behaviour and World Oil Prices*, London: Allen & Unwin. Verleger.

54. Gupta, Bishnupriya (1997), "Collusion in the Indian Tea Industry in the Great Depression: An Analysis of Panel Data," *Explorations in Economic History*, Vol. 34, Issue 2, pp. 155 −173.

55. Hammoudeh, Shawkat and Madan Vibhas (1995), "Expectations, Target Zones, and Oil Price Dynamics," *Journal of Policty Modeling*, Vol. 17, No. 6, pp. 597 −613.

56. Hartshorn, Jack E. (1985), "Government Sellers in a Resturactured Oil Market," in David Hawdon eds., *The Changing Structure of the World Oil Industry*, London: Croom Helm, pp. 59 −69.

57. Hughes David (2013), *Drill, Baby, Drill: Can Unconventional Fuels Usher in a New Era of Energy Abundance?* USA: Santa Rosa, Post Carbon Institute.

58. Hotelling, Harold (1991), "The Economics of Exhaustible Resources," *Bulletin of Mathematical Biology*, Vol. 53. No. 1/2, pp. 281 −312.

59. Hnyilicza, E. and Pindyck Robert S. (1976), "Pricing Policies for A Two-Part Exhaustible Resource Cartel, the Case of OPEC," *European Economic Review*, Vol. 8, No. 2, pp. 139 −154.

60. International Energy Agency (2006), *World Energy Outlook 2006*, Paris: OECD/IEA.

61. International Energy Agency (2007), *World Energy Outlook 2007: China and India Insights*, Paris: OECD/EI.

62. Jaidah, Ali M. (1982), "Downstream Operations and the Development of OPEC Member Countries," in Ragaei El Mallakh eds., *OPEC: Twenty Years and Beyond*, Boulder: Westview Press, pp. 151 −159.

63. Jones, C. T. (1990), "OPEC Behavior Under Falling Prices: Implications For Cartel Stability," *The Energy Journal*, Vol. 11, No. 3, pp. 116 −130.

64. Kaufmann, Robert K., Bradford, Andrew, Belanger, Laura, H., Mclaughlin, John, P. and Miki Yosuke (2008), "Determinants of OPEC Production: Implications for OPEC Behaviror," *Energy Economics*, Vol. 30, No. 2, pp. 333 −351.

65. Karlsson, Svante (1986), *Oil and the World Order: American Foreign Oil Policy*, Totowa, N. J.: Barnes & Noble.
66. Kemezis, Paul and Wilson Ernest J. (1984), *The Decade of Energy Policy: Policy Analysis in Oil-importing Countries*, New York: Praeger.
67. Klein, Lawrence R. and Marquez Jaime (1989), *Economics in Theory and Practice: An Eclectic Approach*, Dordrecht: Kluwer Academic.
68. Koyama, Ken (2000), Special Quick Report: The 111th OPEC General Meeting and Crude Oil Price Prospects, *IEEJ*, September, http://eneken.ieej.or.jp/data/en/data/old/pdf/opec0920.pdf, 2009-12-11.
69. Kneese, A. V. and Sweeney J. L. (1993), *Handbook of Natural Resource and Energy Economics*, Vol. 3, Amsterdam: North-Holland.
70. Krugman, Paul (2001), "The Oil-Hog Cycle," *New York Times*, November, 2001.
71. Levenstein, Margaret C. and Suslow Valerie Y. (2003), "Contemporary International Cartels and Developing Countries: Economic Effects and Implications for Competition Policy," *Working Paper-International Agricultural Trade Research Consortium*, October 14, 2003, http://www.cepr.eu/meets/wkcn/6/6613/papers/Levenstein.pdf., 2011-01-01.
72. Levenstein, Margaret C. and Suslow Valerie Y. (2006), "What Determines Cartel Success," *Journal of Economic Literature*, Vol. 44, No. 1, pp. 43-95.
73. Mabro, Robert (1975), "OPEC After the Oil Revolution," *Millennium: Journal of International Studies*, Vol. 4, No. 3, pp. 191-199.
74. Mabro, Robert (1986), "Can OPEC Hold the Line?" in Mabro Robert eds., *OPEC and the World Oil Market: the Genesis of the* 1986 *Price Crise*, Oxford: Oxford University Press, 1986, pp. 13-22.
75. Mallakh, Ragaei El. (1982), *OPEC: Twenty Years and Beyond*, Boulder: Westview Press.
76. Mason, Charles F. and Polasky Stephen (2005), "What Motivates Membership in Non-Renewable Resource Cartels? The Case of OPEC," *Resource and Energy Economics*, Vol. 27, No. 4, pp. 321-342.
77. Maugeri Leonardo (2013), "The Shale Oil Boom: A U. S. Phenomenon," *Discussion Paper* #2013-05, Cambridge: Belfer Center for Science and

International Affairs of Harverd Kennedy School.

78. Mikdashi, Zuhayr M. (1972), *The Community of Oil Exporting Countries: A Study in Government Cooperation*, London: George Allen & Unwin Ltd.

79. Miller, Kent D. (1992), "A Framework for Integrated Risk Management in International Business," *Journal of International Business Studies*, Vol. 23, No. 2, pp. 311 -331.

80. Ministry of Foreign Affairs, Japan (1987), *Diplomatic Bluebook* 1987, http://www.mofa.go.jp/policy/other/bluebook/1987/1987 - contents.htm, 2011 -01 -01.

81. Möbert, Jochen (2009), "Dispersion in Beliefs as a Price Determinant," *Deutsche Bank Research: Rearch Notes* 32, December 15, http://www.dbresearch.de, 2012 -10 -01.

82. Moran, Thodore (1978), "Oil prices and the Future of OPEC: the Political Economy of Tension and Stability in the Organization of Petroleum Exporting Countrie," *RFF research paper*; R -8, Washingtion D. C. : Resources for the Future.

83. Moran, Thodore (1982), "Modelling OPEC Behavior: Economic and Political Alternative," in James M. Griffin and David D. Teece eds. , *OPEC Behaviour and World Oil Prices*, London: Allen & Unwin. Verleger, 1982, pp. 122 -123.

84. Mead, Walter J. (1979), "The Performance of Government in Energy Regulations," *The American Economic Review*, Vol. 69, No. 2, Papers and Proceedings of the Ninety-First Annual Meeting of the American Economic Association May, pp. 352 -356.

85. OPEC (1980), *OPEC Official Resolutions and Press Releases* 1960 -1980, Oxford: Published on Behalf of the Organization of the Petroleum Exporting Countries by Pergamon Press.

86. OPEC (2008), *OPEC Statute*, Vienna: OPEC.

87. OPEC (1991 -2008), *Annual Statistical Bulletin* [periodical], Vienna: OPEC.

88. OPEC (2009), *Frequently Asked Questions*, Vienna: OPEC.

89. OPEC (2009), *Solemn Declarations*, Vienna: OPEC, 2009.

90. O'Sullivan, Arthur and Sheffrin Steven M. (2003), *Economics*: *Principles in Action*, New Jersey: Perarson Prentice Hall.

91. Pachauri, R. K. (1980), *International Energy Studies*, New Delhi: Wiley Eastern.

92. Penrose, Edith (1976), "The Development of the Crisis," in Raymond Vernon eds., *The Oil Crisis*, New York: Norton, pp. 47 −54.

93. Peters, Lon L. (1989), "Managing Competition in German Coal, 1893 − 1913," *Journal of Economic History*, Vol. 49, No. 2, pp. 419 −433.

94. Pindyck Robert S. (1976), "Gains to Producers from Cartelization of Exhaustible Resource," *Review of Economics Statistics*, Vol. 60, No. 2, pp. 238 − 251.

95. Pindyck Robert S. (1979), "The Cartelization of World Commodity Markets," *The American Economic Review*, Vol. 69, No. 2, Papers and Proceedings of the Ninety-First Annual Meeting of the American Economic Association, pp. 154 −158.

96. Robock, Stefan H. and Simmonds Kenneth (1989), *International Business and Multinational Enterprises*, Illinois: Irwin.

97. Rotemberg, Julio J. and Saloner Garth (1986), "A Supergame-Theoretic Model of Price Wars during Booms," *The American Economic Review*, Vol. 76, No. 3, pp. 390 −407.

98. Rosenberg, Nathan (1980), "Historical Relationship between Energy and Economic Growth," in Paul Steven eds., *The Economics of Energy*, Vol. 1, Cheltenham: Edword Elgar, pp. 135 −150.

99. Rouhani, Faud (1971), *A History of OPEC*, New York: Praeger.

100. Rubin, Avshalom (2003), The Double-Edged Crisis: OPEC and the Outbreak of the IRAN − IRAQ War, *Middle East Review of International Affairs*, Vol. 7, No. 4, http://meria.idc.ac.il/journal/2003/issue4/jv7n4a1.html, 2011 −1 −1.

101. Salant, S. W. (1976), "Exhaustible Resources and Industrial Structure: A Nash-Cournot Approach to the World Oil Market," *The Journal of Political Economy*, Vol. 84, No. 5, pp. 1079 −1094.

102. Salman, Ramzi (2004), "The US Dollar And Oil Pricing Revisited,"

Middle East Economic Survey, Vol. XLVII, No. 01, 5 January, http://www.mees.com/postedarticles/oped/a47n01d02.htm, 2009 -11 -11.

103. Sayigh Yusif A. (1983), *Arab Oil Policies in the 1970s: Opportunity and Responsibility*, London and Canberra: Croom Helm.

104. Schmitt, Nicolas and Weder Rolf (1998), "Sunk Costs and Cartel Formation: Theory and Application to the Dyestuff Industry," *Journal of Economic Behavior and Organization*, Vol. 36, No. 2, pp. 197 -220.

105. Schneider, Steven A. (1983), *The Oil Price Revolution*, Baltimore: Johns Hopkins University Press.

106. Singer S. F. (1983), "The Price of World Oil," *Annual Review of Energy*, Vol. 8, No. 1, pp. 451 -508.

107. Skeet, Ian (1988), *OPEC: Twenty-five Years of Prices and Politics*, New York: Cambridge University Press.

108. Slade, Margaret E. (1990), "Strategic Pricing Models and Interpretation of Price-War Data," *European Economic Review*, Vol. 34, No. 2 -3, pp. 524 -537.

109. Slade, Margaret E., Kolstad, Charles and Weiner, Robert J. (1993), "Buying Energy and Nonfuel Minerals: Final, Derived, and Speculative Demand," A. V. Kneese and J. L. Sweeney eds., *Handbook of Natural Resource and Energy Economics*, Vol. 3, Amsterdam: North-Holland, 1993, pp. 935 -1009.

110. Smith, James L. (2005), "Inscrutable OPEC? Behavioral Tests of the Cartel Hypothesis," *The Energy Journal*, Vol. 26, No. 1, pp. 51 -81.

111. Spilimbergo A. (2001), "Testing the Hypothesis of Collusive Behavior among OPEC Members," *Energy Economics*, Vol. 23, No. 3, pp. 339 -353.

112. Stern, R. J. (2002), "Subduction Zones," *Reviews of Geophysics*, Vol. 40, No. 4, pp. 3: 1 -3: 13.

113. Steven, Paul (1980), *The Economics of Energy Vol. 1*, Cheltenham: Edword Elgar.

114. Stork, Joe (1973), "Middle East Oil and the Energy Crisis: Part Two," *MERIP Reports*, No. 21.

115. Suslow, Valerie Y. (2005), "Cartel Contract Duration: Empirical

Evidence from Inter-War International Cartels," *Industrial and Corporate Change*, Vol. 14, No. 5, pp. 705 -744.

116. Symeonidis, George (2003), "In Which Industries is Collusion More Likely? Evidence from the UK," *The Journal of Industrial Economics*, Vol. 51, No. 1, pp. 45 -74.

117. Taverne, Bernard (2008), *Petroleum, Industry and Governments: A Study of the Involvement of Industry and Governments in the Production and Use of Petroleum*, US: Kluwer Law International.

118. Teece D. (1982), "OPEC Behaviour: An Alternative View," in James M. Griffin and David D. Teece eds. , *OPEC Behaviour and World Oil Prices*, London: Allen & Unwin. Verleger, 1982, pp. 64 -93.

119. Tétreault, Mary Ann (1981), *The Organization of Arab Petroleum Exporting Countries: History, Policies and Prospects*, London: Greenwood Press.

120. Time (1978), "Another Crisis for the Shah," November 13, http://www.time.com/time/magazine/article/0, 9171, 946149, 00.html, 2013 -01 -04.

121. Time (1979), *Business: Oil Squeeze*, Feb. 5, http://www.time.com/time/magazine/article/0, 9171, 946222, 00.html, 2013 -11 -05.

122. United Press International (1985), "Saudi Announce Oil Price Cut, Threaten to Raise Output," *St. Petersburg Times*, Sept 17.

123. Van de Linde, Coby (2000), *The State and the International Oil Market: Competition and the Changing Ownership of Crude Oil Assets*, Boston: Kluwer Academic.

124. Verleger, Jr Phlip K. (1982), *Oil Market in Turmoil*, Cambridge Massachusettes: Ballinger Publishing Company.

125. Wenders John T. (1971), "Excess Capacity as a Barrier to Entry," *The Journal of Industrial Economics*, Vol. 20, No. 1, pp. 14 -19.

126. WTRG, "Oil Price History and Analysis," http://www.wtrg.com/prices.htm, 2013 -11 -11.

127. Yang Bo (2004), *OPEC Behavior (Saudi Arabia)*, Thesis (Ph. D.), The Pennsylvania State University.

128. Vernon R. (1976), *The Oil Crisis*, New York: Norton.

后 记

本书是在我的博士论文和中国社会科学院西亚非洲研究所重点课题的基础上修改完成的。在本书即将问世之际，向所有给予我帮助和指导的老师及亲朋好友致以最诚挚的谢意。

首先要感谢我的博士生导师——中国社会科学院西亚非洲研究所杨光研究员。在攻读博士研究生期间，以及工作之后，杨老师渊博的学识、严谨的治学态度、豁达的处事风格都对我产生了深远的影响，让我受益终生。本书从选题、构思到写作都倾注了杨老师的智慧和心血。

在此，我还要感谢我的工作单位——中国社会科学院西亚非洲研究所的领导和同事们。本书的出版离不开西亚非洲所为我从事科研工作提供的良好条件，离不开所领导给予我的各种支持，更离不开本所各位老师及同仁对我的关爱和帮助。同时，也要感谢我的硕士生导师刘月琴研究员。在学习和生活上，她给予我许多无私的帮助和热心的指导。此外，还要感谢在本书出版过程中辛勤付出的社会科学文献出版社的王玉敏编辑和董晓舒编辑。

在这里，我要特别感谢我的家人。感谢我最深爱的父母，感谢他们对我的养育之恩，他们对我的宽容和鼓励是我前进中不可缺少的动力。感谢我的妻子戴静，感谢她一直以来对我的陪伴与支持，并在书稿即将成形之际为我生下可爱的女儿懿萱。此外，还要感谢我的岳父、岳母，感谢他们不辞辛苦地照顾我的妻子与小女。

本书在撰写过程中借鉴、参考了大量国内外相关研究成果，在此，对这些成果的作者一并表示感谢。

　　本书的出版是我从事学术工作的新起点。限于本人的研究能力，书中难免会有疏漏，甚至谬误之处，衷心期望得到专家、学者们的指导和帮助！

刘　冬
2014 年 10 月

图书在版编目(CIP)数据

石油卡特尔的行为逻辑:欧佩克石油政策及其对国际油价的影响/刘冬著.—北京:社会科学文献出版社,2015.4
 (国际战略研究丛书)
 ISBN 978 - 7 - 5097 - 7267 - 6

Ⅰ.①石… Ⅱ.①刘… Ⅲ.①石油输出国组织 - 石油政策 - 研究 ②国际市场 - 石油价格 - 研究　Ⅳ.①F416.22

中国版本图书馆 CIP 数据核字(2015)第 052986 号

·国际战略研究丛书·

石油卡特尔的行为逻辑
欧佩克石油政策及其对国际油价的影响

著　　者 / 刘　冬

出 版 人 / 谢寿光
项目统筹 / 王玉敏
责任编辑 / 王玉敏　董晓舒

出　　版 / 社会科学文献出版社·全球与地区问题出版中心 (010) 59367004
　　　　　地址:北京市北三环中路甲29号院华龙大厦　邮编:100029
　　　　　网址:www.ssap.com.cn

发　　行 / 市场营销中心 (010) 59367081　59367090
　　　　　读者服务中心 (010) 59367028

印　　装 / 北京季蜂印刷有限公司

规　　格 / 开　本:787mm × 1092mm　1/16
　　　　　印　张:14.5　字　数:254千字

版　　次 / 2015年4月第1版　2015年4月第1次印刷

书　　号 / ISBN 978 - 7 - 5097 - 7267 - 6
定　　价 / 59.00元

本书如有破损、缺页、装订错误,请与本社读者服务中心联系更换

版权所有 翻印必究